实践应用型学前教育专业精品教材

学前儿童语言教育与活动指导

李林慧　汤杰英　编著

U0853223

中国人民大学出版社
·北京·

图书在版编目（CIP）数据

学前儿童语言教育与活动指导/李林慧，汤杰英编著．--北京：中国人民大学出版社，2024.10. --（实践应用型学前教育专业精品教材）. -- ISBN 978-7-300-33041-9

Ⅰ.G613.2

中国国家版本馆 CIP 数据核字第 2024L2G854 号

实践应用型学前教育专业精品教材

学前儿童语言教育与活动指导

李林慧　汤杰英　编著

Xueqian Ertong Yuyan Jiaoyu yu Huodong Zhidao

出版发行	中国人民大学出版社		
社　　址	北京中关村大街 31 号	**邮政编码**	100080
电　　话	010－62511242（总编室）		010－62511770（质管部）
	010－82501766（邮购部）		010－62514148（门市部）
	010－62515195（发行公司）		010－62515275（盗版举报）
网　　址	http://www.crup.com.cn		
经　　销	新华书店		
印　　刷	北京昌联印刷有限公司		
开　　本	787 mm×1092 mm　1/16	**版　　次**	2024 年 10 月第 1 版
印　　张	16.75	**印　　次**	2024 年 10 月第 1 次印刷
字　　数	343 000	**定　　价**	52.00 元

前言

2017年，教育部颁布《普通高等学校师范类专业认证实施办法（暂行）》，开启师范类专业认证工作，积极推动高校师范专业基于成果导向教育（Outcome Based Education，OBE）的核心理念“学生中心、产出导向和持续改进”开展和深化改革，以全面保障和提高师范类专业人才培养质量。

学前教育是基础教育的重要组成部分，培养高质量的学前教师是实现“幼有善育”的重要前提。以师范类专业认证为契机，我们需要认真思考什么样的课程、教材与教学才能体现成果导向教育的理念，真正有效地帮助学前教育专业师范生通过课程学习获得作为幼儿教师所必备的能力。本教材正是在这样的背景下，基于作者在高校教授“幼儿语言教育”课程的多年经验积累以及与幼儿园园长和教师们的持续合作共研，通过一系列准备、写作、修改、反思和完善酝酿而成的，充分体现出两大特点：一是以学习者为中心，二是以循证实践为基础。

一、以学习者为中心

20世纪80年代，美国学者舍恩（Schon）提出的“反思性实践”认识论，大大推动了教师教育由“技术性实践”转向“反思性实践”的变革。[①] 为了培养“反思性实践者”，各个国家纷纷开展了实践取向的教师教育课程改革，我国也不例外。教育部2011年出台的《教师教育课程标准（试行）》明确将“实践取向”作为基本理念之一，2012年出台的《幼儿园教师专业标准（试行）》也在基本理念“能力为重”中指出幼儿教师应“坚持实践、反思、再实践、再反思，不断提高专业能力”。因而，反思性实践能力是师范生需要通过学前教育专业课程学习获得的重要能力。

以学习者为中心，意味着本教材内容的选择与安排皆服务于师范生反思性实践能力的获得，具体体现在三个方面：一是选择幼儿语言教育的“核心实践”作为篇章内容；二是围绕幼儿语言领域教学知识的理解、运用与反思组织章节内容；三是基于幼儿语言教育反思性实践的学力目标达成设计学习任务。

（一）选择幼儿语言教育的“核心实践”作为篇章内容

针对师范生理论学习与实践表现脱节的问题，一些研究者提出应将教师教育专业

① 王艳玲．培养“反思性实践者”的教师教育课程［D］．上海：华东师范大学，2008．

课程学习的内容重心由理论知识转向“在实践中运用理论”，他们将根植于学科学习目标、用以支持学生学习的教学基本实践单元定义为“核心实践”（Core Practice），并指出教师教育专业课程须围绕这些“核心实践”进行重建。[①]“核心实践”具有在实地教学中出现的频率很高、体现教学的复杂性与完整性、有助于师范生理解学生和教学、师范生能够初步掌握等特点[②]，且被证实以其为教学内容的专业课程学习能够有效支持师范生的实地实践以及专业成绩。[③]

学前儿童语言教育的目标是帮助儿童获得语言学习与发展的核心经验，且主要通过语言教育环境创设、语言教育活动指导和语言教育家庭指导三方面的教学实践达成。对其中的语言教育活动做进一步划分，则可将学前儿童语言教育分解为七种“核心实践”：幼儿园语言环境创设、幼儿园谈论活动指导、幼儿园讲述活动指导、幼儿园前阅读活动指导、幼儿园前书写活动指导、幼儿园语言整合教育活动指导以及幼儿家庭亲子阅读指导。这七种“核心实践”构成了本教材第二至八章的内容，帮助学习者理解与掌握开展学前儿童语言教育最基本和必要的实践知识与方法。第一章学前儿童语言教育导论则从语言的本质特征与价值、学前儿童语言学习与发展的一般规律、《3～6岁儿童学习与发展指南》视角下的学前儿童语言教育以及学科教学知识视角下的学前儿童语言教育等方面，逐步深入地帮助学习者建构对语言和学前儿童语言学习的科学认识，并建立学前儿童语言教育的国家视角与理论视角，从而更准确地把握第二至八章的核心实践内容。

（二）围绕幼儿语言领域教学知识的理解、运用与反思组织章节内容

学科教学知识（PCK）被认为是能够使教学最有效的知识。[④]美国斯坦福大学的教育心理学家舒尔曼（Lee S. Shulman）指出学科教学知识是“教师个人教学经验、教师学科内容知识和教育学的特殊整合”，由教学内容知识（What）、教育对象知识（Who）和教学方法知识（How）嵌套交融而形成，并在学习与实践中不断动态发展。[⑤]也就是说，学科教学知识是教师在解决教育现场问题的过程中通过反思不断建构的有关如何有效教学的个人实践知识，既是教师开展反思的思维工具，也是教师通过反思获得的实践性知识，在一定程度上反映了教师的反思性实践能力水平。

---

① GROSSMAN P，PUPIK DEAN C G. Negotiating a common language and shared understanding about core practices：the case of discussion [J]. Teaching and Teacher Education，2019（80）：157－166.

② GROSSMAN P，HAMMERNESS K，MCDONALD M. Redefining teaching，re-imagining teacher education [J]. Teachers and Teaching：Theory and Practice，2009，15（2）：273－289.

③ DAVIN K J，TROYAN F J. The implementation of high-leverage teaching practices：from the university classroom to the field site [J]. Foreign Language Annals，2015，48（1）：124－142；BOYD D J，GROSSMAN P，LANKFORD H，et al. Teacher preparation and student achievement [J]. Educational Evaluation and Policy Analysis，2009，31（4）：416－440.

④ 廖元锡 . PCK：使教学最有效的知识 [J]. 教师教育研究，2005（6）：37－40.

⑤ 汤杰英 . 学前教师领域教学知识研究 [D]. 上海：华东师范大学，2013：6.

因而，我们认为语言领域教学知识[①]是能够使学前儿童语言教学最有效的知识，既可作为幼儿教师开展语言教育实践的思维工具，又是幼儿教师在语言教育实践中通过不断反思积累和发展起来的个人实践性知识。基于这种认识，本教材具体章节的内容即围绕语言领域教学知识的理解、运用与反思进行组织，以期帮助师范生在学习学前儿童语言教育实践知识与方法的同时掌握开展反思性实践的思维工具与方法，即学会“在实践中运用理论”。

我们以“幼儿园讲述活动指导”一章为例说明其内容是如何围绕语言领域教学知识的理解、运用与反思进行组织的。首先，在“现场观察”中呈现幼儿讲述语言实例，在“课前思考”中通过提问引发学生对幼儿讲述语言特点（教育对象知识：Who）以及教师教学支持（教学方法知识：How）的关注并带着相关思考进入本章内容的学习。其次，在第一节“幼儿讲述的学习与发展目标”中，结合学前阶段儿童语言学习与发展的核心经验内容（教学内容知识：What）与幼儿语言发展阶段特点（教育对象知识：Who）建立 3～6 岁幼儿清楚地讲述、连贯地讲述以及适合情境地讲述之学习与发展目标（教学内容知识与教育对象知识的整合：What & Who）。随后，在第二节“幼儿园讲述活动的设计与组织”中，结合“现场观察”中的实例阐述如何对照讲述学习与发展目标（What & Who）对幼儿语言发展现状水平（Who）进行分析，以明确讲述活动的目标定位并在讲述活动的组织过程中逐层深入地引导幼儿在原有水平上学习新的目标经验（How）。最后，在第三节“幼儿园讲述活动案例与分析”中，也遵循语言领域教学知识的框架，着重反思活动目标指向哪些核心经验的学习（What）、幼儿学习的情况如何（Who）以及教师提供了哪些教学支持（How）、活动可如何改进（How）等。在学习这些内容的过程中，学生能够潜移默化地学会运用语言领域教学知识设计、组织以及评价幼儿园讲述活动，从而逐渐掌握开展反思性实践的思维工具与方法，不断学习在实践中运用理论。

（三）基于幼儿语言教育反思性实践的学力目标达成设计学习任务

在培育核心素养的全球化大背景下，新型“学力观”认为教师反思性实践的真实学力即指师范生通过与领域教学知识的交互作用而发展起来的运用领域教学知识进行反思性实践、解决教育实践问题的意愿、能力与习惯。[②] 马尔扎诺（R. J. Marzano）于 1992 年从知识处理与思维系统的角度提出了“学习维度”（Dimensions of Learning）的概念，将学习分成学习的态度与感受、知识的习得与整合、知识的拓展与凝练、知识的有意义运用以及心智习惯等五个层次。[③]其中第二层次知识的习得与整合和第三层次知识的拓展与凝练从整体上反映了由知晓到理解的知识掌握过程。

基于“学习维度”的视角，学前儿童语言领域的反思性实践能力可以转化为四个

① 在学前教育中，学科教学知识又称为“领域教学知识”。

②③ 钟启泉．基于核心素养的课程发展：挑战与课题［J］．全球教育展望，2016，45（1）：3－25.

层次的学力目标：第一个层次是激发师范生学习语言领域教学知识的态度与感受，包括帮助其认识到语言领域教学知识的重要价值并有兴趣学习，以及营造民主、愉悦、和谐的学习氛围；第二个层次是帮助师范生习得与掌握作为理论知识的语言领域教学知识，知晓并理解在语言领域儿童学习与发展的核心经验、儿童语言领域核心经验发展的规律，以及语言领域教育活动中的一般教学方法；第三个层次是引导师范生建构作为实践知识的语言领域教学知识，发展其在具体的教育实践问题情境中运用语言领域教学知识，并从儿童可学习的核心经验、儿童的表现以及合适的教学方法等维度进行反思（分析、判断、评价）的能力；第四个层次是促进师范生反思性实践习惯的养成，关键在于使师范生在学习的过程中能够体验到反思性实践为自己和同伴带来的成长，认识到反思性实践是教师专业发展的重要途径。①

本教材中每一章的学习任务都包括两个板块，即课前思考和同步练习。课前思考主要指向第一个层次的学力目标达成，即先通过“现场观察”中幼儿谈论、讲述、前阅读、前书写、亲子阅读等相关语言运用现象引发师范生对儿童语言学习的探究兴趣，然后通过针对儿童语言运用现象所提出的问题使师范生带着有关语言领域教学知识的思考进入后续内容的学习，从而发现语言领域教学知识在教育实践中的理论与工具价值。同步练习主要指向第二个和第三个层次的学力目标达成，即通过难度递增的2～3个任务，促使师范生在运用语言领域教学知识分析、判断和评价幼儿语言学习活动的过程中加深对语言领域教学知识的理解。而在使用本教材时，结合围绕“核心实践”进行的课程单元教学设计②，教师可引导师范生在变化的实践情境中不断重温有效教学的知识与技能，提高师范生在实践中运用理论的熟练度与灵活性，从而逐步养成运用领域教学知识开展反思性实践的意识与习惯，达成第四个层次的学力目标。

二、以循证实践为基础

循证实践源于医学领域，强调“实践应该基于最新、有效和可靠的研究结果”，因其在提升人类实践活动理性与效率等方面的显著价值而逐渐被社会工作、教育和人力资源管理等其他领域所提倡和采用。③ 1996年，剑桥大学哈格里夫斯（D. H. Hargreaves）教授首次在《教学作为基于研究的专业的可能性和前景》一文中提出了循证教育的概念，指出“教育必须基于严格的科学证据，教师在教育过程中必须将专业智慧与最有

① 李林慧，汤杰英．基于反思性实践能力培养的学前教师教育课堂转型：基于上海实践的思考［J］．教育发展研究，2017，37（24）：51-56.

② 李林慧．学前教师教育专业课程的临床教学模式：基于国际经验的本土设计［J］．上海教育科研，2020（6）：63-69.

③ 胡艳，刘佳，赵兰，等．教师教育领域的循证实践：价值与挑战［J］．教师教育研究，2020，32（6）：1-7.

效的经验证据整合起来采取教学决策”①。面对教育现象的复杂性、情境性与个体性，只有坚持循证实践才能真正为教师开展高质量的学前儿童教育提供科学指导。本教材以循证实践为基础的特点主要体现在两个方面，一是基于学前儿童语言发展与教育研究转化教材内容，二是基于学前教师教育研究建立教材结构。

（一）基于学前儿童语言发展与教育研究转化教材内容

本教材中的许多内容来自作者在学前儿童语言发展与教育领域的长期循证实践探索。硕、博在读期间，本教材的两位作者即在华东师范大学周兢教授指导下针对学前儿童在游戏中的对话、学前儿童图画故事书阅读理解以及学前教师领域教学知识等主题开展论文研究；随后，又都作为周兢教授主持的“学前儿童语言学习与发展核心经验”研究团队核心成员，通过转化国内外相关研究成果、团队前期实证研究发现以及团队与一线幼儿园园长、教师们的合作研究成果，参与写作了《学前儿童语言学习与发展核心经验》《幼儿语言教育与活动指导》等著作与教材。而这些工作都为本教材的构思与成型埋下了最初的种子。

本教材的第一作者为师范类高校教师并曾兼任三年园长，第二作者为教研员且也曾担任一年园长。相似的身份、经历以及共同的研究方向与兴趣，促成了两位作者长期融洽的循证实践合作。如针对早期阅读核心素养理论基础薄弱、实证支持不足以及实践质量不佳等问题，两位作者与幼儿园园长和教师们合作研究了“早期阅读核心素养是什么”、“早期阅读核心素养发展有何规律、受哪些因素影响”以及“如何设计与实施教育活动以有效提升儿童早期阅读核心素养”等问题。经过历时八年、三个阶段的一系列实证研究，两位作者获得了三方面的主要成果：一是提出了“儿童早期阅读核心素养——阅读理解，是建立在社会文化活动中的多元模式意义建构过程”的观点，并建构了“早期阅读理解能力发展生态模型”；二是总结了 4～6 岁儿童词汇、叙事和阅读理解能力发展的规律以及家庭和幼儿园语言与阅读环境因素对其的影响；三是形成了以多模态支持、思维导图支持和个别化支持三大策略，以及基于绘本的多模态语言与阅读活动、基于思维导图的早期阅读活动和基于绘本的个别化学习活动三类活动模式为核心的“指向理解力提升的早期阅读教育实践模型”。这些研究成果不仅荣获 2022 年上海市基础教育优秀教学成果二等奖，同时也为本教材各章节内容的撰写提供了可靠的依据以及相应的实践案例素材。

除此之外，两位作者在各自的工作中都非常注重深入幼儿园，针对教育现场的真实问题与园长和教师共同开展教研，探索学前儿童语言教学行为的改进。近几年相关的教研主题包括“幼儿园早期阅读环境的创设”“PCK 视角下的幼儿园讲述活动设计

---

① HARGREAVES D H. Teaching as a research-based profession：possibilities and prospects［EB / OL］.（2007 - 02 - 27）［2024 - 03 - 12］. https：//www. sagepub. com / sites / default / files / upm-binaries /14790 _ Hammersley _ Chapter1. pdf.

与组织”“早期阅读个别化学习环境创设”“PCK 视角下的幼儿园前书写活动设计与组织”“项目化学习中的幼儿前书写促进策略”等。通过 U-G-S（大学—地方政府—中小学和幼儿园）合作模式下的行动研究或案例研究，两位作者在这些教研中也获得了较为丰富的学前儿童语言教育实践依据与案例，并将其融入了本教材的写作当中。

（二）基于学前教师教育研究建立教材结构

在前文中，我们阐述了本教材“以学习者为中心”特点的三方面体现，即选择幼儿语言教育的“核心实践”作为篇章内容，围绕幼儿语言领域教学知识的理解、运用与反思组织章节内容，以及基于幼儿语言教育反思性实践的学力目标达成设计学习任务。这三个方面其实也体现了本教材基于学前教师教育研究所建立的内容结构。

结合面向学前教育专业本科师范生的“幼儿语言教育”课程教学经验，以及对国内外教师 PCK 研究和临床教学研究成果的梳理，第一作者于 2015 年申请并立项了全国教育科学规划教育部重点课题“学前教师教育临床教学模式研究——以幼儿语言教育课程为例”，用 5 年时间建构、改进并完善了学前教育领域教学知识转化的临床教学学力目标、“核心实践”和领域教学知识纵横交织的临床教学内容结构，以及以“核心实践”为单元而不断迭代的“学习＋反思循环”的临床教学方法①，并且通过行动研究证实了这种课程模式在培养职前学前教师语言领域教学知识上的有效性。②

随后，针对国内学前教师领域教学知识方面的研究发现，即学前教师领域教学知识存在整体水平不高，且教学内容知识、教育对象知识和教学方法知识三者之间的融合度不够等问题③，第一作者又带领研究生与幼儿园合作开展了“融入幼儿园小教研活动的教师语言领域 PCK 提升教育干预研究”。通过 U-G-S 合作，第一作者以幼儿园讲述活动的设计与实施为例，在幼儿园小教研活动中融入前期研究中建立的临床教学目标、内容与方法框架，并通过行动研究证明：在培训中明确介绍并帮助教师理解语言领域教学知识、通过合作学习促进教师运用并反思语言教育实践活动中的领域教学知识，能够有效提升职后学前教师的语言领域教学知识水平及反思性实践能力，提高其设计、实施和评价幼儿园语言教育活动的有效性。④

因此，我们相信，经过以职前与职后学前教师为对象的行动研究的验证，本教材的内容结构安排将不仅有利于学前师范生的学习，同时也适合职后学前教师的专业提升。

---

① 李林慧．学前教师教育专业课程的临床教学模式：基于国际经验的本土设计［J］．上海教育科研，2020（6）：63－69．

② 李林慧，刘娟，汤杰英．促进职前幼儿教师语言领域教学知识发展的行动研究［J］．上海教育科研，2020（12）：55－60．

③ 汤杰英．学前教师领域教学知识研究［D］．上海：华东师范大学，2013：6．

④ 王道越．融入幼儿园小教研活动的教师语言领域 PCK 提升教育干预研究［D］．上海：上海师范大学，2023：6．

本教材共计八章，其中，李林慧负责教材的整体策划与文字统稿，并撰写第二、四、六、八章；汤杰英撰写第一、三、五、七章。在此，我们要向许多人表达诚挚的感谢。首先，特别感谢周兢教授多年来在专业上的引领与指导，为我们打下了写作本教材的坚实根基。其次，非常感谢多年来与我们合作共研及为本教材提供资料与活动案例的幼儿园园长和教师们，包括但不限于上海师范大学闵行实验幼儿园李青、郭丽娜、金婷、柴慧婷，上海市浦东新区康弘幼儿园徐玉杰、苏晴、张晓峰及中班组教师，上海市嘉定区东方瑞仕幼儿园余寿娟，上海市宝山区美安路幼儿园陈舒馨，上海市黄浦区思南路幼儿园王道越，上海市松江区华亭幼儿园孙焕，上海市长宁区紫云路第一幼儿园陶晓燕、施竹漪、肖凌、陈漪、周昕懿，上海市长宁区愚园路第五幼儿园范青，上海市长宁区新实验幼儿园邢乃雯，上海市长宁区长宁路第三幼儿园陆静珠，上海市长宁区武夷路幼儿园陈丽君，上海市长宁区仙霞路第一幼儿园林燕懿，上海市嘉定区华旭幼儿园杨凤，山东省淄博市实验幼儿园刘静。再次，本教材第二章第三节中的幼儿园早期读写环境相关照片大多由作者在合作共研的过程中于上海市不同的幼儿园拍摄，如上海师范大学闵行实验幼儿园、华东师范大学附属紫竹幼儿园、上海儿童世界基金会长宁幼儿园、上海市长宁区紫云路第一幼儿园、上海市浦东新区康弘幼儿园、上海市宝山区区直机关幼儿园、上海市徐汇区龙华幼儿园、上海市嘉定区华旭幼儿园等，非常感谢各幼儿园对优质环境资源的慷慨共享，让更多同行能从中学习获益。此外，还要感谢我历届的学生们，如通过参与研究和研讨等方式为本教材的形成贡献智慧的研究生余寿娟、张啸秋、陈舒馨、刘娟、朱小雨、胡丹、王丽君、陈锐、朱怡然、王道越、蔡冬霞、戴萌萌、田秀程、谢秋艳、赵雯歆和黄荣荣；帮助我整理参考文献的研究生刘梦迪、潘斯文和张昕；参与我的课程学习和临床教学研究的上海师范大学学前教育专业 2015 级和 2016 级本科世承班的全体同学。最后，本教材从策划到写作再到完成，经历了起起伏伏的三年疫情和居家教学，非常感谢中国人民大学出版社的李剑编辑在此过程中的耐心等待、认真督促与宝贵建议，以及张莹编辑的全力支持和帮助。

在这里，虽然无法一一尽数为我们提供过支持与帮助的园长、老师、领导、同事、家人、朋友和学生，但我们对每一位都充满感激并致以最诚挚的谢意！衷心希望本教材能够为学前教育工作者提供有益的指导和启示，为学前儿童语言教育实践质量的提升尽绵薄之力。

李林慧

目录

第一章 学前儿童语言教育导论 / 1
第一节 学前儿童的语言学习与发展 / 3
第二节 《3~6岁儿童学习与发展指南》视角下的学前儿童语言教育 / 14
第三节 PCK视角下的学前儿童语言教育 / 20
第二章 幼儿园语言环境创设 / 26
第一节 幼儿园语言环境概述 / 28
第二节 幼儿园口语交往环境的创设 / 36
第三节 幼儿园早期读写环境的创设 / 48
第三章 幼儿园谈论活动指导 / 61
第一节 幼儿谈论的学习与发展目标 / 63
第二节 幼儿园谈论活动的设计与组织 / 71
第三节 幼儿园谈论活动案例与分析 / 79
第四章 幼儿园讲述活动指导 / 86
第一节 幼儿讲述的学习与发展目标 / 88
第二节 幼儿园讲述活动的设计与组织 / 96
第三节 幼儿园讲述活动案例与分析 / 104
第五章 幼儿园前阅读活动指导 / 115
第一节 幼儿前阅读的学习与发展目标 / 117
第二节 幼儿园前阅读活动的设计与组织 / 126
第三节 幼儿园前阅读活动案例与分析 / 135
第六章 幼儿园前书写活动指导 / 147
第一节 幼儿前书写的学习与发展目标 / 149
第二节 幼儿园前书写活动的设计与组织 / 160
第三节 幼儿园前书写活动案例与分析 / 172

第七章　幼儿园语言整合教育活动指导 / 185
第一节　幼儿园语言与社会整合活动指导 / 187
第二节　幼儿园语言与科学整合活动指导 / 194
第三节　幼儿园语言与艺术整合活动指导 / 202
第四节　幼儿园语言与健康整合活动指导 / 209
第八章　幼儿家庭亲子阅读指导 / 216
第一节　亲子阅读营造良好家庭语言环境 / 218
第二节　游戏式亲子阅读指导 / 227
第三节　对话式亲子阅读指导 / 232
第四节　多元化亲子阅读指导 / 239
参考文献 / 249

第一章　学前儿童语言教育导论

学习目标

1. 理解语言的本质特征与基本功能
2. 了解学前儿童语言学习与发展的一般规律
3. 了解《3～6 岁儿童学习与发展指南》视角下的学前儿童语言教育
4. 了解学科教学知识（PCK）视角下的学前儿童语言教育

现场观察

1. 一天，王老师在教孩子们唱一首歌《采蘑菇的小姑娘》，中间有这样一段歌词：谁不知山里的蘑菇香，她却不肯尝一尝，攒到赶集的那一天，全部背到集市上。听完这首歌，很多孩子都感到莫名其妙，他们问道："为什么小姑娘要'赶鸡'？为什么蘑菇要背到'鸡屎'上？"王老师听后终于明白孩子们是怎么想的了，急忙解释了什么是"赶集"和"集市"。

2. 欣欣和畅儿一起在阅读区里看图画书《点点和多咪》。当翻到点点给多咪写的第一封信时，欣欣说："我觉得点点是想约多咪，在太阳正当头的时候，去这棵树底下，点点会给多咪风筝、羽毛球和冰激凌。"畅儿说："我觉得是点点约多咪在中午的时候，到大树底下。他们先放风筝，然后打羽毛球，最后再一起吃冰激凌。"听到她们的描述，老师意识到畅儿已经掌握了表示时间先后的关联词。

3. 自主游戏后，王老师看见甜甜用积木搭建了一个很大、很漂亮的游泳池。于是，她对甜甜说："甜甜你来分享一下你的游泳池吧，告诉大家你是怎么搭的。"甜甜说："我先搭了进门的更衣室，然后搭了淋浴间，然后搭了洗脚池，最后搭了游泳池。"王老师听后愣了一下，她原以为甜甜会分享她用了什么积木、几块积木以及用什么方式把这个游泳池搭出来，结果甜甜没有回答怎么搭的，而是回答搭的是什么。

课前思考

在"现场观察"的三个场景中，幼儿的语言能力各处于什么阶段？教师应该如何支持幼儿的语言发展？

第一节 学前儿童的语言学习与发展

语言是什么？不同的学术流派有不同的回答，简而言之，语言是交流和思维的工具。除了了解语言的基本概念，作为学前教育工作者，我们还需要知道语言有什么特征和功能，学前儿童的语言学习与发展包括哪些内容、有什么特点以及有哪些影响因素等。

一、语言的本质特征与基本功能

（一）语言的本质特征

从语言学的角度来看，语言有三种基本属性，或者说是本质特征。一是语言具有符号属性，即语言是一种符号系统；二是语言具有信息属性，即语言是一种信息系统；三是语言具有工具属性，即语言是一种认知和交际工具。对于学前儿童而言，语言的这三大特征有其具体的体现。

1. 语言是一种符号系统

语言不是人类一出现就有的，它是在人类进化和发展的过程中逐渐形成的，是人类创造发明出来的一整套符号系统。所谓符号，是指能代表某种含义的信号，这种信号是由人约定俗成的，也是社会集体意志的产物。无论是某个区域的方言，还是某个国家的语言，其实都是当地人在长年累月的交流中逐渐形成的一套符号系统。因此，在学前儿童学习这套符号系统的过程中，教师等已经习得这套符号系统的人需要不断地重复系统中的符号，让学前儿童逐渐意识到这些符号指代某些实物、某些具体动作以及某种感受等。比如，每天喂养他的人叫“妈妈”，他需要的动作叫“抱抱”等。

2. 语言是一种信息系统

语言是人类约定俗成的符号系统，而且这个系统中的符号指代着某种信息，所以语言也是一种信息系统。语言本身代表着某种含义，同时语言也是传递这些含义的重要媒介。在学会说话前，婴儿主要是依靠表情、动作和哭声来表达自己的各种需求。但随着需求的增多，这些表达已不能让他们得到满足，他们需要学习更多更好的方式，去表达自己、了解别人、了解世界。而语言作为信息系统，能够比表情、动作和哭声等更准确地传递信息。比如，想让人抱时，对大人说“抱抱”远比哭闹有效；想出去的时候说“我想出去玩”远比发出咿咿呀呀的声音或用手指着外面有效。

3. 语言是一种认知和交际工具

语言是人类思维的外显形式，也就是大脑对外部世界进行加工后的外在表达。在学习语言的过程中，学前儿童会逐步加强对周边客观事物的感知与理解。随着学前儿童越来越有效、频繁地使用语言，语言也成为其加工理解信息、认知世界的工具。学前儿童用语言进行更多的社会互动，可以获得更多的间接经验。在这种间接经验与学前儿童感知体验世界所获得的直接经验的共同作用下，学前儿童逐渐构筑起自己的思维系统。比如，在地球上生活的大多数人都认为“雪”就是“雪”，但长期处于冰天雪地中的因纽特人对“雪”有着更为充分的认知，他们把雪分为正在下的雪、半融化的雪、已经下到地上的雪、被风吹起来的雪，等等，不同状态的雪用不同的词汇来表示。所以说，不同的语言构筑了人们对世界不同的认知。

语言是人与人之间进行沟通与交流的工具，借助这一工具，人们就可以对事物进行描述、判断并进行分享，从而建构起社会的交流系统。对于学前儿童而言，社会交往是一种非常好的语言学习途径。比如，有一对双胞胎兄弟，他们由于长期生活在一起，彼此间产生了默契，不需要借助准确的语言就能够相互交流，明白彼此的意思。由于缺少语言交流，他们的语言发展非常迟缓，词汇和句子都很贫乏，长句子还会出现语法错误，难以和周围的人沟通。同时他们不参加其他学前儿童的游戏，社交能力也较差。后来，心理学家把兄弟俩分开，使他们不得不学习用语言和其他人交流。当他们开始和同伴们一起玩游戏、交往时，很快就发展出了比较丰富和完善的语言。这表明语言也是一种交际系统，在社会交往中语言能够不断获得发展。

（二）语言的基本功能

对人类而言，语言作为指代信息的符号系统具有非常重要的价值，尤其是在文化、社会和发展等方面。

1. 语言的文化功能

文化是指人类在一定的物质资料生产基础上进行精神财富创造活动的成果。精神成果的呈现和传承是离不开语言和文字这些非常重要的符号的。所以，语言作为人类最主要的交际工具，是文化的载体，也是文化的表现形式，同时它本身就是一种文化现象。学前教育承载着文化启蒙的重任，在学前儿童接受的众多教育中，语言教育是首要的，它发挥着延续文化的功能。通过语言教育，学前儿童能够了解相同文化背景中的人与事，实现对本土文化的延续和传承。

2. 语言的社会功能

没有社会就没有语言，社会是语言的发源地，语言是一种社会现象。语言随着人类社会的产生而产生，随着社会的发展而发展，是社会生活中进行交际活动的最重要的手段。语言为整个社会服务，并发挥着独特的功能。学前阶段是人发展的最前端，是人发展的基础，也是良好品行形成的关键期，学前阶段的语言教育有助于儿童社会性的发展。幼儿园的语言教育往往会选择一些有利于学前儿童社会性发展的内容来开展，如团结友爱、讲文明、讲礼貌、爱同伴、爱家人、爱祖国等。在幼儿园的一日生活中，学前儿童之间难免会产生冲突或纠纷，教师可以结合语言教育，通过谈话、讨论等方式引导学前儿童学会如何与人相处、一起玩游戏。这些都体现了语言的社会功能。

3. 语言的发展功能

语言与思维紧密相关，因而语言教育有利于促进学前儿童全面发展。语言教育的基本任务在于促进学前儿童语言能力的发展，因此其首要功能体现为发展学前儿童的语言能力，包括正确发音、词汇丰富、句式多样、学会用恰当的语言表达自己的想法和感受、能清楚生动地描述周围的人和事等。除了语言能力，学前儿童的认知能力也会随着语言教育得以提升。一开始，学前儿童是通过眼看、耳听、手摸等直接感知的方式获取经验，形成对周围世界的认知的，随着语言教育的深入，他们逐渐可以通过别人描述的或书上记录的间接经验获得更广泛、更深入的认知。认知的发展必然也会对学前儿童在其他领域的学习与发展起到促进作用。

二、学前儿童的语言学习

认知心理学家加涅（Gagne）认为，“学习是人的倾向或能力的变化，这种变化能够保持且不能单纯归因于成长过程”①。这一对学习的定义包含三个要点：一是主体必须产生某种变化，才能做出学习已经发生的推论，也就是说，光有练习不一定产生学习；二是主体的这种变化能够相对持久地保持，某些暂时的变化如适应、疲劳等不能称作学习；三是主体的变化是由他与环境相互作用而产生的，即后天习得的，学习应排除由成熟或先天反应所导致的变化。依据加涅所提出的学习概念，学前儿童的语言学习可以定义为“通过有目的、有组织的教学活动，使学前儿童逐步掌握某种语言符号、积累有关该语言符号的经验并熟练理解与运用该语言符号的过程”。

① 加涅．学习的条件［M］．傅统先，陆有铨，译．北京：人民教育出版社，1985.

（一）学前儿童的语言学习内容

学前儿童的语言学习是其通过日常交往和有组织的教育教学活动获得语言经验的过程。根据美国儿童语言发展学家路易斯·布伦姆和玛格丽特·莱希的语言学习系统理论，学前儿童应获得的语言经验包括语言内容经验、语言形式经验和语言运用经验。①

1. 语言内容经验

语言内容是指字与字之间、词与词之间、句子与句子之间所传递的信息及意义。对学前儿童而言，语言内容就是他们之间所交流的话题，这些话题都包含具体的信息和意义。

学前儿童的语言内容主要受到三个方面的制约。一是受到文化背景和语种的制约。任何地域与语种都有不同的话题，身处其中的学前儿童会受到地域文化背景和语种的影响，形成适应该文化的话题体系。二是受到小环境的制约。这里所说的“小环境”是相对于文化背景和语种这样的“大环境”而言的，主要指不同的居住区域和不同的家庭背景。也就是说，不同的区域或不同的家庭会有各自熟悉和喜欢的交流话题。比如，有的地区很重视赛龙舟，有的地区则很重视泼水节，这些不同的传统活动必然导致不同地区人员所讨论的相关话题和所使用的相关语言有所不同。在家庭中也是一样的，受家长的职业和兴趣等因素影响，一个家庭讨论的话题总是有一定倾向和偏好的。因此，学前儿童会受到家庭的影响，形成自己的话题偏好与语言风格。三是受到儿童发展规律的制约。从出生到学龄期，儿童的语言本身就有自己的发展规律，随着大脑的发育和社会经验的增多，儿童的语言能力也逐渐增强。

学前儿童语言内容经验的发展取决于他们已有的知识和生活内容。因此，在组织语言教育活动时，教师应注意引导学前儿童仔细观察周围的环境，积累相关知识，同时还要善于将其他领域教育活动中的有关知识转化为语言教育活动的知识基础。这样，学前儿童语言教育活动所涉及的话题就会越来越多，学前儿童语言内容方面的经验也会越来越丰富。

2. 语言形式经验

语言形式是指语言交际中约定俗成的符号系统和系列规则。从学前儿童的语言发展来看，他们必须掌握语音、词汇和句法等语言形式。

（1）语音。

语音是口头语言的物质载体，是指由人类发音器官发出的表达一定语言意义的声音。它包括音素、音节，也包括说话时的语调、重音、停顿等规则。

（2）词汇。

词汇指词的总汇，是构成语言的基本素材。学前儿童在学说话的过程中需要逐渐

---

① 周兢．幼儿园语言教育活动设计与组织［M］．北京：人民教育出版社，1996：7.

掌握大量的词汇，包括动词、名词、形容词等实体词，介词、连词等功能词，以及由这些词汇构成的组合词。

(3) 句法。

句法是指组词成句的方式和规则，是语言最为抽象的基础性系统，是语言的民族特点和一个人的语言能力最为基本的表现。句法研究的是句子结构，而句子结构有简单结构和复杂结构之分。简单结构有主谓结构、主谓宾结构和主谓双宾结构等；复杂结构则是简单结构的组合，比如一个动宾结构和一个主谓结构套在一起的结构。

由语音、词汇和句法构成的语言形式，在习得和运用过程中是相互结合、融为一体的。口头语言在日常的交流中就可以习得，但那些合乎规范和较为复杂的语言形式经验可能难以在非正式的口头交流中获得。因此，教师还需要组织系统的语言教育活动，帮助学前儿童获得更规范、更高级的语言形式经验。

3. 语言运用经验

语言运用是指说话者根据语言意图和语言环境对语言进行的有效使用。因此，语言运用受说话目的和语言情境两个因素的影响。学前儿童要有效地使用语言这一工具，就必须掌握四方面的语言运用经验：一是了解语言在交流中所发挥的各种功能，以及为了发挥其功能而使用的恰当的表达方式；二是对要求随时调节语言使用方式的语境和听者的特征有所知觉，能敏锐地察觉它们随时可能发生的变化，包括对听者反馈的敏感；三是知道适用于不同听者和角色特征的各种语言使用类型，随时调节语言的清晰度和礼貌程度；四是能从各种语言的使用方式中推断出说话者的意图，并能做出相应的回答反应。

在组织语言教育活动时，教师要提供充分的条件和机会，设置多样的语言情境，帮助学前儿童获得语言运用经验。这样，学前儿童在语言运用的具体情境中，能够逐渐学会考虑说话情境、参与者以及环境中的其他因素，意识到变换说话内容与方式能够改变说话人与听者的关系，知道在说话时要顾及听者的情况，并能根据不同的听者说出适宜的话。

(二) 学前儿童的语言学习特点

学前儿童的语言学习过程就是学前儿童主动建构、个体内化、综合应用和逐步积累的过程。

1. 语言学习是学前儿童主动建构的过程

有人说，孩子刚生下来时是一张白纸，大人在上面写了什么，最后孩子就长成了什么样子。这种说法是将学前儿童完全定义为被动的学习者。但实际上，每名学前儿童都是积极主动的学习者，尤其是在学习各种语言符号和表达方式时，他们绝对不是被动的学习者。一方面，学前儿童对于周围人们提供给他们的语言示范并不是一一接收、原样照搬，而是对那些他们能理解、能模仿的语言进行有意识的听取、接收，然后再进行加工和练习；另一方面，学前儿童在模仿他人的语言时，也是依据自己的需求进行有意识的选择、变通，甚至创造的。也就是说，学前儿童学习语言的过程是一个不断主动自我建构的过程。

2. 语言学习是学前儿童个体内化的过程

学前儿童在学习语言时一直都有自己的选择和变通，它是学前儿童不断进行个体内化的过程。每名学前儿童都是依据已有的经验和已积累的语言与周围的人进行交流，因此，不论是语言表达的内容，还是语言表达的方式，都会表现出较为明显的个体差异。每名学前儿童都有自己喜欢的词汇、表达方式、交谈话题以及文学作品，同时每名学前儿童都会对自己喜欢的语言素材进行个性化的加工，将其内化为自己的经验和表达方式，这就使得学前儿童的语言学习必然呈现出十分个性化的特点。也正因如此，学前儿童的语言教育必须兼顾同龄儿童的群体需要与个别儿童的独特发展需要。

3. 语言学习是学前儿童综合应用的过程

语言通过字、词、句的组合表达不同层次的意义。在学习语言时，学前儿童必须调动自己有关字、词、句的经验以及生活经验，综合字、词、句组合所形成的意义才能形成对他人语言的理解，如代表了什么意思、反映了事物的哪些特征、表达了怎样的情感或态度等。学前儿童的语言与生活经验涉及方方面面，从自身的外部特征到内心的感受、从家庭到幼儿园再到周围的社区、从自然角到室外再到大自然等，学前儿童必须在综合这些不同经验的基础上进行语言应用才能进行真正的语言交流。通过综合语言与生活经验进行语言应用，反过来通过语言应用不断学习综合语言与生活经验，学前儿童就是在这样不断的循环往复中习得语言的。

4. 语言学习是学前儿童逐步积累的过程

语言由语音、词汇和句法等要素构成。语言的这些基本要素非常多且有无限的组合方式，使得语言呈现出千变万化、多姿多彩的样态。因此，掌握某种语言的语音、词汇和句法必定需要一个长期的逐步积累和逐步完善的过程。任何人的语言学习都需要经过从无到有、从使用有误到准确规范、从不理解到部分理解再到完全理解的过程。我们时常看到学前儿童乐此不疲地和家长玩语言游戏，反复地要求家长给他们讲同一个故事，成年人认为学前儿童早就该烂熟于心的故事和语言他们还要反反复复地去听、去看，等等。这些现象其实和学前儿童的认知特点与能力有关，学前儿童的语言学习就是一个日积月累、温故知新、循序渐进的过程。教师要多给学前儿童提供阅读素材和语言示范，为学前儿童语言经验的积累添砖加瓦。

（三）学前儿童的语言学习途径

语言学习有很多途径，模仿和运用是最常见的。无论是学前儿童还是成年人，主动的模仿和互动中的运用都是最好的语言学习路径。

1. 在主动模仿中学习

学前儿童对周围环境中的新鲜刺激都非常敏感，包括语言刺激。在语言刺激下，学前儿童会有一种强烈的表达欲望，也就会积极地向他人模仿和学习。学前儿童的语言模仿，最初是在日常生活中自然而然、随时随地发生的，可能是在家里，也可能是在幼儿园、社区里，学前儿童模仿的可能是家长，也可能是同伴和老师等周围的人。虽然学前儿童自身可能没意识到，但这些语言模仿却是他们根据自己的兴趣、经验和能力进行的自发、适宜的主动模仿，有的甚至还包含了自己的创造。

学前儿童的语言模仿主要有以下四种形式：

（1）即时完全模仿。

学前儿童会经历一个特别爱模仿的阶段，这个阶段的语言模仿往往是即时且完全的模仿，即别人说什么学前儿童就跟着学说什么。这种语言模仿不一定是学前儿童真实情感的表达，可能仅仅是他们觉得自己需要模仿一下。比如，周一来园，托班的铭铭说："昨天，我去奶奶家了。"威威也跟着说："昨天，我去奶奶家了。"后者所说的不一定是事实，可能仅是模仿，他只是觉得在这个场合下说这样的话很有趣。这样的即时完全模仿对学前儿童积累词汇和句式是很有意义的。

（2）即时部分模仿。

模仿是学前儿童的天性，有时候他们会进行即时完全模仿，但更多的时候他们会进行即时部分模仿，即当同伴或成人表达自己想法的时候，有些学前儿童会马上跟着说相似的话。比如，蜜蜜是一个很喜欢户外运动的孩子，她看到羊角球后忍不住尝试起来，几次后，她就能跳好几下了。老师看见了夸赞道："蜜蜜真棒！都会玩羊角球了。"蜜蜜也高兴地跟着说："我会玩球了。"此类模仿多见于幼儿初期，这是因为这一阶段他们的语言能力还不完善，不知道该怎么表达。所以，他们要么不表达，要么就进行部分模仿。

（3）延时模仿。

相比于即时模仿，学前儿童的延时模仿则更为常见。在一日生活中，学前儿童能通过各种渠道自然而然地接收到语言的不同范式，当听到这些语言范式时，有些学前儿童可以即时模仿，有些学前儿童则要先储存在大脑里，到了恰当的时候再提取使用。比如，在娃娃家里，铭铭抱着洋娃娃说："宝宝，你要听故事吗？爸爸给你讲个故事吧。"接着，他开始叽叽咕咕地讲故事。他所说的这些话很明显模仿的是家长给他讲故事时说的话，这就是延时模仿。

（4）创作性模仿。

所谓创作性模仿，是指学前儿童能依据当下的情境，以原有词句的结构或内容为参照物，在模仿其他人语言形式的基础上，组合出新的语言。创作性模仿是整个幼儿期说话的主要形式。比如，《树真好》是一篇优美的散文，它的每一句都是以"树真好”为开头，每一句里都有叠词。在大班语言活动中，老师带领学前儿童多次欣赏这篇散文之后，让学前儿童尝试进行仿编。学前儿童依据自己的经验，对散文中的语言进行了创作性模仿。

2. 在互动运用中建构

在认知活动、交往活动和游戏活动中，学前儿童通过不断地运用语言进行互动交往，逐步积累语音、词汇、句法等听说的经验，使其语言得以发展。

（1）在认知活动中学习语言。

学前儿童的周围充满了新奇的事物，成年人常常会用语言向他们传递各种信息，告诉他们“这是什么”“发生了什么事”，这其实就是一些认知活动。学前儿童通过接收和加工各种词汇和语句，获得多方面的信息，形成对周围事物的基本认知。再加上学前儿童本身对未知的世界充满好奇，他们会时不时地问大人“这是什么”“他们在做什么”“为什么”等，这种浓浓的探索欲望也是他们语言发展的动力。

（2）在交往活动中完善语言。

语言是一种社会交往的工具和载体，因此语言的学习与完善是离不开社会交往情境的。在每天的生活中，学前儿童会碰到各种人与事，在与人的交往中必然要使用语言这一工具，他们需要在这些社会交往活动中不断使用语言、不断完善语言。无论是听还是说，只有在交往中运用语言，才能更好地促进学前儿童语言的发展与完善。

（3）在游戏活动中强化语言。

游戏是学前儿童最基本的活动形式，它为学前儿童提供了语言实践的良好机会和最佳情境。在游戏中，学前儿童的语言会不断被修正和重组，他们的语音、词汇和句法都会得到快速的发展。游戏中成年人和同伴的积极参与也会对学前儿童提出更多的挑战，使他们的语言能力得到提升。

三、学前儿童的语言发展

（一）影响学前儿童语言发展的因素

学前儿童的语言发展受到多种因素的制约。这些制约因素都有哪些、它们又是如何影响学前儿童语言发展的，等等，这一系列的问题都是学前教师应该知道的。影响学前儿童语言发展的因素大致可以分为以下三个方面。

1. 生理因素

生理因素是学前儿童语言发展的基础，为学前儿童的语言发展提供了可能性。影响学前儿童语言发展的生理因素包括直接相关的生理因素与间接相关的生理因素。直接相关的生理因素主要是整套的发音系统（包括口腔、声带、气管和肺部）以及大脑神经系统等。间接相关的生理因素主要是感觉器官，如眼、耳、口、鼻、皮肤等，这些器官会将收集到的信息反馈给大脑，大脑将这些信息记录、加工、储存、分析后，再运用到语言表达上。拥有健康的、发育完整的感觉器官将有助于学前儿童语言的学习和发展。反之，当学前儿童的某个感觉器官有损伤时，就会阻碍其语言发展。比如，视觉、听觉器官有障碍的学前儿童，他们不能依靠视觉和听觉去收集准确的信息，会极大地影响其语言的学习和发展。

2. 心理因素

语言是反映客观世界和人类生活的一种符号系统，需要人去感知、去学习，甚至去创造，而这些行为都和人类的认知、个性等心理因素有关。所以，认知与个性等心理因素是学前儿童语言发展的必要条件。从认知因素来看，语言的发展是在对语言符号系统的输入和输出的过程中实现的。在听和阅读这样的输入过程中，学前儿童需要调动自己的认知能力来理解和记忆语言信息，从而掌握一些核心词汇和句式，明白一些事情发生的前因后果等。同样，说和写这样的输出过程也需要认知的支持。从个性因素来看，性格外向、自信、善于交际的学前儿童对周围环境中的语言会比较关注和敏感，他们更容易习得语言；而性格内向、胆怯、不喜欢交际的学前儿童则会失去很多发展语言的机会。还有研究发现，女孩往往比男孩更愿意同人交往，这使得女孩的语言发展一般要快于男孩。

3. 社会因素

语言是在人类的社会交往中产生的一套符号系统，因此，学前儿童的语言发展也离不开他们所处的社会环境和交往的人。不同的国家、地区有自己独特的语言，势必会对生活在其中的学前儿童的语言发展产生影响。比如，“出租车”在上海话中叫作“差头”，而北京话中打车叫“打的”。对于爱吃辣的四川人和湖南人来说，他们那里的学前儿童掌握“辣”这个字的时间要早于其他地区的人。还有研究发现，农村学前儿童，特别是3～4岁的农村学前儿童，其语言的发展落后于同年龄的城市学前儿童，因为农村的生活条件和语言环境不如城市。除了大社会环境以外，成年人的语言观念和教育态度也会影响学前儿童的语言发展。所谓语言观念，是指人们关于语言的一系列态度和看法。比如，如果家长秉承“敏于行，讷于言”的语言观念，那势必会忽视孩子口头语言的教育；又如，家长喜欢不哭不闹的孩子，秉持培养孩子老实安静的性格的教育态度，可能会导致学前儿童的语言和智力发展较为缓慢。

（二）学前儿童的语言发展特点

儿童语言的发展是一个从量变到质变的连续变化的过程。1岁前是人类语言发生的准备阶段，又称为前语言阶段；1岁左右，儿童能说出一些具有概括意义的词汇，这标志着儿童进入了正式的学说话阶段；1～3岁是语言发生的阶段，又称为初步掌握语言阶段；3～6岁学前儿童进入基本掌握口语阶段，这个阶段是语言不断丰富的时期，也是完整的口头语言发展的关键期。① 学前儿童语言发展主要表现在语音、词汇、句法等方面。

1. 语音的发展

发音器官、听觉系统与大脑功能的发育和完善，为学前儿童的发音提供了基础。受语言、环境和文化等因素的影响，不同地域的学前儿童语音发展的状态会有所不同。根据心理学工作者的研究，我国 3～6 岁学前儿童语音的发展有以下特点：

（1）发音的正确率与年龄、所处的环境相关。

史慧中通过调查发现，学前儿童发音的正确率随年龄增长而提高，错误率随年龄增长而不断下降。② 学前儿童发音的正确率除了和年龄有关，还和他们所处的社会环境有关。唐代诗人贺知章在《回乡偶书二首》中写有“乡音无改鬓毛衰”，就描述了某一地域的方言对口语发音的重要影响。如果长期生活在方言环境中，学前儿童的普通话发音正确率难免会受到影响。

（2）3～4 岁为语音发展的飞跃期。

学前儿童的语音水平呈现出逐渐提高的状态。但相对而言，3～4 岁学前儿童的语音进步是最为明显的。4 岁以上的学前儿童一般能够掌握本国或本民族语言的全部语音，此后发音开始稳定，趋于方言化，即开始局限于本民族或本地语音。比如，中国北方某些地区的人是发不出入声的，日本人则一般发不出卷舌音 r。

（3）韵母比声母发音容易。

从史慧中的研究中可以发现，大多数 3 岁学前儿童可以发出清晰的声母，但一部分学前儿童的声母发音会出现错误，且主要集中在 zh、ch、sh、z、c、s 等上。③ 这主要是因为这些声母发音要靠唇、舌等运动的细微分化，而 3 岁学前儿童还不能很好地支配发音系统。因此，与韵母相比，这些声母的发音对他们来说就比较难了。

2. 词汇的发展

各种语言都是由词以一定的方式组合而成的，因此词汇的发展是语言发展的重要标志。一般可以从数量、范围和理解三个维度来考量学前儿童词汇发展的特点。

（1）词汇的数量不断增多。

3～6 岁是人一生中词汇量增长最快的时期。学前儿童词汇量在 1 岁时为 10 个词以内；1～1.5 岁时为 50～100 个词；1.5～2 岁时为 300 个词左右；2～2.5 岁时为 600 个词左右；2.5～3 岁时为 1 100 个词左右；3～4 岁时为 1 600 个词左右；4～5 岁时为 2 300 个词左右；5～6 岁时为 3 500 个词左右。可以看出，3～6 岁是学前儿童词

---

① 高月梅，张泓．幼儿心理学［M］．杭州：浙江教育出版社，1993：72.

② 史慧中．中国儿童青少年语言发展与教育（一）：3～6 岁儿童语言发展与教育［M］//朱智贤．中国儿童青少年心理发展与教育．北京：中国卓越出版公司，1990.

③ 同②.

汇高速发展的时期。

（2）词类的范围不断扩大。

如果说词汇数量的增长是从量上反映学前儿童词汇的发展，那词汇种类的增多则是从质上反映他们词汇水平的进步。学前儿童掌握的词类的范围是不断扩大的。词从语法上可以分为实词和虚词两大类，学前儿童是先掌握实词，再掌握虚词。在实词中，学前儿童最先掌握名词，其次是动词，之后是形容词和其他实词。其中，名词占50%左右，动词占20%～25%，形容词占10%以上。

（3）词义的理解不断加深。

随着词汇数量的增长和词类范围的不断扩大，学前儿童对词义的理解也会不断加深。1～2岁学前儿童对词的理解是比较笼统的，他们常常用一个词代表多种含义。比如，有个小名叫蛋蛋的儿童想吃鸡蛋时，就会说“蛋蛋要吃蛋蛋”。随着年龄的增长和语言的积累，学前儿童对词义的理解开始从笼统趋于具体化。他们不仅能掌握词的多种含义，还能掌握词的隐藏含义。

3. 句法的发展

句法是语言最为基础、最为抽象的系统。要掌握一种语言，就必须掌握该语言的句法系统。学前儿童句法的发展有以下特点：

（1）句式从不完整句向完整句发展。

学前儿童所说的句子一开始是不完整的，特别是在2岁之前，他们说的主要是单词句和双词句，比如，他们会把“我要喝奶”说成“我要奶奶”。2岁之后，学前儿童逐渐能说出比较完整的句子，其数量和比例都随着年龄的增长而增加。到了6岁左右，学前儿童的语言表达中98%以上是完整句。

（2）句子结构从松散、呆板到逐步严谨、灵活。

学前儿童一开始所说的单词句和双词句其实仅仅是简单的词链，而非具有语法结构的句子，他们常常会遗漏句子的成分，如不说主语，或是句子成分排列不当，如主谓宾顺序颠倒等。学前儿童最初的语言就是几个词组成的压缩句，慢慢地他们会在句子中增加一些简单的修饰语，再逐渐增加一些复杂的修饰语，直到最后能自由灵活地组合各种修饰语。

（3）句子的含词量不断增加。

随着年龄的增长，学前儿童说话所用的句子存在越来越长的趋势，即句子中的含词量逐渐增加。研究表明，3～4岁学前儿童的语言表达以含4～6个词的句子为多，4～5岁学前儿童的语言表达以含7～10个词的句子为多，5～6岁学前儿童的语言表达则多数为含7～10个词的句子，同时也出现了含11～16个词的句子。含3个词以下和16个词以上的句子在学前期则较少出现。

第二节 《3～6岁儿童学习与发展指南》视角下的学前儿童语言教育

为了深入贯彻《国家中长期教育改革和发展规划纲要（2010—2020年）》和《国务院关于当前发展学前教育的若干意见》，我国教育部于2012年10月颁发了《3～6岁儿童学习与发展指南》（以下简称《指南》），用以指导幼儿园和家庭实施科学的保育和教育，促进幼儿身心全面和谐发展。明确《指南》中有关学前儿童语言发展的目标要求，掌握学前儿童语言学习与发展的特点和教育要求，是每位学前教育工作者必须具备的专业素养，也是科学实施幼儿园语言教育活动的必要前提。

一、《指南》发布前我国学前儿童语言教育的发展历程

《指南》的发布对我国的学前教育产生了巨大的影响，其中所倡导的语言教育理念与实践并非空穴来风，而是对20世纪20年代以来我国学前儿童语言教育的传承与发展。

（一）20世纪20—40年代的学前儿童语言教育

我国著名的心理学家、儿童教育专家陈鹤琴曾于1925—1927年在南京鼓楼幼稚园开创了“中心单元教学课程实验”。这种课程没有分科的教育目标，而是根据中心课题的需要把各科活动编排于其中，因而课程中没有单独的“语言教育”项目，只有谈话、故事、儿歌、读法等语言教育的教材和活动。陈先生非常重视发展儿童的语言能力，提倡每周让儿童讲十几个故事，并表演一个故事。① 1932年国民政府教育部公布了《幼稚园课程标准》，其中就有关于故事、儿歌教育的目标和内容。同时期，王骏声和张雪门均在其著作中指出了谈话活动在语言学习中的教育价值。

该时期的幼儿园课程中出现了关于听、说、读等的语言发展目标以及发展学前儿童语言的各种方法与手段，但尚未形成完整的学前儿童语言教育体系。

---

① 陈鹤琴．陈鹤琴全集：第2卷［M］．南京：江苏教育出版社，1989：408－411.

（二）20世纪50—70年代的学前儿童语言教育

1952年，教育部颁布了《幼儿园暂行教学纲要（草案）》。① 该纲要倡导分科教育模式，在教育目标中出现了对语言知识学习的要求；在教材大纲中出现了对小、中、大班的不同要求；在教育形式中不但有故事和歌谣，还有谈话和讲述活动。1954年，在苏联专家的指导下，我国制定了《幼儿教育工作指南（草案）》。② 该指南强调要让学前儿童在认识事物的同时发展语言、培养态度和情感，它将学习目标划分为“认识社会生活和发展语言”以及“认识自然和发展语言”，并分别提出了小、中、大班的教育要求和教法指导。

这一时期上述两个文件的颁布，意味着我国学前儿童语言教育正在朝着独立和系统的方向发展。

（三）20世纪80—90年代的学前儿童语言教育

1981年10月教育部颁布的《幼儿园教育纲要（试行草案）》③ 将语言和常识“脱轨”，首次根据语言发展本身的规律以及幼儿的学习特点制定了语言教育的任务、各班要求并编制了配套的教材。1989年6月，国家教委发布的《幼儿园工作规程（试行）》④ 把“发展幼儿正确运用语言交往的基本能力”作为幼儿园保育和教育的主要目标之一，主张让幼儿在一切活动中学习语言。

这一时期，我国的学前儿童语言教育已形成独立且较为完整的体系，并且理念开始由“在教材中学习语言”转向“在生活中学习语言”。

（四）21世纪前10年的学前儿童语言教育

为进一步贯彻第三次全国教育工作会议和全国基础教育工作会议精神，落实《国务院关于基础教育改革与发展的决定》，推进幼儿园实施素质教育，全面提高幼儿园教育质量，2001年7月教育部印发了《幼儿园教育指导纲要（试行）》（以下简称《纲要》），指出“幼儿园的教育内容是全面的、启蒙性的，可以相对划分为健康、语言、社会、科学、艺术等五个领域”，并提出各领域内容应相互渗透，从不同角度促进幼儿的全面发展。《纲要》对语言领域的学习提出了明确的教育目标、内容和要求以及指导要点，并强调幼儿的“语言能力是在运用的过程中发展起来的，发展幼儿语言的关键是创设一个能使他们想说、敢说、喜欢说、有机会说并能得到积极应答的环境”。

纵观20世纪20年代至21世纪前10年我国政策文件中有关学前儿童语言教育的阐释，我国的学前儿童语言教育可以说经历了“在认识中发展语言”到“专门的语言

---

① 中国学前教育研究会．中华人民共和国幼儿教育重要文献汇编［C］．北京：北京师范大学出版社，1999：565，571.

② 同①635.

③ 蒋雅俊．改革开放40年学前教育政策中的儿童观变迁［J］．学前教育研究，2019（3）：12－20.

④ 陈志其，蔡迎旗．我国学前教育质量的政策变迁历程、演进逻辑与未来展望：基于教育可持续发展的视角［J］．河北师范大学学报（教育科学版），2023（4）：125－134.

学习”再到“在运用中发展语言能力”的理念变化。

二、《指南》视角下的学前儿童语言教育目标

《指南》的内容由说明和正文两部分构成。说明简要指出了《指南》制定的背景与目的、目标与作用、内容与结构以及实施原则等；正文从“健康”“语言”“社会”“科学”“艺术”等五个领域分别描述了3～6岁儿童学习与发展的基本价值、目标和教育建议等。① 针对语言领域，《指南》将其分为倾听与表达、阅读与书写准备两个子领域，每个子领域分别有3条学习与发展目标，每条目标后都附有教育建议。这些语言领域学习与发展的目标对3～4岁、4～5岁和5～6岁三个年龄段幼儿在语言学习方面应该大致达到什么发展水平提出了合理期望，指明了幼儿语言学习与发展的具体方向。

（一）学前儿童口头语言学习与发展目标

3～6岁儿童处于语言发展的关键期，口语交流能力的培养是儿童语言学习的首要任务。儿童需要不断倾听理解交流者的语言，并且在不同的社会交往情境中通过语言来表达自己的想法。3～6岁儿童倾听与表达的口语交流经验可以为其语言符号系统的建立奠定重要基础，同时也为儿童成长为成功的社会交流者做好充分的准备。表1-1至表1-3呈现了《指南》在倾听与表达子领域对3～6岁儿童语言学习与发展所提出的教育目标。

表1-1　认真听并能听懂常用语言

3～4岁	4～5岁	5～6岁
1. 别人对自己说话时能注意听并做出回应 2. 能听懂日常会话	1. 在群体中能有意识地听与自己有关的信息 2. 能结合情境感受到不同语气、语调所表达的不同意思 3. 方言地区和少数民族幼儿能基本听懂普通话	1. 在集体中能注意听老师或其他人讲话 2. 听不懂或有疑问时能主动提问 3. 能结合情境理解一些表示因果、假设等相对复杂的句子

表1-2　愿意讲话并能清楚地表达

3～4岁	4～5岁	5～6岁
1. 愿意在熟悉的人面前说话，能大方地与人打招呼 2. 基本会说本民族或本地区的语言 3. 愿意表达自己的需要和想法，必要时能配以手势动作 4. 能口齿清楚地说儿歌、童谣或复述简短的故事	1. 愿意与他人交谈，喜欢谈论自己感兴趣的话题 2. 会说本民族或本地区的语言，基本会说普通话。少数民族聚居地区幼儿会用普通话进行日常会话 3. 能基本完整地讲述自己的所见所闻和经历的事情 4. 讲述比较连贯	1. 愿意与他人讨论问题，敢在众人面前说话 2. 会说本民族或本地区的语言和普通话，发音正确清晰。少数民族聚居地区幼儿基本会说普通话 3. 能有序、连贯、清楚地讲述一件事情 4. 讲述时能使用常见的形容词、同义词等，语言比较生动

① 李季湄，冯晓霞．《3～6岁儿童学习与发展指南》解读［M］．北京：人民教育出版社，2013.

表 1-3 具有文明的语言习惯

3～4 岁	4～5 岁	5～6 岁
1. 与别人讲话时知道眼睛要看着对方 2. 说话自然，声音大小适中 3. 能在成人的提醒下使用恰当的礼貌用语	1. 别人对自己讲话时能回应 2. 能根据场合调节自己说话声音的大小 3. 能主动使用礼貌用语，不说脏话、粗话	1. 别人讲话时能积极主动地回应 2. 能根据谈话对象和需要，调整说话的语气 3. 懂得按次序轮流讲话，不随意打断别人 4. 能依据所处情境使用恰当的语言。如在别人难过时会用恰当的语言表示安慰

（二）学前儿童书面语言学习与发展目标

在着重关注 3～6 岁儿童口语交流能力学习与发展的同时，《指南》对 3～6 岁儿童早期书面语言的发展也提出了一系列的目标要求。阅读能力被视作人们在当今社会中获得成功的基础，而相关研究表明 3～8 岁是儿童学习早期阅读与书写的关键期。因而，学前儿童语言教育应在培养儿童口语交流能力的同时，帮助儿童做好阅读与书写等方面的准备。表 1-4 至表 1-6 呈现了《指南》在阅读与书写准备子领域对 3～6 岁儿童语言学习与发展所提出的教育目标。

表 1-4 喜欢听故事，看图书

3～4 岁	4～5 岁	5～6 岁
1. 主动要求成人讲故事、读图书 2. 喜欢跟读韵律感强的儿歌、童谣 3. 爱护图书，不乱撕、乱扔	1. 反复看自己喜欢的图书 2. 喜欢把听过的故事或看过的图书讲给别人听 3. 对生活中常见的标识、符号感兴趣，知道它们表示一定的意义	1. 专注地阅读图书 2. 喜欢与他人一起谈论图书和故事的有关内容 3. 对图书和生活情境中的文字符号感兴趣，知道文字表示一定的意义

表 1-5 具有初步的阅读理解能力

3～4 岁	4～5 岁	5～6 岁
1. 能听懂短小的儿歌或故事 2. 会看画面，能根据画面说出图中有什么，发生了什么事等 3. 能理解图书上的文字是和画面对应的，是用来表达画面意义的	1. 能大体讲出所听故事的主要内容 2. 能根据连续画面提供的信息，大致说出故事的情节 3. 能随着作品的展开产生喜悦、担忧等相应的情绪反应，体会作品所表达的情绪情感	1. 能说出所阅读的幼儿文学作品的主要内容 2. 能根据故事的部分情节或图书画面的线索猜想故事情节的发展，或续编、创编故事 3. 对看过的图书、听过的故事能说出自己的看法 4. 能初步感受文学语言的美

表 1-6　具有书面表达的愿望和初步技能

3～4 岁	4～5 岁	5～6 岁
喜欢用涂涂画画表达一定的意思	1. 愿意用图画和符号表达自己的愿望和想法 2. 在成人提醒下，写写画画时姿势正确	1. 愿意用图画和符号表现事物或故事 2. 会正确书写自己的名字 3. 写画时姿势正确

三、《指南》视角下的学前儿童语言教育要求

《指南》是继《纲要》之后又一个具有跨时代意义的儿童教育文本，和《纲要》一样强调“幼儿的语言能力是在交流和运用的过程中发展起来的”，并明确提出“应为幼儿创设自由、宽松的语言交往环境，鼓励和支持幼儿与成人、同伴交流，让幼儿想说、敢说、喜欢说并能得到积极回应。为幼儿提供丰富、适宜的低幼读物，经常和幼儿一起看图书、讲故事，丰富其语言表达能力，培养阅读兴趣和良好的阅读习惯，进一步拓展学习经验”。基于这样的理念，《指南》不仅详细列出了学前儿童语言领域学习与发展的目标，还提出了相应的教育要求，包括实施的原则以及针对每条目标的教育建议。综合来看，《指南》所提出的学前儿童语言教育要求主要包括四个方面：细化具体目标，明确发展方向；理解学习方式，满足儿童需要；关注个体差异，提供不同支持；重视语言学习，兼顾全面发展。

（一）细化具体目标，明确发展方向

《纲要》对包括语言领域在内的学前儿童各个领域的目标、内容与要求以及指导要点进行了阐述，《指南》则对这些内容做了进一步的阐述，其中尤为重要的是对教育目标的具体细化。

《纲要》在整体上对幼儿语言教育提出了 5 条目标，《指南》则首先将幼儿在语言领域的学习分为“倾听与表达”和“阅读与书写准备”两个子领域，然后针对每个子领域提出 3 条目标，并且在每条目标上都对 3～4 岁、4～5 岁和 5～6 岁三个年龄段幼儿的典型表现进行了描述，对各年龄段幼儿应该知道什么、能做什么以及大致可以达到什么发展水平等提出了具体的合理期望。《指南》中的目标并非“标准”，而是方向的指引；各年龄段典型表现并非目标的分解，也不是测试幼儿是否达到某一标准的“标尺”，而是对每一个幼儿学习与发展方向的具体期望，是帮助教师与家长更好理解目标、更好观察了解幼儿的参照。《指南》中细化的具体目标与详细的各年龄段典型表现明确了幼儿语言学习与发展的方向，也为幼儿园语言教育活动的目标制定提供了合理依据。

（二）理解学习方式，满足儿童需要

学前儿童的学习无论是内容还是方式都有自己的独特之处。3～6 岁儿童的学习内容是广泛的，包括与人的交往、与同伴的游戏以及吃饭、穿衣等生活活动；其学习方式与中小学生不同，不是通过记忆大量抽象符号进行学习，而是通过实际操作和亲身体验进行模仿、感知与探究，不断积累经验并逐步建构自己的理解与认识。

《指南》在“说明”中明确指出“幼儿的学习是以直接经验为基础，在游戏和日常生活中进行的”，在语言领域的前言中提出“幼儿的语言学习需要相应的社会经验支持，应通过多种活动扩展幼儿的生活经验，丰富语言的内容，增强理解和表达能力”。这清楚地反映了《指南》的幼儿学习观。在《指南》的视角下，学前儿童的语言教育应充分重视儿童以直接经验为基础的学习方式，倡导在活动中学习语言、在游戏中学习语言以及在创造中学习语言①，满足儿童内在需要的同时，促使其在各种活动中联结已有经验，有效发展语言的综合运用能力。

（三）关注个体差异，提供不同支持

学前儿童的发展是一个持续、渐进且有一定阶段性的过程，但每名学前儿童都有自己的发展速度和达到某一阶段的时间。正确理解《指南》所提出的语言学习与发展目标以及各年龄段典型表现，意味着要关注学前儿童的个体差异，在语言教育中为学前儿童提供不同程度的支持。

首先，应以平等的视角看待每名学前儿童，将他们每个人都看作具有主观能动性的学习者。其次，将《指南》的目标与各年龄段典型表现作为观察与了解学前儿童语言发展状况的依据，充分识别学前儿童的语言水平并理解和尊重儿童语言发展中的个别差异。最后，正确理解和使用《指南》中的教育建议，提供不同程度的支持，以引导学前儿童按照自己的发展节奏和学习方式从原有水平向更高水平跃迁。特别是针对那些语言发展较慢、性格比较内向、不善于表达的学前儿童，教师和家长要更有耐心和爱心，多关注他们的兴趣点和人际交往情况，以便为他们提供适宜的话题、语言环境和语言交往同伴等，激发其语言学习兴趣并促进其语言交往能力的提高。

（四）重视语言学习，兼顾全面发展

《指南》在语言部分开宗明义地指出：“幼儿语言的发展贯穿于各个领域，也对其他领域的学习与发展有着重要的影响：幼儿在运用语言进行交流的同时，也在发展着人际交往能力、理解他人和判断交往情境的能力、组织自己思想的能力。通过语言获取信息，幼儿的学习逐步超越个体的直接感知。”《指南》不仅肯定了学前儿童语言学习的重要性，更强调了语言学习与全面发展的相关性。

---

① 李季湄，冯晓霞．《3～6 岁儿童学习与发展指南》解读［M］．北京：人民教育出版社，2013.

学前儿童语言表达的内容本来就是天马行空、包罗万象的，因此，随时随地都可发生的语言学习会关系到其在健康、社会、科学和艺术等各个领域的认知。在《指南》的视角下，学前儿童的发展是一个整体，教师要注重领域之间、目标之间的相互渗透和整合，促进学前儿童全面协调发展，而不是片面追求某一方面或几方面的发展。因此，学前儿童语言教育不仅要重视专门的语言活动，还应注重一日生活中的语言学习渗透，为学前儿童创造无所不在的语言学习环境。这就要求教师关注平时的语言互动契机，为学前儿童提供支持和鼓励，吸引学前儿童与教师、同伴或其他人交谈，要特别注意保护学前儿童运用语言交往的主动性和积极性，让他们在宽松而真实的语言运用情境中获得有效的语言经验，同时也发展健康、社会、科学和艺术等领域的相关经验。

第三节　PCK 视角下的学前儿童语言教育

《指南》的颁布在中国学前教育领域具有里程碑式的意义，因为它把儿童不同领域的学习目标与儿童的年龄和发展阶段结合了起来。[①] 不过，贯彻落实《指南》的过程并不容易，一方面，《指南》提出了儿童学习与发展的健康、语言、社会、科学和艺术等五个领域，但另一方面，《指南》并没有提倡基于领域的教学实践，而是强调通过领域的整合教育实现儿童的全面发展。那么，如何在整合的教育实践中落实儿童在各个领域的具体发展维度呢？学科教学知识（Pedagogical Content Knowledge，PCK）理论为我们解决这一问题提供了一种可行的视角。PCK 理论提倡促进儿童的全面发展，并且认为只有将整合课程与领域经验学习相结合，才能实现这一目标。教师只有提升自己在各个领域的 PCK，才能更加有效地设计与实施不同领域

① 陈杰琦．领域教学知识：促进幼儿教师专业成长的关键因素［M］//周兢．学前儿童语言学习与发展核心经验．南京：南京师范大学出版社，2014：1－31．

的整合课程，避免目标不明的拼盘式课程教学。

一、PCK 的概念与构成

随着社会分工越来越细致，教师作为一个职业，其专业性越来越受到重视。在这种背景下，美国斯坦福大学的著名学者舒尔曼提出了一种新的教师知识概念——学科教学知识。他认为学科教学知识是一种包含于学科知识，并且属于教学类的知识，是最具有“可教性”的一种学科知识，是“教师个人教学经验、教师学科内容知识和教育学的特殊整合”①；他还指出，PCK 的内容“包括该学科领域内最常见的教育话题，表达思想的最好方式，以及最有用的类比、样例、图示、解释和演示等易于学生理解的表征方法；包括有关学生的知识，如学生对某一主题感到容易或困难的原因、学生可能出现的偏见和误解、消除误解的策略等；也包括有关教学的知识，如特定的话题、问题、论点以怎样的方式组织和表达，使之适合于不同兴趣、能力和背景的学生，以及如何帮助或引导学生以对其个人有意义的方式理解学习内容”②。

PCK 概念的提出得到了广泛的认同，自舒尔曼之后有许多研究者对 PCK 的概念进行了不同的诠释或补充。目前，国际范围内较为一致的观点认为，教师的 PCK 是教师知识的核心，且由教学内容知识、教育对象知识和教学方法知识等三个要素构成。在前人研究的基础上，国内学者汤杰英提出“PCK 是教师在教学行为中，将教学内容知识、教育对象知识和教学方法知识融为一体时所呈现的知识，它是一个整合和转化过程”，并认为构成 PCK 的教学内容知识、教育对象知识和教学方法知识三要素之间存在密不可分的关系（如图 1－1 所示）。③

首先，这三种知识不是相互独立而是相互嵌套、相互影响的。教学内容的确定不仅要依据学科本身，还要考虑教育对象的发展水平，其呈现方式更要借助一定的教学策略；对教育对象的了解不能仅限于一般的发展特点，而应具体到领域学习的内容维度及不同阶段的典型表现，以及哪些教学策略更为适宜；教学方法的选择也要考虑具体的领域教学内容以及教育对象的实际水平。如图 1－1 所示，箭头表示知识的融合方向，处于核心位置的 PCK 则是教学内容知识、教育对象知识和教学方法知识三者两两融合再相互融合之后形成的知识。教师的 PCK 水平越高，其所拥有的教学内容知识、教育对象知识和教学方法知识越丰富，且三者之间的融合度越高。

其次，教学内容知识、教育对象知识和教学方法知识并非平衡静止而是动态发展

---

① SHULMAN L S. Those who understand：knowledge growth in teaching［J］. Educational Researcher，1986，15（2）：4－14.

② SHULMAN L S. Knowledge and teaching：foundations of the new reform［J］. Harvard Educational Review，1987，57（1）：1－22.

③ 汤杰英．学前教师领域教学知识研究［D］．上海：华东师范大学，2013.

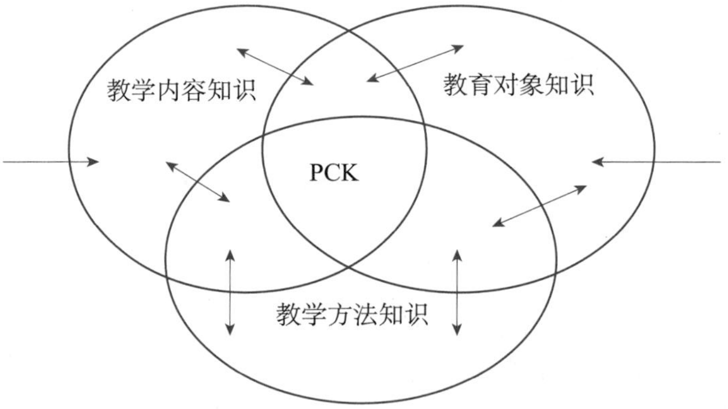

图 1-1　PCK 构成模型

的。研究表明，教师在教学内容知识、教育对象知识及教学方法知识三方面的水平不平衡，发展速度也不一致。[①] 如新教师可能对教学内容知识掌握得比较好，而有经验的教师可能更擅长观察与分析儿童的学习状况，或是积累了更多的有效教学经验。随着教师的学习、实践与反思，这三方面的知识又会以不同的速率不断发展，其中既有物理变化又有化学变化。物理变化是指教师的三种知识由少变多、由单一到多元，是一种量的积累；化学变化是指三种知识在量变的基础上相互影响、相互交融形成质变，形成真正的学科教学知识。

正因为教师所拥有的教学内容知识、教育对象知识及教学方法知识的初始水平不同，发展变化的速率也不同，所以在量变与质变过程中所产生的 PCK 也是千差万别的。这充分说明 PCK 是一种非常个性化的默会性知识，它无法通过直接的传授或是某一次的学习获得，而需要在日常的实践中养成运用 PCK 理论框架进行反思的意识、习惯与能力，通过日积月累的实践与反思才能逐渐获得发展。

二、PCK 理论与学前儿童语言教育

在学前阶段，PCK 叫作"领域教学知识"。基于 PCK 的理论视角，学前儿童语言教育实践应重点关注语言领域的教学内容知识、教育对象知识以及教学方法知识，也就是学什么、谁来学以及如何学三方面的问题。

（一）教学内容知识：学什么

学前儿童语言教育领域的教学内容知识，是指学前儿童应掌握哪些语言核心经验、众多的语言核心经验之间存在什么关系，以及这些语言核心经验的发展顺序是怎样的。教师建构起由维度和发展阶段构成的网状教学内容知识结构后，就能够解决学

① 汤杰英．学前教师领域教学知识研究［D］．上海：华东师范大学，2013.

前儿童语言教育中“学什么”的问题，准确判断学前儿童可以学习与掌握哪些维度的语言核心经验，以及哪些经验适合早学、哪些适合晚学等。

《纲要》提出了学前儿童语言教育的5条目标及7条内容与要求，《指南》对这些内容进行了细化，针对“倾听与表达”和“阅读与书写准备”两个子领域分别提出了3条目标，并列出了各年龄段的典型表现。这些子领域和各维度的学习与发展目标以及各年龄段的典型表现实际体现的就是学前儿童在语言领域“学什么”的内容。基于《纲要》和《指南》的要求，结合国内外的相关研究以及实践经验，本书将学前儿童语言教育分为与口头语言发展相关的谈论、讲述两个子领域，以及与书面语言发展相关的前阅读、前书写两个子领域，共4个子领域，针对每个子领域分别提出了3个维度的学习与发展目标，并且在每个维度上描述了3～4岁、4～5岁和5～6岁儿童的典型表现。学前儿童语言学习与发展目标基本框架如表1－7所示，具体内容以及各年龄段儿童的典型表现详见各相关章节。

表1－7　学前儿童语言学习与发展目标基本框架

子领域		学习与发展目标
口头语言	谈论	1. 养成良好的倾听习惯与能力 2. 掌握并遵守谈论的规则 3. 掌握并运用谈论的策略
	讲述	1. 清楚地讲述 2. 连贯地讲述 3. 适合情境地讲述
书面语言	前阅读	1. 养成良好的阅读习惯与行为 2. 理解阅读内容并掌握阅读策略 3. 表达与评判阅读内容
	前书写	1. 建立书写行为习惯 2. 萌发文字意识 3. 运用多元图符创意表达

（二）教育对象知识：谁来学

学前儿童语言教育领域的教育对象知识，是指判断和识别学前儿童语言学习的当前水平，预测学前儿童在学习中的难点和可能出现的错误，并为学前儿童进一步的学习安排恰当适宜的内容。教师要具备做出上述一系列判断的知识，才能解决“谁来学”这一问题。

苏联心理学家维果斯基在1972年提出了“最近发展区”理论。“最近发展区”描述了“儿童在成人帮助下可以达到的状态”以及“儿童在没有成人帮助的情况下可以达到的状态”之间的区别。[①] 有价值的语言教育活动，其目标应指向儿童语言核心经验的“最近发展区”，因为只有这样，儿童才能在教师的支持下通过活动掌握下一步可获得的新经验。低于“最近发展区”的目标会使活动因重复儿童已掌握的经验而失去价值，高于“最近发展区”的目标则会使活动因挑战性过高而达不到效果。要准确做出与“谁来学”这一问题相关的一系列判断，教师需要基于由维度和发展阶段构成的网状教学内容知识结构，通过观察比较儿童的实际表现与不同阶段儿童的典型表现来判断其在某维度语言核心经验上的当前水平与下一阶段水平（最近发展区水平）。由此也可看出教学内容知识对教育对象知识的影响，即教师所掌握的教学内容知识是其对儿童的学习状况、难点以及下一步学习内容进行准确判断的重要依据。

（三）教学方法知识：如何学

学前儿童语言教育领域的教学方法知识，是指鉴别教学策略对学前儿童语言学习的有效性，并调整教学策略以适应能力较弱以及能力较强学前儿童的语言学习，也就是为解决语言教育活动中“如何学”这一问题教师所必须具备的知识。

关于教学方法知识，传统教育活动主要关注的是教师“如何教”。随着进步主义教育学提出“将儿童视为主动的学习者”“互动是教学的关键”“知识的获取是共同建构的过程”等观点，儿童“如何学”的问题则越来越受到重视。“世界上没有一模一样的两片叶子”，儿童的发展也存在个体差异。在一个班级中，儿童的语言发展往往可分为较弱、一般以及较强三种水平。大多数儿童的语言发展处于一般水平，即其对语言核心经验的掌握程度基本符合该年龄段儿童的典型表现；少数儿童的语言发展处于较弱或较强的水平，即其对语言核心经验的掌握程度低于或高于该年龄段儿童的典型表现。教师在设计与实施语言教育活动时，不仅要考虑为语言发展处于一般水平的儿童提供有效的教学策略以支持其学习，还要考虑如何为语言发展处于较弱或较强水平的儿童调整教学策略，如给予不同挑战程度的任务、提供不同类型的支架等，以使儿童都能在自己原有的水平上进一步学习新的经验。由此可见，教师制定的教学策略是否有效，取决于教师能否对儿童的语言发展水平做出全面、准确的判断，而这又取决于教师是否掌握了由维度和发展阶段构成的网状教学内容知识结构。

总而言之，在学前儿童语言教育“学什么”、“谁来学”以及“如何学”这三个问题当中，可以说“学什么”处于核心地位，教师只有清楚地知道在语言领域学前儿童能够学什么、在不同的年龄段能够学会什么，才能准确做出有关“谁来学”的一系列判断，并选择适宜有效的教学方法以满足不同学前儿童的发展需要，继而解决“如何

---

① VYGOTSKY L S. Mind in society［M］. Cambridge：Harvard University Press，1978.

学”的问题。

知识回顾

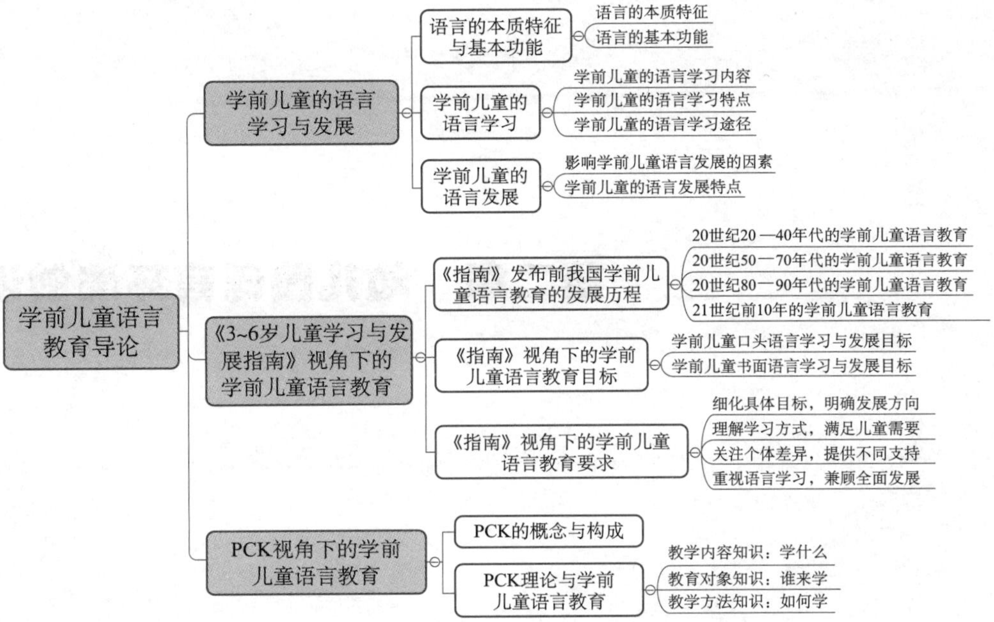

同步练习

1.《指南》中的语言领域有哪些子领域？每个子领域有哪些目标？

2. 请观摩一次语言领域的集体教学活动，尝试分析该活动中教师所具备的教学内容知识、教育对象知识及教学方法知识。

第二章　幼儿园语言环境创设

学习目标

1. 理解幼儿园语言环境的概念与构成
2. 掌握创设幼儿园口语交往环境的方法
3. 掌握创设幼儿园早期读写环境的方法

现场观察

大班正在开展集体学习活动“一园青菜成了精”，教师首先展示了图书的封面，然后与幼儿进行了以下对话：

教师：谁认识封面上的蔬菜？请说出它们的名字。

幼儿 1：我认得南瓜，还有青菜，还有黄瓜，还有豆子。

教师：你认识很多蔬菜，但是如果这句话能这么说——我认识南瓜、青菜、什么和什么就更棒了，好吗？

幼儿 2：南瓜。

教师：我认识——

幼儿 2：我认识南瓜、茄子、土豆和小葱。

教师：和小葱，对，最后一种蔬菜之前说一个“和”字，这句话就很好听——什么、什么和什么。

幼儿 3：我看见了青菜、白萝卜、胡萝卜。

教师：胡萝卜在哪儿呢？（幼儿 3 上前指封面上的红头萝卜。）

教师：这是胡萝卜吗，孩子们？

幼齐：红头萝卜。

教师：哦，这是红头萝卜，和胡萝卜长得还有点不一样呢。

幼儿 4：那个不是白萝卜。

教师（指）：这个吗？

幼儿 4：那个是绿头萝卜。

教师：哦，绿头萝卜，用这个词更好是吧？好，还有人想说吗？

幼儿 5：我看到了南瓜、茄子和青菜。

教师：这句话说得真棒，他已经学会了“什么、什么和什么”。

课前思考

在“现场观察”的师幼对话中，教师为幼儿的语言表达提供了哪些支持？是否有效？

第一节　幼儿园语言环境概述

3～6 岁是儿童语言发展的关键时期，而家庭与幼儿园是这个阶段儿童生活的主要微观环境。相较于家庭，幼儿园能够提供更有计划性和教育性的语言环境，从而更有效地促进儿童的语言发展。

一、幼儿园语言环境的概念与构成

语言是一种复杂的符号系统，是人类进行社会交际和思维认知的工具，语言的获得也是遗传学、语言学、心理学和社会学等因素共同作用的复杂过程。布鲁纳（J. Bruner）、贝茨（E. Bates）和麦克威尼（B. MacWhinney）等人所主张的社会交往说认为，语言的获得不仅需要先天的语言能力，也需要一定的生理成熟和认知的发展，更需要在交往中发挥语言的实际交际功能。① 一些实际的案例也证明了语言交往环境的重要性，如从小在兽群中长大的孩子学习语言异常困难，聋哑夫妇的孩子虽然能以看电视的方式听到很多话语，但若缺乏相应的语言教育，也无法学会正常人的语言。儿童语言的获得是儿童与语言交往环境相互作用的结果，只有在语言交往中发挥

① 李宇明．儿童语言的发展［M］．武汉：华中师范大学出版社，1995：53.

实际交际功能的语言结构才能被儿童掌握，成为真正促进儿童语言发展的语言输入。①

幼儿园语言环境，也称幼儿园语言与读写环境，其概念到目前为止在研究和实践领域尚未形成较为一致的结论。如 Guo 等人认为幼儿园语言环境包括物理环境和心理环境，物理环境指故事书、书写材料、标志和标签以及与读写相关的游戏教具，心理环境指教师如何与幼儿互动并支持他们的语言发展②；史密斯（Smith）和狄金森（Dickinson）认为班级的一般特征（如幼儿数量等）、教师的专业背景（如学历、教学经验和教育观念等）、语言教育活动特点（如频率、时长、类型等）以及师幼互动等都是支持幼儿语言和读写能力获得的环境因素③；张啸秋认为幼儿园语言环境包括学校和班级两个层面④；蔡毅萍认为促进幼儿语言能力发展的语言环境包括幼儿园走廊和班级等空间环境、阅读和社会实践等活动环境以及渗透在生活和运动中的教育环境⑤；张含雨等人则认为班级语言与读写环境指为支持儿童语言与读写能力发展所提供的条件与机会，具体指教师对儿童语言与读写学习兴趣的激发、机会的提供、教室环境的组织、材料的安排、课程的计划和氛围的营造等⑥。

除了学者的不同描述之外，当前国内外运用较广泛的幼儿园环境质量评价工具也在不同维度上对幼儿园语言环境进行了描述。如第三版幼儿学习环境评价量表（ECERS-3）对幼儿园语言与阅读环境质量的评价主要包括帮助幼儿扩展词汇、鼓励幼儿使用语言、成人和幼儿一起使用图书、鼓励幼儿使用图书以及帮助幼儿熟悉文字等；中国托幼机构教育质量评价量表（CECERS）直接指向幼儿园语言环境质量的评价主要包括子量表四“集体教学”项目 26 语言理解与表达（在相对正式的情境下幼儿可获得的语言学习支持）、子量表五“游戏活动”项目 33 语言（幼儿语言学习的总体支持性环境，包括图书和阅读的空间、自由阅读的机会及教师的指导），以及子量表六“互动”项目 45 日常语言交流（在非正式情境下，师幼间及幼幼间的语言交流情况）；课堂互动评估系统（CLASS）从过程性质量的角度对幼儿园师幼互动进行评价，指标包括情感支持、活动组织和教学支持三大领域以及积极氛围、消极氛围、教师敏感性、关注学生观点、行为管理、课堂效率、教育学习安排、认知发展、反馈质量和语

---

① 吕彤彤．幼儿园语言与读写环境和幼儿词汇水平的关系研究［D］．南京：南京师范大学，2021.

② GUO Y，JUSTICE L M，KADERAVEK J N，et al. The literacy environment of preschool classrooms：contributions to children's emergent literacy growth［J］．Journal of Research in Reading，2012，35（3）：308－327.

③ SMITH M W，DICKINSON D K. Describing oral language opportunities and environments in head start and other preschool classrooms［J］．Early Childhood Research Quarterly，1994，9（3）：345－366.

④ 张啸秋．幼儿园班级语言与读写环境质量研究［D］．上海：上海师范大学，2018.

⑤ 蔡毅萍．创设多种适宜环境，促进幼儿语言能力的发展［J］．学前教育研究，2009（9）：60－62.

⑥ 张含雨，王凯月，苏小妹，刘宝根．我国幼儿园班级语言与读写环境质量现状及其提升建议：基于 ELLCO 量表的分析［J］．学前教育研究，2022（7）：43－54.

言示范十个维度，其中直接评估教师语言输入质量的是反馈质量和语言示范两个维度；早期语言与读写班级环境观察量表（ELLCO）从整体班级环境和语言与读写环境两大领域，以及教室结构、课程、语言环境、图书与阅读、文字与前书写五个维度对幼儿园语言环境进行评价。①

综合上述学者的不同描述以及幼儿园环境质量评价工具中的相关维度，我们认为，幼儿园语言环境是指幼儿园为支持幼儿的语言与读写能力发展所提供的所有教育条件与机会，依据目标维度可分为口语交往环境与早期读写环境，依据质量维度可分为结构性语言环境（如空间与资源等）与过程性语言环境（如语言教育活动、互动支持与语言氛围等），具体如图 2－1 所示。

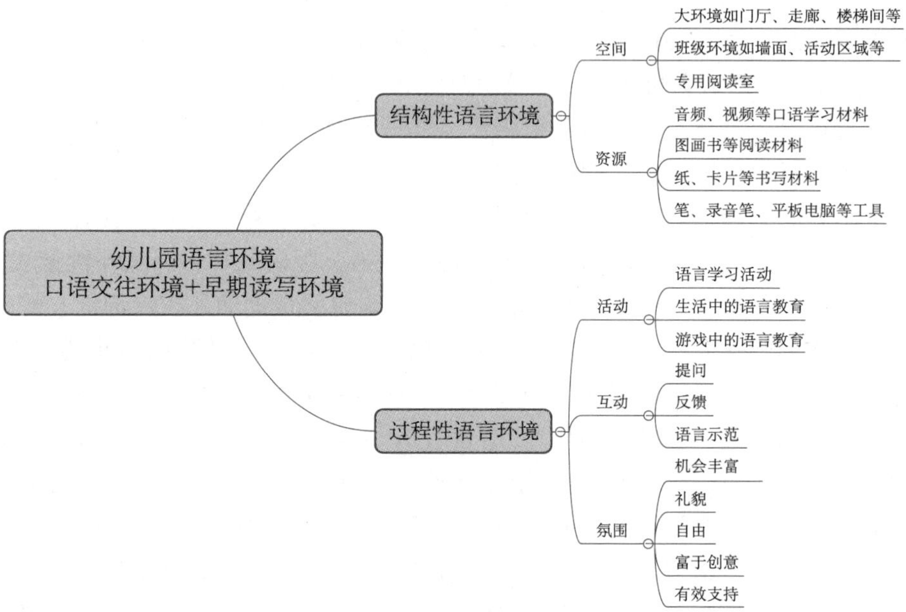

图 2－1　幼儿园语言环境构成

在结构性语言环境中，空间包括幼儿园门厅、走廊、楼梯等大环境空间，也包括墙面、活动区域等班级空间以及专用的阅读室空间。在这些空间里，可以投放各类语言学习相关材料、工具与资源，如音频、视频等口头语言学习材料，图画书等阅读材料，纸、卡片等书写材料以及笔、录音笔、平板电脑等语言学习工具。在过程性语言环境中，活动包括谈论和讲述等口头语言学习活动以及前阅读和前书写等书面语言学习活动，也包括融入生活中的语言与早期读写活动，还包括融入游戏中的语言与早期读写活动；教师通过提问、反馈和语言示范在互动中为幼儿提供支持，以及教师营

① 张含雨，金依恋，汪子幸，等．幼儿园班级语言与读写环境质量评价工具研究述评［J］．幼儿教育（教育科学），2020（33）：41－47.

造机会丰富、礼貌、自由、富于创意和有效支持的语言交往氛围虽然主要体现在幼儿的口头语言交往中，但也可以服务于幼儿早期读写能力的发展。因而，口语交往环境、早期读写环境、结构性语言环境以及过程性语言环境之间是相互交织的关系。如图 2-2 所示，无论是口语交往环境还是早期读写环境，都可以进一步划分为结构性语言环境和过程性语言环境。反之，结构性语言环境中与口头语言学习相关的空间和资源构成口语交往结构性环境，与书面语言学习相关的空间和资源构成早期读写结构性环境；过程性语言环境中与口头语言学习相关的活动、互动和氛围构成口语交往过程性环境，与书面语言学习相关的活动、互动和氛围则构成早期读写过程性环境。

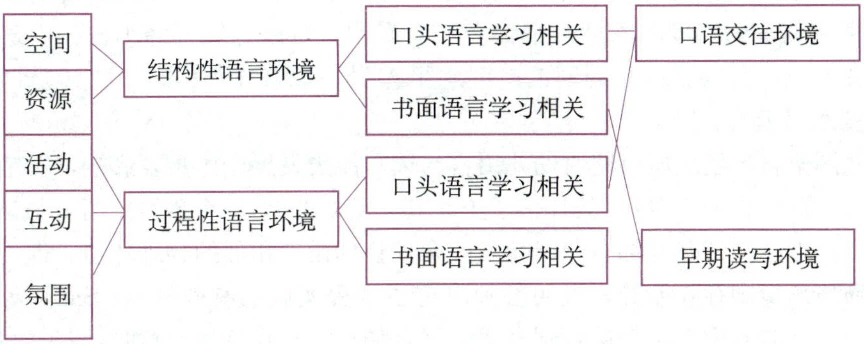

图 2-2　幼儿园语言环境各维度之间的关系

二、幼儿园语言环境对幼儿语言与读写能力发展的影响

从出生到 5 岁左右，儿童所处的环境对其语言发展的影响占 60～70%①，这充分说明语言环境与儿童早期语言发展息息相关。

国内外不少研究都表明，幼儿园语言环境对幼儿的语言与读写能力发展具有积极的影响。Taylor 等人对华盛顿地区参与前阅读课程项目的 4 个班级（实验组）以及没有参与该项目的 2 个班级（对照组）共 124 名幼儿的语言概念知识、阅读入学准备及书面语言意识进行了比较，发现实验组幼儿在这三项测试上的得分都显著高于对照组。这是因为开展前阅读课程项目的班级为幼儿提供的语言与读写环境发挥了重要作用，如将读写活动融入幼儿的一日生活，从而最大限度地发挥了读写活动的社会交际潜能，以及这种融合的读写活动消弭了语言和文字符号运用在家庭与幼儿园情境中的差异等。② Altun 等人考察了土耳其 168 名幼儿在秋季学期和春季学期两个时间段的

---

① SPINATH F M，PRICE T S，DALE P S，et al. The genetic and environmental origins of language disability and ability [J]. Child Development，2004，75 (2)：445-454.

② TAYLOR N E，BLUM I H，LOGSDON D M. The development of written language awareness：environmental aspects and program characteristics [J]. Reading Research Quarterly，1986，21 (2)：132-149.

理解性和表达性词汇能力、语音意识以及文字概念水平，运用 ELLCO 工具评估了幼儿所在班级语言与读写环境中的教室结构、课程、语言环境、图书与阅读以及文字与前书写等维度的质量，并分析了幼儿秋季学期成绩和班级语言与读写环境质量对幼儿春季学期成绩的影响。他们发现，虽然幼儿秋季学期的语言水平对其春季学期的语言水平可能有更重要的影响，但班级语言与读写环境之间的差异仍然能够单独解释幼儿春季学期 17%理解性词汇和 20%表达性词汇的水平差异，并能够与幼儿秋季学期成绩和母亲教育背景等因素共同解释幼儿春季学期 47%语音意识水平与 56%文字概念水平的差异。① 吕彤彤也运用 ELLCO 工具观察了中国两个城市 7 所幼儿园 48 个班级的语言与读写环境，考查了这些班级 288 名幼儿的词汇水平，并分析了班级语言与读写环境对幼儿词汇水平的影响。她发现，班级语言与读写环境对幼儿掌握词汇的广度和深度水平都会产生影响，可以分别解释小班、中班、大班幼儿 8.4%、4.2%、8.1%的词汇广度水平差异，以及 10.1%、5.2%、15.1%的词汇深度水平差异。②

幼儿园语言环境之所以能对幼儿语言与读写能力发展产生重要影响，关键在于教师。Altun 等人用 ELLCO 工具评估了土耳其 5 所幼儿园 20 个班级的语言与读写环境后发现，虽然这些幼儿园都在开展相同的课程且创设了相似的物理环境，但不同班级的语言环境质量却存在差异，说明教师决定了课程实施的有效性。③ Snow 等人也指出，当幼儿在游戏中有机会接触到合适的材料如纸、马克笔和印章时，其书写的频率也会更高，同时教师的参与和指导能够更好地使读写材料融入幼儿的游戏，接受了教师指导的幼儿能更好地识别环境中的单词。④ 高质量的师幼互动有利于儿童语言能力的发展⑤，有学者研究发现，师幼互动的情感支持、活动组织以及教育支持三个维度都对幼儿语言能力的发展起到促进作用，如幼儿获得的情感支持越多，其接受性词汇能力就越强⑥；Hu 等人发现根据教师的活动组织质量可以显著正向预测幼儿早期词汇与读写能力发展⑦；Hamre 等人发现高质量的教育支持会对幼儿的接受性语言、表

---

① ALTUN D，TANTEKIN E F，SNOW C E. A multilevel analysis of home and classroom literacy environments in relation to preschoolers' early literacy development［J］. Psychology in the Schools，2018（9）：1－23.

② 吕彤彤. 幼儿园语言与读写环境和幼儿词汇水平的关系研究［D］. 南京：南京师范大学，2021.

③ 同①.

④ National Research Council. Preventing reading difficulties in young children［M］. Washington，D. C.：National Academies Press，1998：197－198.

⑤ SPILT J L，KOOMEN H M，HARRISON L J. Language development in the early school years：the importance of close relationships with teachers［J］. Developmental Psychology，2015，51（2）：185.

⑥ CURBY T W，BROCK L L，HAMRE B K. Teachers' emotional support consistency predicts children's achievement gains and social skills［J］. Early Education & Development，2013，24（3）：292－309.

⑦ HU B Y，FAN X，WU Y，et al. Teacher-child interaction quality and Chinese children's academic and cognitive development：new perspectives from piecewise growth modeling［J］. Early Childhood Research Quarterly，2020（51）：242－255.

达性语言和识字等能力产生积极影响①。师幼互动质量对幼儿语言能力产生的积极影响能持续至8岁②，而在三个维度中，教育支持对幼儿语言发展的影响最大③。有研究者认为，在高质量的教育支持中，教师倾向于向幼儿提出开放式问题、迅速给予幼儿结构性的反馈，从而激发幼儿的兴趣、努力、创造力和学习策略④；更有研究者指出，只有在能够提供高质量教育支持的班级中，物理环境里的材料才与儿童语言和读写能力发展有积极的关系⑤。

三、丰富的幼儿园语言环境的特征

丰富的幼儿园语言环境意味着身在其中的幼儿能够获得使其更易于学习语言的条件，幼儿在其中能够通过直接与成人及同伴交流而自然地、自由地、体验式地学习语言。⑥

（一）丰富的结构性语言环境的特征

丰富的结构性语言环境应该通过对空间的安排以及材料的提供使幼儿能够接触到多样的语言内容、语言形式及语言运用方式。

Roskos 和 Neuman 提出了有助于幼儿语言学习的班级空间安排的四个关键特征：一是强调活动区域的开放性；二是要规划不同的活动区域，如表演区、语言区、图书角等；三是幼儿能够获取各种各样的材料，尤其是有利于幼儿创造性表达以及解决语言运用问题的语言学习材料；四是每个班级教室里都应当设置有真实感的、功能综合的表演区，幼儿可在表演区里玩与商店、饭店、机场等主题相关的游戏。⑦

在丰富的语言环境中投放的材料具有两大特点：一是与读写相关；二是有真实的

---

① HAMRE B, HATFIELD B, PIANTA R, JAMIL F. Evidence for general and domain-specific elements of teacher-child interactions: associations with preschool children's Development [J]. Child Development, 2014, 85 (3): 1257-1274.

② PEISNER-FEINBERG E S, BURCHINAL M R, CLIFFORD R M, et al. The relation of preschool child-care quality to children's cognitive and social developmental trajectories through second grade [J]. Child Development, 2001, 72 (5): 1534-1553.

③ HU B Y, FAN X, WU Z, et al. Teacher-child interactions and children's cognitive and social skills in Chinese preschool classrooms [J]. Children and Youth Services Review, 2017 (79): 78-86.

④ MASHBURN A J, PIANTA R C, HAMRE B K, et al. Measures of classroom quality in prekindergarten and children's development of academic, language, and social skills [J]. Child Development, 2008, 79 (3): 732-749.

⑤ GUO Y, JUSTICE L M, KADERAVEK J N, et al. The literacy environment of preschool classrooms: contributions to children's emergent literacy growth [J]. Journal of Research in Reading, 2012, 35 (3): 308-327.

⑥ ALLEN K E, COWDERY G E. The exceptional child [M]. 5th ed. New York: Delmar, 2001.

⑦ ROSKOS K, NEUMAN S B. Environment and its influences for early literacy teaching and learning [M] //NEUMAN S B, DICKINSON D K. Handbook of early literacy research. New York: The Guilford Press, 2002.

生活材料。与读写相关的材料包括铅笔和水彩笔，各种书写介质如纸、信封、卡片等，以及各种印制材料如菜单、标志、书、目录、地图等。这些材料有助于幼儿在较为抽象及元认知的水平上运用语言，并将语言作为观察的对象，还有助于幼儿建立口头语言与书面语言之间的联系。每个班级都应该有充足的图画书供幼儿阅读，这些图画书可以为幼儿提供大量熟悉或陌生的语言内容、形式与运用方式。真实的生活材料将幼儿的游戏与幼儿园之外的生活联系起来，在使用这些材料的过程中，幼儿能够学习新的词汇、发展有关社会生活的图式表征，并在新的学习情境中运用相关背景知识。真实的生活材料应该经常更换，以利于幼儿接触和发展新的概念。①

（二）丰富的过程性语言环境的特征

幼儿的语言发展水平如何从根本上取决于其与作为语言示范者的成人的互动。幼儿园丰富的过程性语言环境最核心的特征就是充分的语言互动，尤其是幼儿与作为语言示范者的教师之间充分的语言互动。语言互动的充分性体现在四个方面：一是发生在幼儿园一日生活的各种情境当中；二是话题涉及丰富的内容；三是幼儿有足够的表达机会且被教师认真倾听；四是教师经常使用开放式问题并在对话中拓展幼儿的语言。

充分的师幼语言互动发生在幼儿园一日生活的各种情境当中。如在学习活动中，教师可以组织幼儿进行谈话或是指导幼儿阅读并谈论图画书、购物清单、信等；在游戏分享环节，教师可以让幼儿说说在游戏中玩了什么、遇到了什么问题以及是如何解决问题的；在生活过渡环节，教师可以与幼儿谈论洗手的步骤、说说当日新闻、玩玩语言游戏等。

充分的师幼语言互动话题涉及丰富的内容。如在语言区域，教师可以和幼儿谈论图画书中的故事；在美术区域，教师可以让幼儿讲讲自己画了什么；在自然区域，教师可以和幼儿一起观察和讨论植物的生长；来园离园时，教师可以和幼儿一起聊聊最近的见闻或是夸夸自己和小伙伴等。当幼儿与同伴发生矛盾时，教师还可以引导他们自己沟通协商解决问题。简而言之，随着幼儿活动情境的转换，教师可以和幼儿交流各种相关的话题，而这些不同的对话主题与内容都有助于幼儿在实际的语言运用情境中学习新的词汇并掌握新的句式，不断发展语言能力。

充分的师幼语言互动使幼儿有足够的表达机会且被教师认真倾听。由于幼儿语言能力有限，在幼儿园中师幼之间的对话往往由教师发起且主导。而充分的师幼语言互动更强调幼儿的主体地位，教师应认真倾听和关注幼儿的表达，并重视幼儿为了交流所做的努力。在真实的语言运用情境中，教师与幼儿之间观点的交换能够有效地激发幼儿的语言表达兴趣并促进其语言能力的发展。

---

① KUMAR A. Create a rich language environment in the environment of early childhood development and improve children's language expression ability [J]. Journal of Educational Research and Policies，2022（4）：206－213.

充分的师幼语言互动中教师经常使用开放式问题并在对括中拓展幼儿的语言。教师可以通过开放式问题开启与幼儿的对话，如："你在游戏中遇到了什么问题?"相比封闭式问题，这种开放式问题可以让幼儿用更多样、更复杂的语言进行表达，从而锻炼其表达能力。幼儿的语言时常会出现表达不清或是概念错误等问题，这种情况下，教师可以通过重复幼儿的语言引导其重新表达，或是换一种语言表达形式对幼儿的回答进行澄清或拓展。教师对幼儿语言的重复或拓展会促使幼儿对自己的语言表达进行思考，并有助于幼儿理解和表达新的概念。

拓展小知识

我国幼儿园班级语言与读写环境质量现状及其提升建议——基于ELLCO量表的分析①

一、问题提出

班级语言与读写环境质量指班级为支持儿童语言与读写能力发展所提供的条件和机会，具体指教师对儿童语言与读写学习兴趣的激发、机会的提供、教室环境的组织、材料的安排、课程的计划和氛围的营造等。本研究采用早期语言与读写班级环境观察量表(ELLCO)观察和评价我国幼儿园班级语言与读写环境质量，主要拟回答两个问题，即ELLCO量表在中国幼儿园教育情境下的测量学指标适用情况如何以及目前我国幼儿园班级语言与读写环境质量在整体和各维度上有何特点。

我国幼儿园班级语言与读写环境质量现状及其提升建议——基于ELLCO量表的分析

二、研究方法

选取浙江省经济发展水平不同的三个地区共24所公办幼儿园的73个班级作为观察对象，采用ELLCO作为观察工具，每日上午8：00—11：30进行观察。每个班级由两名评分员分别独立观察评分，并共同讨论确定班级最终得分。采用SPSS23.0、Mplus7.4软件对数据进行处理。

三、主要研究发现

（一）ELLCO量表基本适用于我国幼儿园班级教育情境

本研究表明，中外语言与读写环境质量的评估有差异但更有共性。ELLCO量

---

① 张含雨，王凯月，苏小妹，刘宝根．我国幼儿园班级语言与读写环境质量现状及其提升建议：基于ELLCO量表的分析［J］．学前教育研究，2022（7）：43-54.

表所聚焦的词汇、语音意识、阅读、文字习得与前书写等要素，对汉语儿童语言与读写能力发展同样重要。尤其是在促进儿童语言与读写能力发展的支持性环境上，丰富且适宜的低幼读物、班级中积极的交流氛围、儿童语言和读写的感知、学习和运用的多样化机会在众多研究中已达成共识。

（二）我国幼儿园班级语言与读写环境质量有待提升，尤其是阅读与文字书写维度

我国幼儿园班级语言与读写环境的结构性质量明显优于过程性质量，这可能与我国现行的幼儿园质量评价体系和标准偏重结构性质量有关。在教室结构、课程、语言环境、图书与阅读以及文字与前书写五个维度中，图书与阅读以及文字与前书写维度得分相对较低，体现为班级中阅读区单一化、边缘化严重以及前书写活动及相关学习资源缺乏，这有可能与教师对前阅读与前书写教育的认识不足有关。

四、提升建议

提升我国幼儿园班级语言与读写环境质量应特别关注三个方面：一是着力提高班级语言与读写环境的过程性质量；二是着重解决前阅读和前书写教育观念和做法方面的困惑；三是提高教师“全语言教育”的理论素养和能力。

第二节　幼儿园口语交往环境的创设

幼儿园口语交往环境包括与口头语言运用相关的空间与资源等结构性语言环境以及语言教育活动、师幼语言互动以及语言运用氛围等过程性语言环境。幼儿对口头语言的感知主要是通过听和说两种感官通道进行的，因而，本节有关幼儿园口语交往环境创设的阐述侧重于自由宽松的语言交往氛围、多样适宜的语言教育活动以及有效支持的对话互动等过程性语言环境的创设。

一、营造自由宽松的语言交往氛围

自由宽松的语言交往氛围意味着在幼儿园一日生活中，幼儿有丰富的语言交往机会，幼儿与教师和同伴之间的对话互动是有礼貌的、自由的、富于创意表达的，并且在语言交往过程中能够得到教师有效的支持。

（一）为幼儿提供丰富的语言交往机会

幼儿园一日生活的各个环节都蕴含着师幼或幼幼对话互动的机会。然而，在实践中，不少教师会更关注语言教育活动中的幼儿语言学习，容易忽视幼儿在生活、游戏等其他环节中的语言交流，从而错失很多支持幼儿语言学习的机会。还有一种情况是教师忙于自己手头的事务性工作，或者因为疲劳而对幼儿的活动缺乏兴趣，不主动与幼儿谈话，导致幼儿在一日生活中缺失与教师对话的机会。尤其是一些性格内向、发展相对不足的幼儿，可能一天里和教师、同伴都说不上几句话，这样的语言交往氛围对幼儿语言发展非常不利。教师应重视幼儿园一日生活各环节中与幼儿的日常语言交流，树立无处不在的语言教育意识，主动问候幼儿、关注幼儿的活动并参与幼儿的对话、回答幼儿的问题、引导幼儿自己沟通协商解决矛盾和问题等。值得注意的是，除了与当时活动内容相关的话题之外，教师还可以与幼儿多进行社会性交流，谈谈幼儿感兴趣的话题，如幼儿的新玩具、开心的事和不开心的事等。这类“闲谈”不仅有利于激发幼儿主动交流的兴趣，也蕴含着大量的语言学习机会。

（二）与幼儿进行礼貌的对话

《指南》在语言领域的倾听与表达子领域提出了“具有文明的语言习惯”这一目标，具体如“与别人讲话时知道眼睛要看着对方”“能主动使用礼貌用语，不说脏话、粗话”“懂得按次序轮流讲话，不随意打断别人”等。教师是幼儿的语言示范者，要培养幼儿文明的语言习惯，教师首先要以身作则，与幼儿进行礼貌的对话。不过，实践中有些教师在与幼儿交往时却会忽视礼貌，如打断幼儿之间的交流、忽略幼儿的提问或请求、命令式地对幼儿提出要求、与幼儿说话时显得不耐烦，甚至在与幼儿交谈时忽略基本的礼貌用语“请”“谢谢”“对不起”等。这些现象表明教师没有充分认识到幼儿在语言交往中的主体地位。教师应将幼儿视为平等的交流对象，在与幼儿对话时使用礼貌用语，当幼儿提出问题或要求时积极响应，通过目光注视、微笑、点头等方式表明自己正在认真倾听幼儿的谈话，认真观察和倾听幼儿之间的交谈而不随意打断……另外，教师不仅要与幼儿进行礼貌的对话，在与其他成人如搭班教师、保育员、厨师、保安等对话时也应保持文明礼貌的用语习惯，为幼儿语言学习树立良好的榜样。

（三）使幼儿能够自由地表达

要想使幼儿能够自由地表达，教师需要重视幼儿在语言交往过程中的心理感受，为幼儿营造宽松的心理环境。在幼儿园教育实践中，存在幼儿自由交往机会少、幼儿会根据成人的看法控制自己、教师以自我为中心的教育教学导向突出，以及教师的评价观影响幼儿语言交往等问题①，对幼儿自由表达的积极性产生了负面影响。营造宽松的心理环境要求：首先，教师应将说话的权利还给幼儿，如为幼儿提供自由活动和交往的时间与空间，使幼儿可以放松地相互交谈；其次，教师应重视倾听幼儿说的话并给予幼儿积极的回应，如通过眼神、动作或重复幼儿的话等方式表明对幼儿想法的关注，及时回答幼儿的问题、发表自己的意见等，使幼儿感受到与教师平等对话的愉悦；再次，教师在教育教学活动中应注重发挥幼儿的主体性，如多提引发幼儿思考的开放式问题或是鼓励幼儿提出问题等，使幼儿获得更多自我表达的机会，而不仅仅是回答教师的问题或回应教师的指令；最后，教师应多给予幼儿正向积极的评价，鼓励幼儿大胆表达，例如本章的“现场观察”案例中，幼儿在回答教师的问题说出认识的蔬菜名称后，教师对幼儿的回答进行了具体而积极的评价，如“对，最后一种蔬菜之前说一个‘和’字，这句话就很好听”以及“这句话说得真棒，他已经学会了‘什么、什么和什么’”，这种具体而积极的评价会让幼儿获得语言学习的成就感，也会让幼儿越来越想说和敢说。

（四）鼓励幼儿的创意表达

幼儿不仅通过模仿来学习语言，更重要的是通过创造获得语言发展。在幼儿园一日生活的各种环节中，有许多创意表达的机会。在学习环节，教师可以组织幼儿在阅读诗歌后仿编诗句，在阅读故事后续编故事结尾；在区域活动环节，幼儿可以在表演区基于对故事情节的理解与同伴分工合作进行表演，在语言区记录“班级日记”，在建构区拟订搭建计划、记录搭建过程及介绍搭建作品，在自然角用自己的方式记录动、植物的生长过程；在过渡环节，幼儿可以在班级的“星星电视台”播报自己构思的新闻，或是与同伴来一场即兴的“爸爸好还是妈妈好”辩论赛。除此之外，教师还可以鼓励幼儿通过创意表达的形式参与班级环境的创设，如设计生活常规标志、教育提示，展示创作的作品等。在这些活动中，幼儿通过思考、理解、想象，形成自己的观点并用自己的方式进行表达，而教师需要做的就是为幼儿提供表达的机会并学会理解、欣赏与称赞幼儿的创意和努力。

（五）有效支持幼儿的语言发展

在自由宽松的语言交往氛围中，幼儿的语言表达不应被教师忽视，而应得到教师的积极回应和有效支持。有效支持幼儿语言发展的前提是教师了解幼儿语言学习的需要。这意味着教师要熟悉幼儿语言学习与发展的目标，并能够通过观察判断幼儿语言发展的水平与特点，从而明确幼儿语言学习的最近发展区。有效支持幼儿语言发展的核心是教师应具备设计与实施语言教育活动的专业能力。这要求教师能依据幼儿的语

① 方芳．幼儿教师创设宽松语言交往心理环境的策略研究［D］．哈尔滨：哈尔滨师范大学，2017.

言发展水平制订科学适宜的语言学习目标和计划，设计并有效实施语言教育活动，识别幼儿的语言学习状况并依据幼儿的个体差异提供个别化的教育支持。有效支持幼儿语言发展的关键则是教师掌握与幼儿高质量对话互动的策略，如通过联系生活经验、进行比较等方法发展幼儿的概念认知，通过提问与追问等方法促进幼儿的思考与表达，通过自我与平行描述、语言示范等方法帮助幼儿学习新的语言形式等。

二、实施多样适宜的语言教育活动

幼儿园实施多样适宜的语言教育活动，能够为幼儿提供大量且不同的口语交往机会，从而更全面地支持幼儿的语言与读写能力发展。幼儿园语言教育活动一般分为专门的语言教育活动、与其他领域整合的语言教育活动以及渗透在一日生活与游戏中的语言教育活动。

（一）专门的语言教育活动

幼儿园专门的语言教育活动依据幼儿语言发展内容可分为与口头语言学习相关的谈论活动和讲述活动以及与书面语言学习相关的前阅读活动和前书写活动。

谈论指两个或两个以上的人就某一主题进行的交谈和论辩，是最常见的语言运用形式。良好的谈论能力是幼儿口头语言能力发展的重要表现。幼儿园谈论活动指在幼儿园里两个或两个以上的幼儿之间就某一话题进行的交谈和论辩。在学前阶段，幼儿要逐渐养成良好的倾听习惯与能力、掌握并遵守谈论的规则以及掌握并运用谈论的策略。幼儿园开展谈论活动，不仅能促进幼儿倾听和理解能力、表达与分析能力的发展，还有助于幼儿思维品质和社会性的发展。

幼儿园讲述活动是指为幼儿创设一个相对正式的语言运用场合，要求幼儿依据一定的凭借物，使用比较规范的语言来表达个人对某事、某物或者某人的认识，进行语言交流的活动。在学前阶段，幼儿要逐渐学会清楚地讲述、连贯地讲述以及适合情境地讲述。按照讲述的内容、体裁和特点，幼儿园讲述活动可以分为叙事性讲述与说明性讲述两种类型。两者的不同之处在于讲述对象以及语言形式：叙事性讲述以事件为讲述对象，要求使用丰富多样、生动形象的语言形式；而说明性讲述以事物或现象为讲述对象，要求使用简单明了、规范准确的语言形式。幼儿园开展讲述活动，不仅能培养幼儿的独白讲述能力，还能帮助幼儿掌握认识事物的方法，发展幼儿的思维和想象能力。

阅读是从书面语言材料中获取信息、建构意义的过程。[①] 前阅读是幼儿以图画书为主要阅读材料进行的阅读，是阅读的一种表现形式。幼儿园前阅读活动是指为幼儿提供富于图画和符号的环境与材料，引导幼儿从中获取信息并建构意义的活动。在学

① 周兢．学前儿童语言学习与发展核心经验［M］．南京：南京师范大学出版社，2014．

前阶段，幼儿要逐渐养成良好的阅读习惯与行为、学习理解阅读内容并掌握阅读策略以及学会表达与评判阅读内容。幼儿园开展前阅读活动不仅能促进幼儿语言发展，还有助于幼儿注意、记忆、思维、情绪和个性的发展。

幼儿园前书写活动是指在幼儿园一日生活中，教师通过创设富于文字和符号的环境，提供各类纸、笔等可用于书写的材料，有意识地引导和组织幼儿以游戏的形式感知、涂画、涂写、模拟各种文字和符号并运用文字和符号进行表达，以激发幼儿的书写兴趣、初步培养幼儿书写习惯、发展幼儿文字意识并丰富幼儿创意表达经验的一系列教育活动。在学前阶段，幼儿要逐渐建立书写行为习惯、萌发文字意识以及学会运用多元图符创意表达。幼儿园开展前书写活动，不仅能促进幼儿前书写能力的发展，还能拓宽幼儿表达思想与情感的路径，提高幼儿精细动作及手眼协调能力，并为幼儿未来学业能力的发展奠定基础。

（二）与其他领域整合的语言教育活动

语言教育可以与社会、科学、艺术以及健康等领域进行整合，促进幼儿的全面和谐发展。

语言是人们进行社会交往的工具，因而幼儿语言的发展与社会能力的发展必然密不可分。教师可以运用四种策略整合语言与社会领域的教育活动。第一种策略是选择适宜的图画书引导幼儿讨论社会性的话题。如阅读《我喜欢包饺子》后组织幼儿讨论或讲述包饺子、团圆以及过年等话题，有助于幼儿在联系生活经验的基础上理解我国春节的传统习俗，回味愉悦温馨的传统节日氛围，增强幼儿对家庭和民族的归属感。第二种策略是创设适切的教育环境引导幼儿体验社会性的情景。如在语言区投放信纸、卡片、笔等书写材料与工具，鼓励幼儿通过写信的方式表达对爸爸、妈妈、老师及同伴的爱。第三种策略是激发幼儿的共情能力，引导幼儿感知他人的情绪。如以情绪类图画书为载体，通过指导幼儿阅读理解图画书内容，发展其对情绪的识别、理解与调节能力；设置心情角，提供书写材料与工具，通过鼓励幼儿表达自己的心情状态、观察和讨论同伴记录的心情日记等方式发展幼儿的情绪感知与表达能力。第四种策略是关注幼儿的行为变化以提升其社会交往能力。幼儿通过阅读与讨论等方式所理解的社会性知识、行为规则、人际交往策略等，会逐渐通过经验迁移体现在幼儿的社会交往行为当中，教师可以通过引导幼儿联想阅读与讨论过的社会性内容促进幼儿的经验迁移。

幼儿进行科学领域学习的核心是激发探究兴趣、体验探究过程以及发展初步的探究能力。教师可以运用四种策略整合语言与科学领域的教育活动。第一种策略是讲述生活场景以激发幼儿的探究兴趣。班级自然角中植物与动物的生长过程、建构区中幼儿搭建的作品、生活中的自然现象等，都可以成为幼儿讲述的对象。这些讲述也有利于激发幼儿对相关事物与现象进行持续探究的兴趣。第二种策略是甄选阅读资源以培养幼儿的科学观念。组织幼儿围绕科学知识类图画书、地图、海报等开展阅读，能够帮助幼儿在理解阅读材料的基础上获取相关的科学知识，感受科学与生活的联系，逐步形成有价值的科学观念。第三种策略是谈论探究过程以形成幼儿的科学认知。在幼儿园的一日生活、学习与游戏中，幼儿有许多机会对不同的事物和现象进行探究。教师组织幼儿围绕发现的问题、探究的过程、问题解决的结果等进行谈论，会自然而然地帮助幼儿习得各种科学知识，形成科学认知。第四种策略是表征探究结果以提升幼儿思维能力。教师可以引导幼儿运用表格、序号以及思维导图等方式记录科学探究的过程，这样既能够发展幼儿的前书写能力，也有利于呈现幼儿的科学学习过程，提升幼儿的思维品质。

艺术是人们用来表达思想的一种方式，从某种程度来说，艺术也是一种语言。教师可以运用三种策略整合语言与艺术领域的教育活动。第一种策略是运用图文营造幼儿园环境中的艺术气息。环境是幼儿园课程的一部分，教师可以鼓励幼儿运用图画、符号和文字进行创意表达，共同创设富于美感和艺术气息的幼儿园环境，使幼儿在耳濡目染中提升审美素养。第二种策略是开展以欣赏画面为主的阅读活动。图画书是幼儿主要的阅读材料，而其图文结合的特点使得阅读活动既可以关注幼儿对内容的理解，又可以关注幼儿对图画的欣赏。教师可以在阅读活动中引导幼儿观察图画的线条、色彩、构图等，并讨论这些艺术特征与故事内容的关系，从而帮助幼儿建立图画与语言表征的联系。第三种策略是组织阅读与创作相结合的活动。图画书除了用来阅读之外，还可以作为引导幼儿进行创作的材料。教师可以鼓励幼儿自己创作图画故事，从而整合幼儿艺术与语言能力的发展。

健康关乎幼儿的终身发展，是幼儿获得其他领域发展的基本前提。教师可以运用三种策略整合语言与健康领域的教育活动。第一种策略是运用图文表征创设健康教育环境。幼儿来园、用餐、午睡及离园等生活环节处处都渗透着健康教育，教师可以用图文表征的方式设计健康教育提示，如“七步洗手法”“用餐礼仪”“穿衣步骤”等。第二种策略是结合不同语言活动形式开展健康教育。教师可以选择与健康主题相关的图画书如《根本就不脏嘛》《超级细菌王国》等组织幼儿开展阅读活动；或是在健康教育活动中设置谈论环节，如在“冬天不怕冷”活动中可以先组织幼儿讨论有哪些方法可以让我们不怕冷，然后再对其中的一些方法进行实践体验。第三种策略是联合家、园、社践行健康主题教育。如开展图书漂流活动，鼓励家长与幼儿共读与健康主题相关的图画书；再如与社区合作，围绕垃圾分类开展阅读、实践、自制图书等一系列活动。

（三）渗透在一日生活与游戏中的语言教育活动

幼儿园的一日生活与游戏是幼儿语言交往的重要情境，一日生活中入园离园、用餐、午睡及活动之间的转换等环节，以及自主游戏和区域游戏环节，都蕴含着语言学习与运用机会。

入园时，教师主动热情地与幼儿及家长打招呼、相互问候，有助于形成积极的语言交往氛围，同时也能为幼儿做出良好的语言示范。晨检时，保健老师可以主动向幼儿问好，同时可以让幼儿描述自己的身体状况，从而引导幼儿学习和运用讲述能力。进入班级后，教师再次与幼儿相互问好，并引导幼儿在自由活动时间与同伴互动，或是组织幼儿开展晨间活动，根据幼儿的兴趣进行一些随机的谈话，以发展幼儿谈论能力。离园前，教师可组织幼儿开展非正式的谈话，一起回顾一天的生活，说说在幼儿园做了些什么、有什么开心或印象深刻的事情等，在发展幼儿谈论及讲述能力的同时，也为幼儿回家后与家长的交流提供丰富的内容。

进餐前后，教师都可以通过念儿歌的形式提醒幼儿进餐礼仪。如餐前可以念“右手拿筷，左手扶碗，一口饭一口菜”，餐后可以念“小餐巾两手拿，两边往中擦嘴巴”。当然，教师也可以用图文形式将这些儿歌布置在用餐环境中，让幼儿在用餐过程中随时都能看到。这样在耳濡目染之中，幼儿既理解了儿歌的意思，又感受到了儿歌的节奏，同时也能感知到语言符号在生活中的作用。幼儿进餐完毕，如果天气晴好、温度适宜，教师可以带领幼儿在园内进行餐后散步。在经过其他班级时，教师可引导幼儿学会保持安静，即使要说话也要学习控制自己的声音大小以免打扰到别人。散步过程中，教师还可以引导幼儿观察和谈论户外的花花草草、蝴蝶蚂蚁等，这样既能发展幼儿的谈论能力，也能发展幼儿对这些事物的讲述能力。

午睡前，教师可以通过有感情地朗读，或是播放带背景音乐的故事，帮助幼儿更好地入睡，同时也能培养幼儿听故事的兴趣与习惯。在起床穿衣环节，教师也可以播放故事、儿歌等作为背景音乐，让幼儿浸润在富于语言声音符号的环境中，潜移默化地进行语言学习。

在活动转换环节，幼儿往往会进行盥洗、喝水、如厕等活动。一方面，教师可以在相关环境中以图文方式呈现行为规则，如洗手步骤、喝水记录表、如厕规则等，引导幼儿关注生活环境中的图文符号、理解其意思并应用于生活。另一方面，教师也可以利用转换环节的时间引导幼儿快速回忆并念一念相关儿歌如洗手歌，或是简短地交谈相关规则，引导幼儿主动清楚地表达自己的需要等。

在角色游戏、建构游戏、表演游戏、沙水游戏等自主游戏中，幼儿通过语言进行交往，通过沟通协商选择游戏材料、伙伴和内容并制定游戏规则，通过合作推进游戏情节及共同探索，通过相互间的交流分享作品及游戏体验，这本身就是语言学习与运用的过程。教师还可以基于观察，在游戏分享环节组织幼儿对游戏的过程、问题及感受等进行交流，发展幼儿的谈论和讲述能力；也可以提供前书写材料和工具，鼓励幼儿记录游戏的计划、过程、问题及其解决方法等，发展幼儿的前书写能力。

各种区域游戏中也可以融入语言教育活动。如在语言区，教师可以投放图画书引导幼儿自主阅读，可以投放前书写材料与工具鼓励幼儿记录阅读内容或感受，还可以投放录音笔等工具鼓励幼儿复述图画书内容、讲述自己阅读后的记录内容或者针对图画书内容或同伴记录发表自己的看法。在表演区，教师可以投放与图画书情节相关的人物头饰、背景道具以及剧本等材料，鼓励幼儿分工合作表演图画书中的故事情节，加深幼儿的理解。在建构区，教师可以提供计划表和记录工具，鼓励幼儿用图文符号等方式制订建构计划，记录建构中遇到的问题、解决问题的过程与结果，设计自己的作品名牌，还可以提供录音笔，让幼儿通过说明性讲述介绍自己建构的作品。在自然角，教师同样可以投放前书写材料与工具，鼓励幼儿进行观察、记录，还可以提供思维导图，引导幼儿对相关科学知识或现象进行思考并运用图文符号完成导图。

三、开展有效支持的对话互动

在与幼儿的对话互动中，教师主要通过提问、反馈和语言示范三种方式为幼儿的语言学习提供有效支持。

（一）提问

提问在教师的教学语言中占很大比例，一般分为封闭式提问和开放式提问两种形式。封闭式提问的答案一般是唯一的或只需要幼儿判断是与否；开放式提问的答案一般不确定，主要包括是什么、为什么、怎么样等问题，需要幼儿用更丰富的语言回答。研究发现，教师的提问存在封闭式问题过多、开放式问题预设性过强、问题指向不明确、促进幼儿思考不足等问题。① 从支持幼儿语言和思维发展的角度出发，高质量的提问首先应聚焦幼儿语言核心经验的学习，其次应能引发幼儿回忆、推理、评判、创造等不同层次的思维活动。以下通过一个师幼对话案例②来说明这一点。

教师在与中班幼儿共同阅读图画书《蓝色小卡车——一路畅通》后设计了个别化的学习活动“我最喜欢的车”。教师提供了图画书中不同车的图片、表格纸、笔等材料和工具，让幼儿基于对故事内容的理解先在表格纸中圈出自己最喜欢的车，然后在下面的空白处用图文方式表达喜欢这辆车的理由。在个别化学习分享环节，教师与幼儿展开了下面一段对话：

教师：在蓝色小卡车的故事里都有哪些车呀？***（引发幼儿回忆）***

幼儿1：双层巴士、小卡车、货车、清洁车。

教师：还有什么车？***（引发幼儿回忆）***

幼儿2：还有轿车、警车、出租车。

教师：故事里有这么多车，那有没有小朋友能用简洁、完整的话跟大家说一说自己喜欢的是什么车以及为什么呀？***（鼓励幼儿评判）***

① 高晓妹，李晓燕．早期阅读教育活动中的教师提问［J］．幼儿教育（教育科学），2010（25）：14－15．

② 朱怡然．基于绘本个别化学习活动分享环节教师的提问策略提升中班幼儿阅读理解能力的干预研究［D］．上海：上海师范大学，2022．

幼儿3：我圈的是蓝色小卡车，因为他叫其他车子排队，很懂礼貌，所以我喜欢他。

教师：琪琪在讲述理由的时候用到了“因为”“所以”这两个词，有了这两个词她讲的理由就更加清楚了，让我们一下子就能知道为什么她最喜欢蓝色小卡车，其他小朋友也可以多用用这样的词语。

教师：你读了这个故事后觉得蓝色小卡车很懂礼貌，所以你喜欢他。还有哪些小朋友也喜欢蓝色小卡车？***（鼓励幼儿评判）***

幼儿4：我也喜欢，因为蓝色小卡车很懂礼貌，他在指挥各辆小车排队。

教师：很多小朋友都发现了蓝色小卡车特别懂礼貌，所以都很喜欢他，那小朋友们在生活中如果想被别人喜欢也要怎么做啊？***（鼓励幼儿创造）***

幼儿5：懂礼貌！

教师：那在生活中做什么样的事情才是懂礼貌的表现呢？***（鼓励幼儿创造）***

幼儿6：要排队，不能挤来挤去。

教师：天天说得很好，我们要遵守秩序，要排队。还有呢？

幼儿7：我们要有礼貌地说话，不可以很凶。

教师：嗯，就像故事里的双层巴士和清洁车一样，他们讲话都怎么样啊？***（鼓励幼儿评判）***

幼儿8：很没有礼貌。

教师：所以在生活中我们说话要文明，跟别人好好说话，朋友们才会更加喜欢你。

在这段对话中，教师的提问始终聚焦于幼儿阅读理解核心经验的学习，且层层深入引发幼儿回忆、评判和创造等思维过程，支持幼儿发展深层次理解能力。

（二）反馈

反馈是指对幼儿的语言回答、行为表现、能力发展等做出回应，它是师幼对话互动的重要组成部分。研究发现，在师幼互动中，教师反馈存在重复追问、缺少持续性反馈、反馈偏形式化、反馈缺乏思维深度等问题。① 从策略维度来看，教师的反馈可分为简单肯定、具体肯定、间接否定、直接否定、追问、重复、修正、提供新信息、确认理解、要求等十种类型，具体见表2-1。②

表2-1　师幼互动中的教师反馈策略

序号	策略	
	名称	解释
1	简单肯定	教师对幼儿的回答采用极少的言语或者笼统的语言进行反馈，如“嗯”“好”“对”

① 杨田．高水平学前教师言语反馈特点个案研究［D］．上海：华东师范大学，2017.

② 同①.

续表

序号	策略	
	名称	解释
2	具体肯定	教师对幼儿的回答采用较多的言语进行反馈，详细肯定幼儿的回答内容、行为表现或者情感
3	间接否定	委婉地提出与幼儿不一致的意见，如“你再想想”等
4	直接否定	直接指出幼儿回答或行为上的错误，如“不对”“不行”
5	追问	针对同一问题，与幼儿个体或集体有超过两个及以上话轮的对话
6	重复	重复幼儿的回答或重复教师的问题作为反馈
7	修正	修改、重新组织幼儿的回答
8	提供新信息	引入新的经验，延伸幼儿的回答
9	确认理解	让幼儿澄清自己的回答
10	要求	对幼儿接下来的回答或行动提出规范性的建议

高质量的反馈体现为教师更多地运用具体肯定、追问、重复、提供新信息等策略来回应幼儿。以下通过一个师幼对话案例来说明这一点。

在大班前阅读集体学习活动“一园青菜成了精”中，围绕图画书封面上的标题，教师引导幼儿讨论、猜测图画书的内容可能是什么，师幼之间的对话具体如下：

教师：这本书的名字叫……

幼齐：一园青菜成了精。

教师：听了这个名字，请小朋友们来猜猜这本书可能说这些青菜都发生了什么。

幼儿 1：我猜这本书里的蔬菜都变成了精。

教师：变成了什么样子的精？*（追问）*

幼儿 1：它们……

教师：它们怎么了，还在泥土里吗？*（追问）*

幼儿 1：不在。

教师：哦，有人觉得成了精的蔬菜可能不长在泥土里了，是吧？*（确认理解）*

幼儿 1：对。

教师：有可能，还有吗？

幼儿 2：园子里的蔬菜都变成了它们的精。

教师：什么叫变成了它们的精？有哪些特别的事说明它们可能成了精？*（追问）*

幼儿 3：有可能它们变样子了，所以它们成了精。

教师：是说变了个样子是吧？可能不是原来的样子，有可能，还有没有可能发生一些……

幼儿 3：颜色不一样。

教师：哦，可能颜色也不同了***(重复)***，七十二变了是吧***(提供新信息)***？

幼儿 4：从泥土里一出来就变成了成熟的样子。

教师：从泥土里一出来马上就变成了成熟的样子***(重复)***，没有生长的过程是吧***(提供新信息)***？有可能，本领很大的蔬菜***(具体肯定)***。

在这段对话中，教师通过连续的追问引导幼儿不断思考并表达出思考的结果；教师对幼儿的不同回答都给予具体的肯定，指出幼儿的回答“有可能”，尤其是对幼儿4，教师不仅反馈幼儿的想法“有可能”，还对这种可能性做出了具体的解释，即因为它们是“本领很大的蔬菜”；教师还在幼儿回答的基础上重复幼儿的表达，并提供新的信息，对幼儿的回答起到了解释的作用，拓展了幼儿的概念。

（三）语言示范

语言示范是指在师幼对话互动中，教师通过重复与延伸幼儿的语言、进行自我或平行描述以及使用较高级的语言等方式直接为幼儿提供值得学习的语言材料。

第一，重复与延伸幼儿的语言。如前文“一园青菜成了精”活动的师幼对话案例中，针对教师“有哪些特别的事说明它们可能成了精”这一问题，一名幼儿回答说“从泥土里一出来就变成了成熟的样子”。随后，教师首先重复了幼儿的回答，说“从泥土里一出来马上就变成了成熟的样子”，然后对幼儿的回答进行了延伸“没有生长的过程是吧”。教师在延伸部分的语言表达实际上是使用较为规范的书面语言对幼儿的回答进一步做出了解释，向幼儿说明“从泥土里一出来马上就变成了成熟的样子”就是指“没有生长的过程”，这一方面拓展了幼儿有关生长的概念，另一方面为幼儿示范了同一概念内容的不同语言表达方式。

第二，进行自我或平行描述。自我描述是指教师在行动的过程中对自己的行为进行同步描述；平行描述则是指教师在幼儿行动的过程中对幼儿的行为进行同步描述。如教师一边折纸一边说“首先，我把这张纸沿这条实线对折，然后，我再用剪刀沿着这条虚线剪开……”，就是在进行自我描述。如果换成幼儿在折纸而教师在说上面这段话，则是教师在进行平行描述。通过自我或平行描述，教师能够帮助幼儿将语言表达与具体的事物、动作、符号等联系起来，从而学习不熟悉的概念以及讲述的语言形式。在上面这个例子中，教师的描述就能使幼儿更好地理解“对折”这一较为书面化的概念以及“实线”“虚线”等符号，并掌握使用“首先”“然后”等连词进行说明性讲述的语言形式。

第三，使用较高级的语言。幼儿在生活过程中所习得的新词大部分都来自成人的语言输入，因此，教师只有使用较为生动形象或规范准确的高级语言，才能为幼儿提供更高质量的语言输入。如在围绕图画书《我的妹妹是跟屁虫》进行的讨论中，幼儿说：“哥哥一定要让着妹妹，妹妹小哥哥大，男孩要让女孩。”教师接着说：“要相互谦让，对吗？”教师使用“谦让”这一书面词汇概括了幼儿整句话描述的意思，即将相对复杂抽象的语言概念与幼儿熟悉的语言和想法联系了起来，有利于幼儿理解并习得“谦让”这一高级词汇。

实践小贴士

无字图画书教学中促进幼儿深度学习的教师提问策略探究①

无字图画书教学主要通过教师引导幼儿关注图画之间的主要联系和隐含的细节信息来帮助幼儿整体理解故事内容，从而增强幼儿的阅读兴趣及语言表达能力。此外，无字图画书教学对幼儿的思维、认知、推理、想象和创造能力也提出了更高的要求，可以促进幼儿高阶思维的发展，培养幼儿良好的学习品质。

无字图画书教学中促进幼儿深度学习的教师提问策略探究

幼儿园无字图画书教学中，在促进幼儿深度学习方面，教师的提问存在四个问题：一是提问数量多、质量低，难以完成知识建构；二是缺乏对画面细节的提问，难以深度理解；三是候答时间太短，难以深度思考；四是理答不当，难以深度反思。

教师应通过问题设计促进幼儿积极思考、主动探究、自主建构和迁移经验，培养幼儿的认知、情感和意志，最终达到深度学习的效果。

1. 聚焦关键的核心问题

教师应聚焦教学目标设计最主要的问题，要有对阅读内容的整合意识，抓住能实现“一石激起千层浪”的核心问题。如图画书《七号梦工厂》阅读的教学目标立足于对云朵的形状的艺术想象和创作，引导幼儿理解并表达时，教师可以提出“大卫把它们都变成了什么样？”“你想把它们都变成什么样？”等核心问题，引导幼儿对云朵的形状进行观察和联想。

2. 加强儿童视角下对无字图画书的解读

教师必须以儿童的视角去认真观察并深刻理解图画书所传达出的显性和隐性信息，才能发现并理解图画书的内容与促进幼儿身心全面发展之间的连接点，从而充分地传递出图画书所蕴含的价值观念和教育理念。

3. 提供适宜的候答时间

教学过程中适当的候答时间是幼儿深度学习发生的条件之一，教师要给予幼儿充足的思考问题的时间，特别是对于分析、综合、评价等高水平提问，更要让幼儿

① 吴吉惠，王杉．无字图画书教学中促进幼儿深度学习的教师提问策略探究［J］．成都师范学院学报，2023，39（6）：36-43.

有时间充分思考。思考时间包括教师提问与幼儿反应之间的等待时间以及幼儿回答后与教师反馈之间的等待时间两部分。

4. 选用有效反馈的理答方式

提问是启发幼儿思考的一个完整、循环上升的过程，能够让幼儿与教师之间进行深度对话，而理答是促进这一过程实现的重要途径。幼儿表述不完整时，教师应引导幼儿重新组织语言；幼儿对图画书内容的理解出现问题时，教师要进一步引导幼儿思考；此外，教师在评价时还要注意弱化答案的唯一性。

第三节　幼儿园早期读写环境的创设

幼儿园早期读写环境包括与书面语言学习相关的空间和资源等结构性语言环境以及语言教育活动、师幼语言互动、语言运用氛围等过程性语言环境。幼儿主要通过视觉通道感知结构性语言环境中的图画、符号和文字等书面语言，因而本节侧重于从结构性语言环境维度具体阐述幼儿园早期读写大环境、班级环境以及专用阅读室环境的创设。早期读写过程性语言环境的创设则可参考本章第二节幼儿园口语交往环境的创设、本书第五章幼儿园前阅读活动指导以及第六章幼儿园前书写活动指导中的相关内容。

一、幼儿园早期读写大环境创设

幼儿园大环境，是指除去户外环境的幼儿园建筑内公用场地，具体包括门厅、走廊、楼梯等。大环境具有公共性，在幼儿园一日生活中每个人都有可能从中经过或在其中进行活动。充分利用幼儿园的这些公共空间，为幼儿创设无处不在的早期读写大环境，既能提高幼儿园的空间利用率，又能更好地促进幼儿语言与读写能力的发展。

（一）幼儿园门厅的早期读写环境创设

门厅是幼儿、教师以及家长等进入幼儿园大门后最先到达的地方。许多幼儿园将门厅作为呈现办园理念、突显幼儿园课程特色的重要空间，其环境创设往往重在展示。然而，从幼儿的视角来看，他们希望幼儿园的门厅空间更大、能展示自己的作品、有玩具材料，并且可以和同伴在这里一起做游戏、和好朋友在这里碰面。① 因而，将幼儿园门厅创设为适合幼儿阅读与互动的空间是一种很好的选择。

图 2－3 呈现的就是创设为阅读空间的幼儿园门厅。整个空间以森林作为想象的情境，寓意为“在大自然中乐享阅读”。幼儿可以坐在长凳上与同伴共读，也可以坐在相对私密的圆环卡座中自主阅读，还可以在左侧的小舞台上玩表演游戏，甚至可以从右侧墙上的“树洞”钻进旁边的图书室选择更多的图书来阅读。这个门厅让所有人一进入幼儿园就感受到浓浓的阅读氛围，幼儿也特别喜欢在这里逗留，和小伙伴在这里阅读、游戏，或是等好朋友一起回家。这样的门厅不仅为幼儿提供了阅读的空间，更为幼儿提供了丰富的语言交往机会。

图 2－3　创设为阅读空间的幼儿园门厅

（二）幼儿园走廊的早期读写环境创设

走廊是连接整个楼层的通道，既是公共区域，又与班级环境相连接，是幼儿在一日生活中会频繁经过的地方。教师可以充分利用走廊墙面、地面及拐角等处，为幼儿创设充满图画、符号与文字的空间。如在走廊墙面上呈现幼儿阅读过的图画书并通过教育提示引发幼儿的思考互动（如图 2－4 所示），结合课程内容在走廊墙面上展示幼儿的前书写作品激发幼儿对图文符号表征的兴趣（如图 2－5 所示），充分利用走廊拐角或连接处为幼儿打造安静、私密的阅读角（如图 2－6 所示）。

① 王紫荆．儿童视角下幼儿园室内公共环境创设的研究［D］．哈尔滨：哈尔滨师范大学，2022.

图 2-4　在走廊上展示图画书

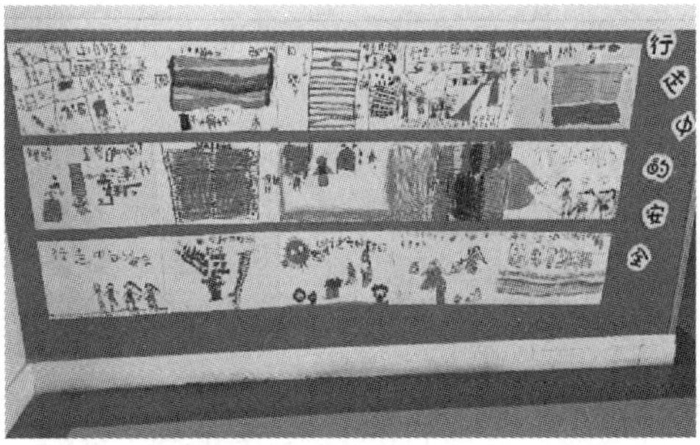

图 2-5　在走廊上展示幼儿前书写作品

图 2-6　走廊拐角处的阅读角

（三）幼儿园楼梯的早期读写环境创设

楼梯是幼儿园内纵向连接各个楼层的通道，在一日生活中幼儿常常需要上下楼梯来转换活动环境，如入园进入班级教室、出教室到室外活动以及离园等。与走廊相似，教师也可以利用楼梯墙面、地面及楼梯间等处为幼儿创设充满图画、符号与文字，可以阅读和互动的空间。上下楼梯最重要的是安全，因而教师可以在地面粘贴一些规则标志，如小脚印，提醒幼儿脚要踩在正确的位置以防踏空。楼梯墙面的创设思路与走廊相同，可展示不同的图画书封面、一本图画书不同页的内容，或是幼儿前书写作品（如图 2-7 所示）。此外，也可以利用楼梯间、楼梯与走廊连接处等为幼儿创设有趣、舒适的阅读空间，方便幼儿随时坐下阅读（如图 2-8 所示）。

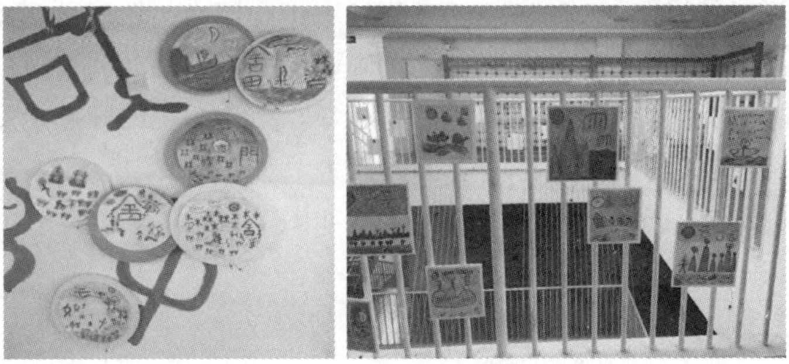

图 2-7　楼梯墙面及护栏上展示幼儿创作的象形字故事画

图 2-8　楼梯间的阅读角

二、幼儿园早期读写班级环境创设

班级是幼儿在园逗留时间最长的地方，一日生活各个环节的活动都会与幼儿园班级环境产生联系，因而创设早期读写班级环境最重要的原则就是融入生活、课程与游戏。

（一）在生活环节中融入教育提示

教师可在班级墙面上创设与幼儿生活环节相联系的教育提示。例如，图 2-9 中，幼儿创作的图画和教师书写的文字共同表征了值日生的工作内容，幼儿可以将写有自己学号的小卡片贴到图画上以选择相应的值日工作。长时间操作下来，幼儿自然而然地便习得了图画与文字之间的对应关系。图 2-10 中，教师同样用图文结合的方式在班级盥洗室水龙头上方的墙面上呈现了洗手和擦手的要求，同时结合健康教育引导幼儿将手的不同部位洗干净。

图 2-9　班级墙面上的值日生工作安排

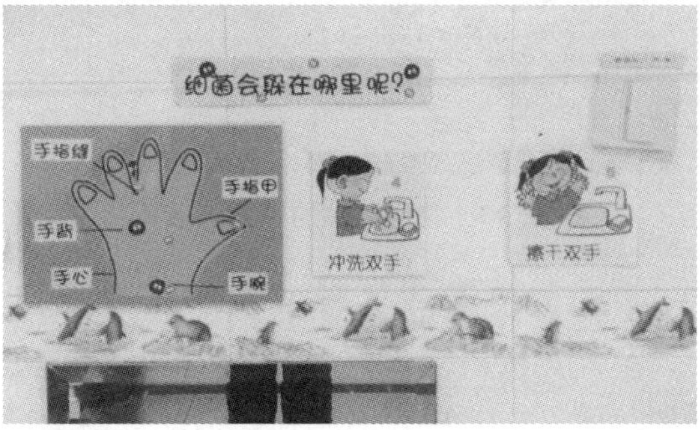

图 2-10　班级盥洗室墙面上的洗手注意事项

（二）在各领域学习区中融入读写活动与操作材料

教师可以结合课程内容，在班级语言、科学、艺术、自然等不同学习区中融入读写活动与操作材料。例如，图 2－11 中，在语言区，教师提供了观点表达板，幼儿可以在阅读《小房子》这本图画书后将自己的想法画下来贴到左边或右边的版面上，还可以用录音笔录下自己喜欢乡村或城市的理由，也可以点击小圆卡片听听其他同伴的理由。图 2－12 中，在科学区，幼儿可以通过观察图文表征的步骤一步步开展科学小实验。图 2－13 中，在美术区，教师提供了记录板，幼儿可以用前书写的方式记录针对动物服装的调查和设计，以及制作动物服装所需的材料、遇到的问题与解决的办法等。图 2－14 中，在自然角，教师提供了思维导图，幼儿可以观察、了解并梳理、记录洋葱的颜色、形状、作用、用哪些工具种植，以及成长的过程等。

图 2－11　语言区中的观点表达

图 2－12　科学区中的实验步骤

图 2－13　美术区中的探索记录

图 2－14　自然角中的探索记录

（三）在游戏区域中融入读写活动与操作材料

在班级建构、角色等游戏区域中也可以融入与读写相关的活动与操作材料。例如，图 2－15 中，教师在建构区提供了记录板和相关材料、工具，幼儿可以阅读积木说明书和搭建计划，也可以制订自己的搭建计划、记录搭建中遇到的问题及其解决方法。图 2-16 中，教师在娃娃家设置了独处帐篷，帐篷顶上挂了一系列心情符号，提示幼儿心情不好时可以在帐篷里自己待一会儿调节情绪。教师还以照片加文字的形式在“家”里的墙面上呈现班级规则以及幼儿在园的生活片段等内容。

图 2-15　建构区的探索记录

图 2-16　角色游戏区的图文材料

三、幼儿园专用阅读室环境创设

随着早期阅读越来越受重视，许多幼儿园依据幼儿的年龄特点和兴趣需求创设了专门的阅读室，使幼儿能够接触到数量充足、主题丰富及形式多样的阅读材料，在相对独立的空间内集中注意力进行系列的、深度的阅读，通过图书和数字化设备等不同途径查阅信息，利用数字化设备听故事、玩语言游戏，同时感知图书馆的借阅规则与过程，养成良好的阅读习惯。

作为幼儿园内的公共阅读场所，幼儿园专用阅读室有别于班级教室内的阅读区，也有别于幼儿园之外的真正的图书馆。相对于班级阅读区，幼儿园专用阅读室空间更大、材料更丰富、活动形式更多样，不仅为幼儿提供了开展读写活动的场所，也有助于幼儿扩大活动范围、增加语言交往机会。然而，幼儿园阅读环境创设的相关研究大多聚焦于班级阅读区，针对幼儿园专用阅读室的探讨相对缺乏。孙莺利用马赛克法，通过访谈、绘画等方式探讨了幼儿视角下的幼儿园专用阅读室环境特点。[①] 她发现，幼儿希望阅读室环境布置美观、整洁并具有情境性和互动性，兼具交往空间与私密空间，且能够提供丰富、有趣、实用和适宜的材料；幼儿还希望阅读室时间安排更为灵活，规则数量不要太多，阅读材料能及时得到更新与维护，且自己能够参与阅读室规则的制定。基于幼儿的兴趣与需求，幼儿园专用阅读室环境应具备三个特点，一是童趣盎然的情境性，二是舒适方便的体验性，三是灵活自主的参与性。

（一）童趣盎然的情境性

幼儿喜欢想象，偏好鲜艳、明亮的颜色。富于情境性的阅读室能够使幼儿仿佛置

---

① 孙莺．基于儿童视角的幼儿园图书室阅读环境研究［D］．南京：南京师范大学，2019.

身于故事场景当中，在激发幼儿阅读兴趣的同时，也易于引发幼儿天马行空的想象，支持幼儿开展与读写相关的讲故事、角色表演等活动。

如图 2－17 呈现了两种情境的幼儿园专用阅读室。左图为森林情境，书架、桌、椅等以大树、树屋、树叶和树桩等为造型元素，幼儿身在其中仿佛可以沐浴阳光、感受鸟语花香，和森林里的小精灵一起唱歌跳舞。右图为海洋情境，书架、桌、椅等以海浪为主要造型元素，幼儿身在其中仿佛在海上乘风破浪，看小海豚一跃而起，与彩虹鱼一起自在遨游。

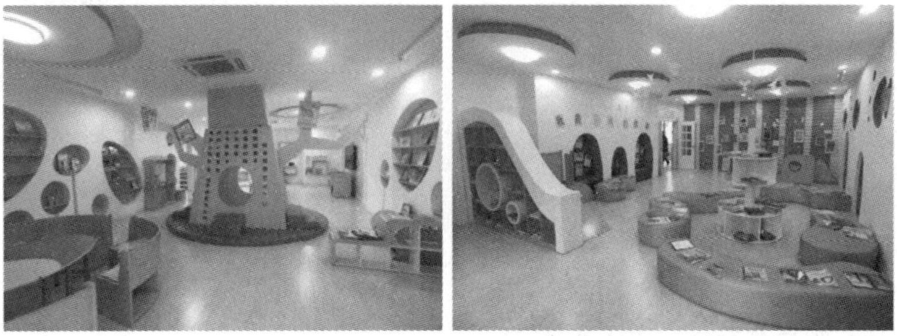

图 2－17　森林（左）与海洋（右）情境的幼儿园专用阅读室

（二）舒适方便的体验性

幼儿园专用阅读室的空间布置一方面要充分考虑幼儿的身高因素，书架、桌、椅等不宜过高，图书等阅读材料应方便幼儿取放；另一方面要充分考虑幼儿的心理因素，可以提供地毯、坐垫、沙发、靠枕、布偶等软装材料，增强空间的舒适感。

例如，图 2－18 中的阅读室书架高度适宜，即使是最上面一层的图书幼儿也能取到；地上铺有软软的坐垫和靠垫，幼儿取到书后可以在书架旁席地而坐进行阅读，阅读后则可以很方便地将书放回书架。图 2－19 中的阅读室书架对幼儿来说偏高，但幼儿园提供了稳固的小梯子，供幼儿登上拿取书架上层的图书。图 2－20 中的阅读室提供了小动物造型的软凳、棉坐垫和手布偶，既增强了舒适感又增强了情境性，还有利于引发幼儿在阅读过程中的想象与表演。

图 2－18　阅读室书架高度适宜

图 2-19　阅读室提供小梯子方便幼儿取放图书

图 2-20　阅读室提供动物软凳、棉坐垫与手布偶增强舒适感

采光、噪声等因素也会影响阅读室的舒适感。有条件的话，阅读室应选择自然采光好的房间，并且提供充足的灯光照明。合适的光线容易使人放松或保持充沛的精力，同时也有助于保护幼儿的视力。另外，安静的环境有利于幼儿阅读时保持注意力，因而阅读室空间的安排要考虑动静分区，既为幼儿提供可以安静阅读的区域，又有场所可供幼儿开展读写、表演等相关活动，进行交往互动。

（三）灵活自主的参与性

为激发和保持幼儿的阅读兴趣，教师可以通过引导幼儿自主取放图书、参与规则制定、尝试图书修补等方式增强幼儿在专用阅读室环境创设中的参与性。

图 2-21　书架上的主题和图书标志

专用阅读室图书数量非常多，因而教师要合理布局，按主题、年龄段等维度划分图书陈列区域，并在书架上粘贴相应的主题、图书名称等标志，以方便幼儿按自己的兴趣自主查找和取放。如图 2-21 中，通过并列的文字卡片和幼儿头像，幼儿可以知道这个书架上陈列的是“我与自己”这一主题相关图书；通过书架每一层隔板上粘贴的图书封面

图片，幼儿可以找到每本书相应的位置。这样，幼儿就可以根据自己的喜好挑选图书进行阅读，并且能非常方便地在阅读后把书放回原来的位置。

在专用阅读室开展各类读写活动为培养幼儿良好的阅读行为与习惯提供了大好机会。例如，教师引导幼儿参与阅读室规则的制定，一方面有利于幼儿认同并遵守规则，另一方面丰富了阅读室的活动内容，为幼儿提供了前书写表达的机会。如图 2－22 呈现了幼儿通过前书写活动用图文符号创作而成的阅读室图书漂流规则。

图 2－22　专用阅读室的图书漂流规则

图书阅读的次数多了，难免会损坏，在专用阅读室设置图书修补区域，引导幼儿修补图书，既能有效培养幼儿爱护图书的好习惯，又能增强幼儿在阅读室活动中的参与性。如图 2－23 中，教师在专用阅读室设置了图书修补区域并用图文结合的方式呈现修补步骤。

图 2－23　专用阅读室的图书修补提示

教师可以通过合理安排时间、定期补充和图书流动等方式增强专用阅读室使用的灵活性。由于专用阅读室是全园共用的，所以教师需要合理安排使用时间，除了固定的班级使用时间之外，还可以在来园或离园等时间段设置自由使用时间，方便有兴趣的幼儿进入阅读室活动，并在这一过程中产生混班互动交往。另外，专用阅读室的图书需要定期进行补充和更新，以保持幼儿的阅读兴趣、满足不同幼儿的需求。但由于幼儿使用专用阅读室的时间有限，因而教师可以建立图书的流动规则，定期在专用阅读室和班级阅读区之间流动交换图书，这样即使不在班级的使用时间，幼儿也可以阅读专用阅读室里的图书。

实践小贴士

基于思维导图的大班绘本个别化学习环境创设[①]

绘本个别化学习是指以绘本为载体，通过在班级区域中创设个别化学习环境引导幼儿与人、事、物进行交流并对其进行探索的多元读写活动。思维导图是一种图形化工具，用于组织和展示思维过程、概念和关系，有助于将复杂的信息整理成易于理解和记忆的形式。将思维导图运用于绘本个别化学习环境创设，有利于引导大班幼儿在与环境的互动中探索、梳理复杂信息，促进其思维能力的发展，提升其阅读理解能力。

绘本个别化学习：提升大班幼儿阅读理解能力的有效途径

一、绘本个别化学习环境创设方案

在持续6周的时间里，随主题活动的推进先后在班级区域中创设了三种绘本个别化学习环境，提供相应的思维导图和操作材料，引导实验班幼儿进行探究，具体方案如表2-2与图2-24所示。

表2-2 绘本个别化学习环境创设方案

<table>
<tr><th>主题</th><th>绘本名称</th><th>活动名称</th><th>主要发展目标</th><th>思维导图</th></tr>
<tr><td>主题一：
我自己</td><td>《身体里的荷先生和荷太太》</td><td>1. 荷先生和荷太太
2. 男孩和女孩
3. 创意名片</td><td rowspan="3">1. 识别并理解图文符号
2. 推理并综合理解信息
3. 分析主旨并形成评判观点
4. 迁移阅读经验并开展创造</td><td>双重气泡图
桥形图
流程图</td></tr>
<tr><td rowspan="2">主题二：
我们的城市</td><td>《嗨，上海》</td><td>1. 嗨，上海
2. 坐地铁逛上海
3. 美食美景我来画</td><td>树状图
流程图
简单图示</td></tr>
<tr><td>《我的城市是什么颜色的》</td><td>1. 多彩的城市
2. 魔都的色彩
3. 我的城市是——</td><td>括号图
气泡图
标识牌、记录表</td></tr>
</table>

① 陈锐，李林慧．绘本个别化学习：提升大班幼儿阅读理解能力的有效途径［J］．幼儿教育（教育科学），2023（1/2）：40-45.

1 引导幼儿互动探究	2 支持幼儿深度思考	3 激发幼儿评判与创造

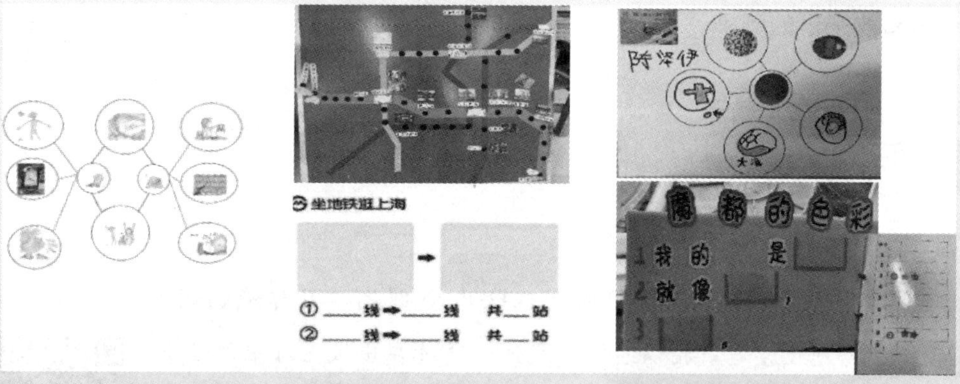

目标：识别并理解图文符号 内容：梳理荷先生和荷太太特征的异同点 可视化支持：双重气泡图	目标：推理并综合理解信息 内容：设置起点和终点，找出乘坐的最佳路线 可视化支持：地铁线路图、线路比较图	目标：迁移阅读经验并开展创造 内容：依据文字提示仿编散文段落；互相评价 可视化支持：气泡图、仿编板

图 2-24　绘本个别化学习环境创设方案图示

二、绘本个别化学习探究的效果

研究发现，大班幼儿在识别并理解图文符号、推理并综合理解信息、分析主旨并形成评判观点以及迁移阅读经验并开展创造四个层次上的水平都不高。持续参与6周的绘本个别化学习后，幼儿上述四个层次的能力都获得了显著提升，且在通过与对照班比较、排除成长因素的影响后，幼儿仍在阅读理解、识别并理解图文符号以及分析主旨并形成评判观点等方面获得显著提升。

三、教育建议

（一）重视大班幼儿阅读思维的培养

大班幼儿处于幼小衔接的关键时期，对其阅读能力的培养不能仅仅停留在对绘本故事内容理解的层面上，更应着眼于阅读思维的培养，结合可视化思维工具的使用，发展幼儿对绘本主旨的把握、对相关观点的评判，以及对生活经验和阅读经验的双向迁移等能力，进而提升其阅读理解水平。

（二）选择适宜的绘本创设个别化学习环境

教师在选择绘本时要注重故事类绘本与科学类绘本的平衡，同时，依据大班幼儿年龄特点和发展水平选择符合其最近发展区的绘本，创设体现不同理解层次的个别化学习环境，调动和激发幼儿的推理性、分析性、评判性和创造性思维，促进幼儿阅读理解能力的发展。

（三）针对不同目标在绘本个别化学习环境创设中选择合适的思维导图

教师可根据绘本个别化学习活动的阅读理解能力培养目标选择思维导图。如目标是识别并理解图文符号，可以投放树状图和括号图；目标是推理并综合理解信息，可以投放双重气泡图和桥形图；目标是分析主旨并形成评判观点，可投放圆圈图和气泡图；目标是迁移阅读经验并开展创造，可投放多重流程图。

知识回顾

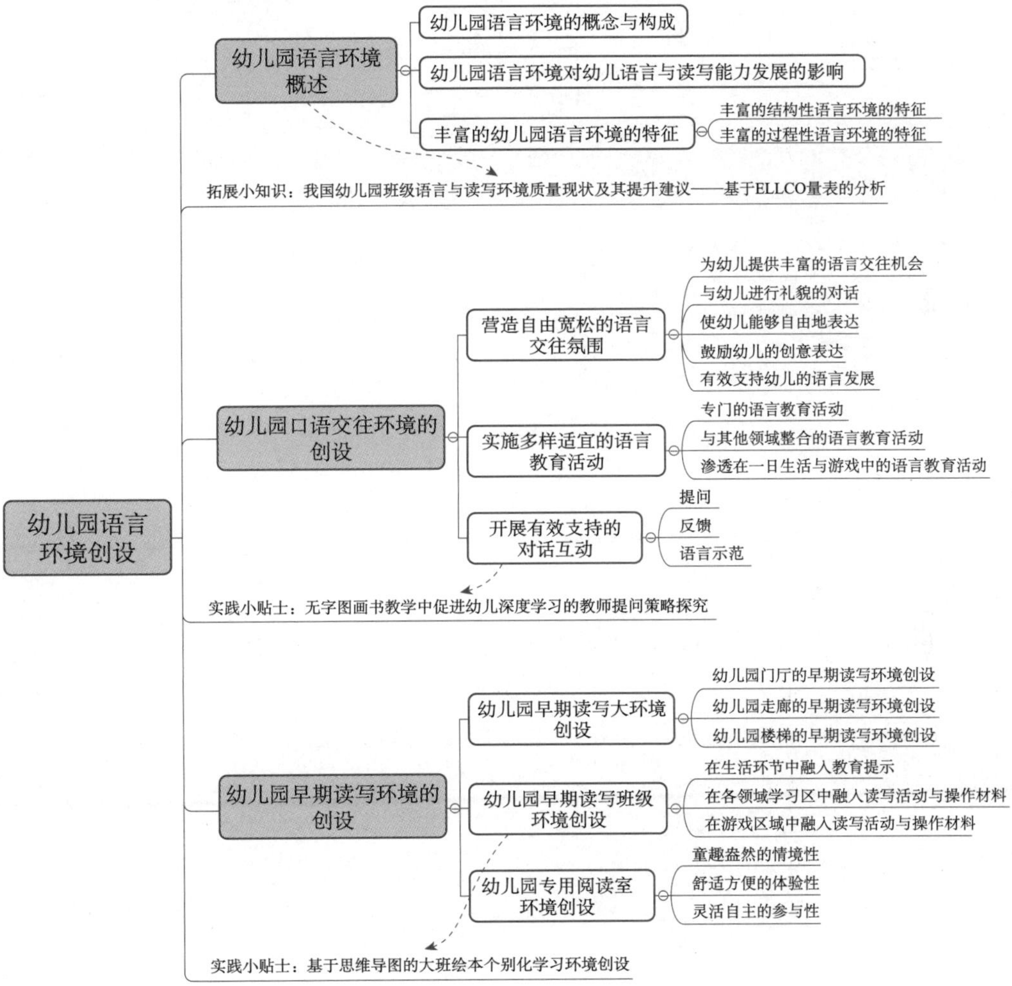

同步练习

1. 参观某所幼儿园，参考图 2 - 1 描述该幼儿园的结构性语言环境。

2. 在见习中观察、记录游戏分享环节教师与幼儿的对话互动，对教师的提问、反馈和语言示范进行分析。

3. 观察一个幼儿园班级的语言区环境，分析其特点并提出改进建议或方案。

第三章　幼儿园谈论活动指导

学习目标

1. 理解幼儿园谈论活动的概念与教育价值
2. 理解幼儿谈论的学习与发展目标
3. 掌握幼儿园谈论活动的设计方法与组织策略
4. 掌握幼儿园谈论活动的评价方法

现场观察

1. 在小（2）班的“动植物角”里，王老师拿来了一个鱼缸，里面放了一条热带鱼。这立马引起了孩子们的兴趣，他们跑过来围观，一边看一边议论纷纷。铭铭一边小心翼翼地摸着鱼缸一边问：“热带鱼不是应该生活在热水里吗？为什么这个鱼缸里的水不热？”秋之反驳道：“鱼不能生活在热水里！它会死的。”“热带鱼应该生活在热水里。”“鱼不能生活在热水里。”两个孩子争执了起来。

2. 某天上午，小雨一直淅淅沥沥地下着。孩子们在楼道和教室里刚刚运动完，一边洗手一边聊着天。威威说：“我还是喜欢晴天，那样我就可以去小山上玩炸碉堡了。”玥玥说：“我喜欢雨天，雨天我们可以饭后去踩踩水呢。我还喜欢打伞，伞很漂亮。”

3. 孩子们在阅读了图画书《十二生肖谁第一》后，对“老鼠该不该算作十二生肖的第一名”表达了不一样的想法。子航说：“我觉得老鼠不该算是第一名，因为在比赛中，它把猫捅进河里了，这是犯规，就不应该算它的成绩。”莉莉不同意，说：“我觉得应该把老鼠算作第一名，因为在比赛前就说好了，谁先到岸边，谁就是第一名。”

课前思考

在“现场观察”的三个场景中，幼儿的谈论能力处于什么阶段？教师应该如何支持幼儿谈论能力的发展？

第一节 幼儿谈论的学习与发展目标

一、幼儿园谈论活动的概念

谈论是指两个或两个以上的人就某一主题进行的交谈和论辩，是人们最常使用的语言形式，也是儿童交流能力发展的重要途径。《指南》指出："幼儿的语言能力是在交流和运用的过程中发展起来的。"谈论能力是幼儿口头语言能力的重要组成部分，良好的谈论能力是幼儿口头语言能力发展的重要表现，同时幼儿的口头语言能力又是在交谈和辩论中发展起来的。因此，谈论对于幼儿语言发展来说，既有本体价值又有工具价值，即谈论不仅对幼儿口头语言能力发展有着重要价值，对他们其他方面的发展也具有重要意义。

幼儿园谈论活动是指在幼儿园里两个或两个以上的幼儿之间就某一话题进行的交谈和辩论。它可分为谈话活动和辩论活动两种形式。二者的不同之处在于：谈话更强调谈论者之间的互动和交流；辩论则是在对话中存在对立的观点，有反驳和争论的过程。但不论怎样，谈话和辩论都可能是幼儿之间随机发生的，也可能是由教师专门组织的。这种语言活动可以帮助幼儿学会清楚地表达自己的观点，理解性地倾听别人的观点，积累阐述和反驳观点的方法，培养幼儿各抒己见、表达观点的能力。

《纲要》和《指南》都指出，应为幼儿创设自由、宽松的语言交往环境，鼓励和支持幼儿与成人、同伴交流，让幼儿想说、敢说、喜欢说并能得到积极回应。因此，幼儿园谈论活动就应该在自由宽松的环境中组织和实施，让幼儿想说、敢说和会说。

二、幼儿园谈论活动的教育价值

谈论是一种在两个或者两个以上的人之间形成的对话式的语言。无论是在家里还是在幼儿园，谈论都是时常发生的。教师和家长应该尽可能地鼓励和促进幼儿谈论的发生与发展，因为谈论既能促进幼儿倾听和理解能力的发展，又能促进幼儿表达和分析能力的发展，还能促进幼儿思维品质和社会性的发展。

（一）促进幼儿倾听和理解能力的发展

谈论不是一个人的独角戏，不是独白式的语言，而是对话式的语言，它是基于某个话题进行的对话式交流。鉴于谈论的这一特质，倾听和理解能力就成了谈论活动的基础。也就是说，如果没有良好的倾听和理解能力，幼儿是无法进行谈论活动的。因为谈论时首先需要认真倾听别人的观点，并准确理解其含义，然后才能将话题继续“谈”“论”下去。所以，倾听和理解能力对谈论的任何一方来说都是必需的。幼儿在参与谈论活动时，会自然而然地提升倾听和理解能力。

（二）促进幼儿表达和分析能力的发展

谈论是一种高级的口头语言形式，它要求谈论者不仅能说清楚自己的观点，还能与别人进行交流、对话，甚至争论。要说清楚自己的观点，就要具备一定的表达和分析能力；要想和别人进行真正的交流，还要能分析别人的语言，甚至能评判别人的观点。因此，好的谈论活动一定能不断提升幼儿的表达和分析能力。

（三）促进幼儿思维品质的发展

谈论是口头语言的一种表现形式，更是大脑思维活动的一种外显形式。思维活动能够反映出个体智力或思维品质的发展水平。思维品质主要包括思维的深刻性、灵活性、评判性和创新性等方面。[①] 幼儿在谈论时，思维品质的这四个方面都会得到很好的发展。当就某一现象思考背后的原因或预测某一事件的后果时，幼儿思维的深刻性就在提升；当依据不同意见完善自己原有的观点时，幼儿思维的灵活性就在发展；当分析别人的观点，并表示赞同或反驳时，幼儿思维的评判性就在提升；当表达与别人不一样的观点，或发挥自己独特的想象时，幼儿思维的创新性就在发展。总之，谈论是一种非常有效的提升幼儿思维品质的活动。

（四）促进幼儿社会性的发展

谈论无处不在，它是在一日生活中，由于一些人、事、物，幼儿形成某个想法或者某种观点，并想和别人交流时而产生的一种现象。比如说，准备春游的时候，讨论应该带水还是带饮料；在游戏分享中，争论谁的游戏更好玩；去了马戏城之后，讨论该不该让动物表演；在读了图画书《一根羽毛也不能动》之后，讨论遵守规则重要还是维护生命重要……这些话题都可以成为幼儿的谈资，他们需要对这些生活中碰到的人、事和物进行思考，形成自己的观点，还需要面对由这些人、事和物引发的不同观点的碰撞。也就是说，在谈论活动中，幼儿可以思考生活中碰到的小问题、学习中的不同尝试、“我”和周围人之间的关系、人类和大自然之间的关系等内容。在面对观

① 《中国百科大辞典》编委会. 中国百科大辞典［M］. 北京：华夏出版社，1990：58.

点冲突时，幼儿逐渐学会倾听不同的声音，尊重不同的观点，甚至吸纳不同的想法。从这个角度来看，谈论活动给幼儿提供了更多的社会互动机会，能让他们的社会认知和社会化过程得到更好的发展，从而促进幼儿社会性的发展。

三、3～6 岁幼儿谈论的学习与发展目标

谈论活动在学前儿童语言发展过程中起到的作用是不言而喻的。在幼儿园一日生活中，如何帮助幼儿学会倾听别人的观点、如何鼓励幼儿大胆地在公开场合积极表达自己的观点、如何引导幼儿掌握一些交流和表达的规则与策略等，这些问题都可以通过开展谈论这一语言教育活动来解决。对于教师而言，通过谈论活动的组织达成促进学前儿童语言发展的相应目标不是一件一蹴而就的事情，它需要教师对谈论活动的内涵有深入的了解，对谈论活动和其他类型的语言教育活动之间的本质区别有清晰的了解。简单来说，教师需要了解谈论活动所包含的核心经验。

所谓谈论活动的核心经验，是指在谈论活动中幼儿应该掌握的一些能力、应当达到的水平。无论是教育部还是各级地方政府发布的相关文件，都有提到谈论活动所涉及的核心经验。比如，《指南》在“语言”领域的“倾听与表达”维度提出了 3 条目标，分别是：目标 1“认真听并能听懂常用语言”；目标 2“愿意讲话并能清楚地表达”；目标 3“具有文明的语言习惯”。① 上海市教育委员会教学研究室 2020 年出版的《上海市幼儿园办园质量评价指南（试行稿）》（以下简称《评价指南》）在“语言与交流”的子领域“理解与表达”维度上提出了“1. 能听懂常用语言”和“2. 愿意用语言进行交流并能清楚地表达”的目标要求。②

华东师范大学儿童语言发展与教育专家周兢教授团队基于国内外儿童语言研究的丰富结论以及多年与幼儿园园长和教师们合作教研所积累的丰富实践经验，对幼儿谈论学习的核心经验进行了更为具体和精准的提炼与梳理。③ 其研究结论认为，谈话的核心经验包括：良好的倾听习惯和能力；掌握并运用交流和表达的规则；在谈论中能运用初步的谈论策略。④ 辩论的核心经验包括：解释、维护和完善自己观点的经验；运用恰当方法辩论的经验；理解、尊重甚至吸纳不同观点的经验。⑤

---

① 李季湄，冯晓霞．《3～6 儿童学习与发展指南》解读［M］. 北京：人民教育出版社，2013.

② 上海市教育委员会教学研究室．上海市幼儿园办园质量评价指南（试行稿）［M］. 上海：上海教育出版社，2020.

③ 周兢．学前儿童语言学习与发展核心经验［M］. 南京：南京师范大学出版社，2014.

④ 高晓妹，刘宝根．学前儿童谈话学习的核心经验［M］//周兢．学前儿童语言学习与发展核心经验．南京：南京师范大学出版社，2014：26－31.

⑤ 汤杰英．学前儿童辩论学习的核心经验［M］//周兢．学前儿童语言学习与发展核心经验．南京：南京师范大学出版社，2014：45－53；汤杰英，王翠霞．学前儿童语言学习核心经验：幼儿园辩论活动教育实践［M］. 上海：华东师范大学出版社，2023.

综合国家学前教育领域政策文件中有关幼儿语言学习与发展的目标要求，以及理论研究领域梳理的幼儿语言学习与发展的核心经验可以看出，无论是谈话活动还是辩论活动，幼儿谈论的学习与发展具体涉及三方面的目标，即养成良好的倾听习惯与能力、掌握并遵守谈论的规则、掌握并运用谈论的策略。

（一）养成良好的倾听习惯与能力

倾听是感知语言的行为表现，也是理解语言的一种重要途径。① 所以说，倾听是沟通的基础，注意听并能听懂是进行谈论的第一步，也是确保谈论能够顺利进行的前提，良好的倾听习惯与能力是学前儿童谈论的首要核心经验。在学前阶段，幼儿重点要发展的是主动倾听的经验，从有意识倾听和辨析性倾听，逐渐发展到理解性倾听。有意识倾听，即幼儿能跟随成人的指令并做出回应；辨析性倾听，即幼儿能辨别谈论的特定内容，能意识到谈论对象言语中的声调变化，能评判谈论的观点；理解性倾听，表现为幼儿听懂了谈论对象的言语意义，对谈论对象的观点进行评价并形成自己的观点，也表现为谈论对象的语言表达内容激发了幼儿的想象和情绪，幼儿通过言语和行动自发、自由地表达。3～6 岁幼儿在“养成良好的倾听习惯与能力”这一维度上的学习与发展目标如表 3－1 所示。

表 3－1　3～6 岁幼儿“养成良好的倾听习惯与能力”学习与发展目标

年龄	学习与发展目标	
	谈话	辩论
3～4 岁	1. 能在较短时间内安静地倾听他人谈话 2. 听懂对方的语言，跟随对方谈话内容的变化而转移注意力 3. 在教师的提示下不插话或抢话	1. 认真倾听别人的发言 2. 知道有不同观点的存在
4～5 岁	1. 初步自主地集中注意力倾听他人谈话 2. 在谈话中做出目光、表情或口头语言上的回应 3. 能根据声音、语气、语调辨别不同的谈话对象	1. 仔细地倾听并理解别人的观点 2. 能理解别人对观点的解释（理由）
5～6 岁	1. 能充分理解他人意思，初步听懂话语中隐含的意思 2. 关注谈话对象提到的细节 3. 能对他人谈话的内容表达自己认同与否，对他人的谈话进行评论和提问	1. 能发现别人观点与理由的不足之处或可取之处 2. 能初步基于对别人观点与理由的充分理解完善自己的观点与理由

① 李季湄，冯晓霞．《3～6 岁儿童学习与发展指南》解读［M］．北京：人民教育出版社，2013.

（二）掌握并遵守谈论的规则

谈论活动的推进离不开谈论双方对交流和表达规则的掌握与使用。《指南》提出了“具有文明的语言习惯”的目标。因而，谈论规则首先就是要使用文明礼貌用语；其次是谈论时应尊重对方，如在别人说话时注意倾听并及时给予应答和反馈、不随便插话，想发言时先示意等；最后是谈论时能较为清晰地表达自己的想法，使对方听得清楚明白。另外，无论是谈话还是辩论，都不是一言堂，而要遵守轮流发言的规则，尤其在辩论时，除了轮流以外还会有举手发言、自由发言的环节。3～6 岁幼儿在“掌握并遵守谈论的规则”这一维度上的学习与发展目标如表 3-2 所示。

表 3-2　3～6 岁幼儿“掌握并遵守谈论的规则”学习与发展目标

年龄	学习与发展目标	
	谈话	辩论
3～4 岁	1. 在成人提示下认真倾听他人发言，不插嘴 2. 知道发言的时候要示意 3. 能大方、清晰地回答他人的问题 4. 在成人提示下会使用恰当的礼貌用语	1. 能比较清楚地表达自己的观点与理由 2. 在成人提示下使用文明语言发表不同意见 3. 知道辩论有一定的规则
4～5 岁	1. 在成人提示下遵守轮流发言的规则，不随意插话 2. 想发言时会通过举手、请求等方式进行示意 3. 能根据场合调节自己说话声音的大小 4. 交谈过程中能主动使用礼貌用语	1. 能从不同的角度表达自己的观点和理由 2. 辩论过程中不插嘴、不抢话、不说粗话 3. 在成人提示下能按一定的规则开展辩论
5～6 岁	1. 能主动遵守轮流发言的规则，不随意插话 2. 别人发言时能认真倾听并及时回应 3. 能根据谈话对象和需要，调整说话的语气 4. 能依据谈话情境使用恰当的语言	1. 能针对不同的观点进行反驳 2. 尊重甚至悦纳别人不同的观点 3. 遵守辩论规则，文明发言

（三）掌握并运用谈论的策略

在谈论和交流的过程中，口头语言传递主要信息，说话者有时会运用言语中的语气、声调、声音强弱来辅助自己的表达，同时，说话者或听话者也会有意识地通过表情、身姿、手势、目光等要素传递信息，这些辅助方法的运用有助于意义更好地得到表达，也有助于谈论对象更好地理解谈论内容，从而既增强谈论的感情色彩又保证谈论的顺畅推进。在学前阶段，幼儿需要掌握的谈话策略除了上述运用辅助手段帮助交流和表达之外，还包括能围绕主题进行谈话，以及能在交流过程中主动发起谈话、初步修补和维持谈话。

在辩论活动中，针对某一话题进行争论时，幼儿需要明晰自己的观点，并在活动中很好地解释自己的观点。由于在辩论中会遭到别人的反驳，因此幼儿还要学会坚持自己的观点。受年龄特点的影响，幼儿非常容易跟着别人走，没有自己的主见。当他们首选的观点遭到别人（特别是强势的幼儿）质疑的时候，他们会怀疑自己的观点。这时，教师可以适当地引导幼儿坚持自己的观点，并通过指出别人观点的错误进行适当的反驳，从而维护自己的观点。在坚持自己的观点以及反驳对方的观点时，除了陈述观点外，教师还可以引导幼儿使用假设、对比、反问以及举例等策略，以增强理由的充分性和论述的说服力。当然，辩论的终极目标不是证明自己的观点是对的，而是学会客观全面地看待和分析问题，并通过不同辩论策略的使用发展幼儿的高阶思维能力。3～6 岁幼儿在“掌握并运用谈论的策略”这一维度上的学习与发展目标如表 3 - 3 所示。

表 3 - 3　3～6 岁幼儿“掌握并运用谈论的策略”学习与发展目标

年龄	学习与发展目标	
	谈话	辩论
3～4 岁	1. 随机或偶然参与到他人的谈话中 2. 能借助动作、表情、图画等方式来辅助自己的表达 3. 谈话过程中主题不稳定，谈话中常常更换主题	1. 理解辩论的话题并有自己的判断 2. 能用陈述和举例等策略表达自己的观点与理由
4～5 岁	1. 主动通过观察、表达自己意见等方式参与到他人的谈话中 2. 通过提问、提议等方式主动发起谈话 3. 有意识地运用动作、姿势、表情等方式辅助表达 4. 谈话过程中有多个稳定的谈话主题 5. 谈话内容主要是幼儿自身态度、经验的表达	1. 在受到质疑时能坚持自己的观点，并想办法从不同角度解释和完善自己的观点 2. 在成人提示下能使用陈述、举例、对比、假设、反问等辩论策略
5～6 岁	1. 能主动向陌生人发起谈话 2. 谈话过程中初步采用解释、补充等方式对自己的表达方式进行修补 3. 能通过观察对方的理解程度，采用追问、重复、回忆以往经验的方式帮助他人理解 4. 能够根据指定的主题谈话	1. 在有质疑、有反驳的情况下，能想办法从不同角度维护自己的观点并反驳对方的观点 2. 在辩论中能主动使用陈述、举例、对比、假设、反问等策略，产生敏锐的辩说效果

观察小工具

幼儿谈论表现性评价表如表 3－4、表 3－5 所示。

表 3－4　幼儿谈论表现性评价表（一）

谈论类型	观察维度	表现水平			语言记录	评价
		水平 1	水平 2	水平 3		
谈话	养成良好的倾听习惯与能力	• 能在较短时间内安静地倾听他人谈话 • 听懂对方的语言，跟随对方谈话内容的变化而转移注意力 • 在教师的提示下不插话或抢话	• 初步自主地集中注意力倾听他人谈话 • 在谈话中做出目光、表情或口头语言上的回应 • 能根据声音、语气、语调辨别不同的谈话对象	• 能充分理解他人意思，初步听懂话语中隐含的意思 • 关注谈话对象提到的细节 • 能对他人谈话的内容表达自己认同与否，对他人的谈话进行评论和提问		1 2 3
	掌握并遵守谈论的规则	• 在成人提示下认真倾听他人发言，不插嘴 • 知道发言的时候要示意 • 能大方、清晰地回答他人的问题 • 在成人提示下会使用恰当的礼貌用语	• 在成人提示下遵守轮流发言的规则，不随意插话 • 想发言时会通过举手、请求等方式进行示意 • 能根据场合调节自己说话声音的大小 • 交谈过程中能主动使用礼貌用语	• 能主动遵守轮流发言的规则，不随意插话 • 别人发言时能认真倾听并及时回应 • 能根据谈话对象和需要，调整说话的语气 • 能依据谈话情境使用恰当的语言		1 2 3
	掌握并运用谈论的策略	• 随机或偶然参与到他人的谈话中 • 能借助动作、表情、图画等方式来辅助自己的表达 • 谈话过程中主题不稳定，谈话中常常更换主题	• 主动通过观察、表达自己意见等方式参与到他人的谈话中 • 通过提问、提议等方式主动发起谈话 • 有意识地运用动作、姿势、表情等方式辅助表达 • 谈话过程中有多个稳定的谈话主题 • 谈话内容主要是幼儿自身态度、经验的表达	• 能主动向陌生人发起谈话 • 谈话过程中初步采用解释、补充等方式对自己的表达方式进行修补 • 能通过观察对方的理解程度，采用追问、重复、回忆以往经验的方式帮助他人理解 • 能够根据指定的主题谈话		1 2 3
	总结	幼儿语言特点： 最近发展区：				

表 3-5　幼儿谈论表现性评价表（二）

谈论类型	观察维度	表现水平			语言记录	评价
		水平 1	水平 2	水平 3		
辩论	养成良好的倾听习惯与能力	• 认真倾听别人的发言 • 知道有不同观点的存在	• 仔细地倾听并理解别人的观点 • 能理解别人对观点的解释（理由）	• 能发现别人观点与理由的不足之处或可取之处 • 能初步基于对别人观点与理由的充分理解完善自己的观点与理由		1 2 3
	掌握并遵守谈论的规则	• 能比较清楚地表达自己的观点与理由 • 在成人提示下使用文明语言发表不同意见 • 知道辩论有一定的规则	• 能从不同的角度表达自己的观点和理由 • 辩论过程中不插嘴、不抢话、不说粗话 • 在成人提示下能按一定的规则开展辩论	• 能针对不同的观点进行反驳 • 尊重甚至悦纳别人不同的观点 • 遵守辩论规则，文明发言		1 2 3
	掌握并运用谈论的策略	• 理解辩论的话题并有自己的判断 • 能用陈述和举例等策略表达自己的观点与理由	• 在受到质疑时能坚持自己的观点，并想办法从不同角度解释和完善自己的观点 • 在成人提示下能使用陈述、举例、对比、假设、反问等辩论策略	• 在有质疑、有反驳的情况下，能想办法从不同角度维护自己的观点并反驳对方的观点 • 在辩论中能主动使用陈述、举例、对比、假设、反问等策略，产生敏锐的辩说效果		1 2 3
	总结	幼儿语言特点： 最近发展区：				

第二节 幼儿园谈论活动的设计与组织

一、幼儿园谈论活动的话题选择

谈论活动的开展离不开话题的选择。话题选择得好与坏，在某种程度上决定了谈论活动开展的质量。因此，谈论活动话题的选择是非常重要的。

（一）选择幼儿感兴趣的话题

兴趣是最好的老师，也是引发谈论活动的好源头。在选择谈论活动的话题时，首先要考虑幼儿的兴趣。一个幼儿都非常感兴趣的话题势必能激发其表达自己观点的欲望，也能使幼儿更愿意相互分享自己的想法，从而有利于拓展幼儿探讨该话题的深度和广度。比如，临近毕业，大班的幼儿都对“如何度过在园的最后一个月”非常感兴趣，于是老师就组织大家进行了餐前谈话活动，让大家聊一聊“毕业前，最想做什么以及为什么”。果然，幼儿对这个话题非常感兴趣，话匣子一下就打开了，纷纷表达了自己的想法。老师也按幼儿的想法生成、组织了一些活动，这让幼儿对这个话题更加感兴趣了。在幼儿不断探讨这个话题、不断形成新的活动的过程中，大班的幼儿就毕业了。由于这是幼儿自己讨论、探究的过程，所以他们度过了非常难忘的一次毕业季。因此，选择一个幼儿真正感兴趣的话题，能促使幼儿进行深入的谈论。

（二）选择有谈论空间的话题

谈论活动选择的话题要有谈论的空间。所谓空间，就是指幼儿能针对该话题谈论和表达自己的想法、分析和评价别人的观点，即幼儿围绕着该话题有话可讲、有聚焦点可讨论。有谈论空间的话题应该是幼儿有较为丰富的生活经验的话题，比如，老师组织幼儿讨论“谁是最可爱的人”，幼儿纷纷表达最可爱的人是医院里的医生、小区里的保安、打扫卫生的保洁人员、马路上的警察等。幼儿不仅说出了这些人的职业，还说出了这些人为大家做了什么事、他们为什么是最可爱的人等。在谈论中，幼儿逐步加深了对这些职业的认知，也加深了对这些从业人员的情感。通过对这样有谈论空间的话题的谈论，幼儿的谈论能力自然而然地得到了提升。

（三）选择促进幼儿经验发展的话题

除了兴趣和空间以外，谈论的话题还应该能促进幼儿各个领域核心经验的发展。比如，老师发现小班的幼儿很喜欢能发出声音的物件，于是就在班级里添置了很多东西，有小乐器如鼓、琴、沙锤等；有敲击后能发声的材料如餐具、纸盒、塑料罐等；有能发声的玩具如小汽车、音乐盒等；有能传递声音的玩具如传声筒等。玩过这些玩具后，老师组织幼儿讨论“你喜欢听哪个玩具发出的声音？它是怎么发声的?”。幼儿一边摆弄各种物件，一边描述和分享自己的感受，有些幼儿还针对别人的观点提出了不同见解。就这样，热热闹闹的谈论就开始了。中班的幼儿因为争抢玩具发生了冲突，老师组织大家围绕“玩具不够玩怎么办?”展开讨论。大班的幼儿去户外运动的时候，发现跑起来会有风，而且风吹起来很舒服。但有人质疑，认为有风的时候跑步更费劲……看到幼儿有不同的想法，老师就组织了一场主题为“你喜欢风吗?”的谈论活动。这些能促进幼儿科学领域和社会领域等多方面经验发展的谈论活动都是非常有必要的。

二、幼儿园谈论活动的环境创设

环境对人的影响是潜移默化的，对学前儿童而言其影响力更为明显。因此，作为教师，要为幼儿营造宽松自由、积极思考的心理环境，创设便于互动、利于交流的物质环境，这将是对幼儿习得谈论核心经验的有力支持。

（一）营造宽松自由、积极思考的心理环境

“童言无忌”，由于幼儿在心里有较少的忌讳，所以他们时常说出一些令成人意外的话语。这些令人意外的话语有可能和教师的观点不一致。面对这样的情况，教师应该营造宽松自由的氛围，释放尊重平等的信号，让幼儿感知到在班级里可以自由地表达。只有在这样的环境下，幼儿才可能做到愿意说、敢于说和乐于说。

好奇、好问是一个人积极思考的具体表现。幼儿的年龄特点决定了他们充满好奇心、喜欢问问题，因而幼儿原本就是喜欢积极思考的。当幼儿在日常生活中有一些奇思异想时，教师应及时抓住这些富有谈论空间的话题，敏感地捕捉到其中蕴含的教育价值，鼓励幼儿大胆表达自己的看法。当幼儿在谈论中出现分歧和矛盾时，教师不应急于制止，而应静观其变并适时引导。

如果教师能营造出宽松自由的氛围，并及时地对幼儿的积极思考给予支持，就能为幼儿建立一个良好的心理环境，为幼儿谈论能力和其他语言能力的发展提供良好的平台。

（二）创设便于互动、利于交流的物质环境

除了心理环境以外，教师还应创设有利于幼儿谈论的物质环境。首先，教师可以创设能与幼儿互动的墙面，让幼儿围绕一个话题展开讨论。比如，针对“动物大世界”的主题，教师就在教室里设置了一面名为“动物该不该穿衣服”的互动墙，还提供了纸、笔和录音笔，让幼儿随时可以记录下自己的想法，并分享到互动墙上。当墙上的观点积累到一定程度，教师就在离园前让幼儿谈论一下这个话题。其次，教师可以创设让幼儿有身临其境之感的区角。如在辩论活动“动物法庭”中，教师创设了模拟法庭的区角，包括审判长席、原告律师席、被告律师席，并提供了相应的标志牌以及法槌。通过带领幼儿观察、模拟法庭环境，了解审判长、原告律师和被告律师这几个角色在法庭上所承担的职责和任务，一方面能够大大激发幼儿对“法庭游戏”的参与兴趣，另一方面能够让幼儿在接下来的辩论活动中进一步明确自己要做些什么，为辩论游戏的开展做好铺垫。另外，还有教师在区角投放了话题卡、话题筐、主持席、辩手席、评审席、小辩手胸牌及时间提示牌等材料，使幼儿置身于谈论的良好氛围中，从而促使他们进入角色，主动和积极地开展谈论活动。

三、幼儿园谈论活动的组织实施

（一）幼儿园谈论活动的组织类型

谈论活动包括谈话活动和辩论活动两种形式，可以通过一日生活中的很多环节组织实施。

1. 谈话活动的组织类型

谈话活动是帮助幼儿学习在一定范围内运用语言与他人进行交流的活动。[①] 这种交流活动在幼儿园的一日生活中是经常发生的，所以教师应有意识地利用一日生活中的机会开展各种类型的谈话活动。除了集体教学，教师还可以安排来园谈话、餐前谈话、睡前谈话和离园谈话。这些谈话不需要像集体教学那样正规，谈话的时间也不需要那么长，只需要围绕某一个话题彼此进行分享，把想法说清楚、道明白即可。教师可以依据当前的课程主题，收集幼儿愿意谈论的话题，放在谈话盒里。幼儿可以在来园离园时、餐前、睡前或者自由活动时间，去谈话盒里选取自己感兴趣的话题，几个人自由组合，谈一谈、聊一聊，交流一下自己的想法。

2. 辩论活动的组织类型

辩论活动是指围绕一个具有对立性或争议性的话题，让幼儿运用一定的方法进行

---

① 周兢．幼儿园语言教育活动设计与组织［M］．北京：人民教育出版社，1996.

解释说明、论证反驳的语言活动。① 平时在幼儿园里，幼儿之间会有一些不同观点的表达，可能会发生一些争论。教师可以伺机给予适当的支持，鼓励他们说出自己真实的想法，表达出和别人不一样的观点。除了这样随时可能生成的微型辩论以外，教师还应根据话题出现的时机、话题可探讨的空间等，组织专门的集体辩论；也可以将辩题集中到某一个区域，让幼儿自主开展区角辩论。

（二）幼儿园谈论活动的实施策略

谈论活动是幼儿园常见的一种语言教育活动。在组织实施这类活动时，教师可以采用以下策略。

1. 创设谈论情境，引出谈论话题

学前儿童处于具体形象思维的阶段，所以他们很擅长从具体的情境中生发自己的观点，从具体的画面中展开自己的想象。因此，在谈论活动实施之初教师可以通过设置一定的情境激发幼儿谈论的兴趣，启发幼儿对话题相关经验的联想，打开幼儿言语表达的思路，为后面的谈论活动做好准备、热好身。

教师可以用两种形式来为谈论活动创设易于幼儿表达的情境。第一种形式是用实物创设真实、形象的情境。教师可以利用实物摆件、仿真事物、形象的玩具、生动的图片等素材，为幼儿创设与谈论主题有关的可视化情境。这样的情境便于幼儿联想起自己的生活经验，利于激发幼儿表达的兴趣和思路。比如，在第二学期开学的时候，龚老师发现幼儿还沉浸在过年的气氛里，再加上幼儿园组织了丰富的元宵节活动，于是龚老师决定组织一次谈话活动“元宵节那些事”。为了能很好地激发幼儿表达的欲望，龚老师在教室里挂了很多灯笼，在墙上贴了很多元宵节美食的图片……在这样充满元宵节元素的环境下，幼儿纷纷打开自己的话匣子，把自己对元宵节的认知和感受都表达了出来。第二种形式是用语言创设相应的情境。教师可以讲述一个故事、描述一个情境或提一些问题来唤醒幼儿的记忆，调动他们已有的经验，以便幼儿进入谈论的话题。比如，在辩论活动“青蛙卖泥塘”中，王老师将“青蛙卖泥塘”这个故事讲到一大半，让幼儿了解了这个故事的一大半情节，然后让幼儿对“是否该卖泥塘”展开辩论。由于幼儿对这个故事有了很好的理解，其内心已建构出一个比较清晰的情境，这就调动了很多幼儿在所居住房子的布局、周边环境等方面的经验，顺利地引出了辩题。

无论是可视化的情境创设，还是语言式的情境创设，教师都要反复提醒自己创设情境的目的是让幼儿更好地谈论事物。所有的情境创设都取决于幼儿谈论的需要，是为开启他们的谈论而进行的情境设置。因此，情境的创设需要避免两种情况：一是出

① 周兢．学前儿童语言学习与发展核心经验［M］．南京：南京师范大学出版社，2014.

现许多与谈论内容无关的事物，因为这会分散幼儿的注意力，让他们无法集中精力谈论话题；二是过多地描述故事或情境，因为这会带偏幼儿的理解，让他们把精力集中于这个故事本身，而忽略需要谈论的话题。教师在组织谈论活动时，需牢牢把握一个原则，即情境创设仅仅是引出话题、让幼儿打开话匣子的辅助手段，而非核心内容。

2. 围绕话题引导幼儿自由交流与对话

当幼儿进入谈论的状态，教师要支持他们围绕话题自由谈论。谈论活动的目的就是要调动幼儿各自的生活经验，让幼儿运用所储备的关于谈论话题的知识，交流分享个人的见解。因此，教师要让幼儿自由自在地表达自己的想法，勇敢自如地与别人进行交流和对话。要想组织自由的谈论活动，教师需要在影响谈论效果的三个因素上下功夫。

（1）让幼儿自由地调动谈论经验。

在教师引出话题后，幼儿大多会依据自己的生活经验，阐述自己的观点。这些经验很有可能是其他人想不到的，面对这样的情况，教师不应予以制止，也不要给他们提示，更不要纠正他们的遣词造句，要让幼儿充分运用已有的谈论经验说出自己想说的话。比如，在餐前谈话时，幼儿开始讨论小鱼是不是应该和鱼妈妈在一起。铭铭说："不能在一起，因为鱼妈妈会把鱼宝宝吃掉的。"芊芊说："宝宝就应该和妈妈在一起，否则她会想妈妈的。"他们说得都不对，但考虑到幼儿的经验，教师并没有急于否定，而是继续让幼儿自由表达，最后幼儿经过讨论达成一致，即回家上网查查资料来决定鱼宝宝是否应该和鱼妈妈在一起。从这个案例中可以看出，教师不需要将自己的观点灌输给幼儿，在自由、充分地进行讨论之后，幼儿自己会想出合适的方法。

（2）让幼儿自主地选择谈论对象。

谈论活动不是一个人的行为，是两个或者两个以上的人之间的对话。所以，与谁谈论也是一个问题。为了让幼儿能尽情地表达，教师要让每一个幼儿都积极参与谈论活动，同时允许幼儿自行选择他们的谈论对象。比如，三三两两自由组合，或者一对一，让幼儿自主选择愿意交流的伙伴。当有些幼儿不愿意和任何同伴交流时，教师可以充当幼儿的谈论对象，与幼儿进行一对一的谈论。这样有利于激发每一名幼儿的表达积极性，使他们有更多的机会交谈，也能保证谈论活动的顺利进行。

（3）让幼儿自如地运用谈论形式。

采用的谈论形式也会直接影响谈论的效果。教师可以为幼儿提供一些支持，让他们更好地表达和谈论。比如，在组织辩论活动"冬天好还是夏天好"之前，教师让幼儿先把自己想到的理由都画出来。手里有了可以看着讲的凭借物，幼儿自然就讲得更加自如了。在谈论“什么水果最好吃”时，教师将好几种水果拿到了教学现场，让幼儿边吃边聊。考虑到幼儿的思维主要是具体形象思维，教师可以依据该特点，设置丰富多样、直观可视的谈论形式，这样幼儿就能更加自如地进行谈论了。

教师让幼儿自由谈论并不代表教师就可以放任不管，让幼儿处于“放羊”的状态。教师也需要依据幼儿的发展需求，给予适宜的支持。比如，当幼儿有好的表达时，教师可以用拍手、微笑、点头等肢体语言予以肯定；当幼儿谈论不下去时，教师可以通过参与谈论、简单地表达自己的想法来延续谈论；当幼儿谈论得火热时，教师可以仔细地倾听，观察了解各个幼儿谈论水平的差异，为下一阶段活动的指导和组织做好准备。

3. 引导幼儿逐步拓展谈论的深度和广度

在围绕话题自由谈论后，教师要引导幼儿逐步拓展谈论的深度和广度，帮助他们学习运用新的谈论经验，使幼儿的谈论经验进一步获得提高。

所谓新的谈论经验，是谈论活动目标在谈论活动中的具体化，也是幼儿要学习的谈论思路和谈论方式的总和。① 因此，教师要关注语言活动的教育要求和谈论活动的特点，将教学活动的目标和谈论活动的核心经验联结起来，通过师幼互动帮助幼儿拓展谈论的思路、习得谈论的规则、梳理谈论的方法等。

（1）将教学活动的目标和谈论活动的核心经验联结起来。

主张自由谈论并不意味着教师可以无所作为。在让幼儿自由自在地谈论的同时，教师要有意识地观察和识别幼儿的现有水平，找准他们的最近发展区，再结合谈论活动的核心经验，制定出明确的活动目标。比如，在组织大班辩论活动“晴天好还是雨天好”之前，教师先评估了本班幼儿辩论经验的发展水平，发现在“掌握并运用谈论的策略”这一条核心经验上，幼儿可以说清楚一个理由，却不能说出多个不同的理由。因此，教师就将该教学活动的目标1制定为：能用不同的理由来说清楚喜欢或不喜欢晴天、雨天的观点。实施该活动时，在第一环节“轮流发言说出一个最喜欢晴天或者雨天的理由”中，幼儿纷纷说出了一个理由，表现良好。但进入第二环节“说出和刚才不一样的理由”后，幼儿就不知道该说什么了，大多都是在重复第一轮所阐述的理由。教师预测到这一学习的难点，便将自己提前准备的超出幼儿生活经验的图片拿了出来，让幼儿通过观察找到新的理由。教师依据谈论活动的核心经验和幼儿的现有水平制定教学目标，再依目标采用相应的教学策略，这样就能有针对性地拓展幼儿谈论的经验。

（2）帮助幼儿拓展谈论的思路。

教师在实施谈论活动时要丰富学前儿童的谈论经验，这种经验不能与学习某种句

---

① 周兢．幼儿园语言教育活动设计与组织［M］．北京：人民教育出版社，1996．

式或几个新词汇混为一谈。教师应从大的方面帮助幼儿整理、拓展谈论的思路，让幼儿的表达可以有更多的可能。比如，在大班辩论活动“晴天好还是雨天好”中，铭铭说：“我喜欢晴天，因为晴天能晒干衣服。”刘老师回应道：“这个理由好，他说出了晴天给我们身边的事物带来了哪些好处。”芊芊说：“我喜欢晴天，因为晴天能晒干我的玩具，给我的玩具杀菌。”刘老师回应道：“嗯，芊芊说了一个和铭铭相似的理由，都是晴天能晒干什么事物，同时，她还说出了另外一个理由‘可以杀菌’。这个理由很特别、很好!”玥玥说：“我喜欢晴天，因为晴天阳光明媚，会让我心情好。”刘老师回应道：“玥玥说出了不一样的理由哟，她从我们身边的事物，说到了我们的内心，真的好棒!”从刘老师的回应可以看出，教师一直从谈论的思路上进行回应，让幼儿明白哪些是平行的思路、哪些是不同的思路、自己可以从哪些思路出发来考虑事情。随着教师不断地从思路上回应幼儿，幼儿谈论的思路就越拓展越深，谈论的内容也就越来越有深度。

(3) 帮助幼儿习得谈论的规则。

为了引导幼儿拓展谈论的深度和广度，除了帮助幼儿拓展谈论的思路以外，教师还需帮助幼儿习得谈论的规则。任何的谈论都要遵从一定的规则，所以规则的习得也是幼儿需要拓展的谈论核心经验之一。很多教师采用让幼儿自主探寻的方式来帮助他们习得谈论的规则。比如，在大班辩论活动“晴天好还是雨天好”中，在自由辩论阶段，刘老师先让幼儿自行随意地发言，结果场面一度陷入混乱。刘老师赶紧抓住机会让幼儿自己总结这种无序的发言是否合适，很快幼儿讨论出了结果：辩论时要遵守轮流发言、举手示意、有序抢答等基本的辩论规则。这样幼儿就通过边实践边反思逐步习得了谈论的规则，也在自主探寻的过程中拓展了谈论的核心经验。

(4) 帮助幼儿梳理谈论的方法。

在谈论活动中人们都会用到一些谈论方法，幼儿也不例外。但由于谈论方法都较为抽象，所以幼儿很难意识到自己使用的方法。因此，教师可以对谈论的方法进行梳理并告知幼儿。比如，在大班辩论活动“晴天好还是雨天好”中，在最后的总结阶段，刘老师夸赞幼儿时说：“刚才辩论的时候，你们用了很多好的小方法。有人说：‘如果一直下雨，我们的衣服就晒不干了。’你们看她用了‘如果……就……’，这就用了‘假设’这个方法。还有人说：‘晴天可以出去玩，雨天就只能待在教室里了。’这就用了‘对比’的方法……”考虑到幼儿无法自己提炼这些抽象的方法，刘老师就采用了直接告知的策略。这样做也许不是每一个幼儿都能理解，但至少让一部分幼儿理解了，而且在所有幼儿的心里埋下了这样一种意识，这也是非常重要的。

总之，教师在组织谈论活动时，应当大致想好自己要“说什么”“怎么说”，在关注幼儿语言发展水平的基础之上，为幼儿设置适宜的情境，让幼儿围绕话题自由地谈论，并尽可能地拓展他们谈论的深度和广度。

实践小贴士

基于儿童立场的幼儿园谈话活动①

谈话已成为幼儿园常见的一种师幼交流形式，晨间谈话、游戏后谈话、离园前谈话等都直接影响幼儿园课程质量。儿童立场是指一切从儿童出发，把儿童发展当作评判儿童教育的根本的、唯一的尺度和原则。要使幼儿园谈话活动取得更好的效果，需从儿童立场来反思谈话活动的设计与组织。

基于儿童立场的幼儿园谈话活动

1. 捕捉幼儿兴趣，生发谈话主题

捕捉幼儿的兴趣，需要教师观察幼儿在游戏和生活中的细节，在观察中发现幼儿在游戏和生活中亟待解决的问题，以此为切入点，生发谈话的主题。具体策略包括：不干扰，观察幼儿的持续行为；缓评价，倾听幼儿的真实想法；装糊涂，鼓励幼儿充分表达。

2. 追随幼儿特点，丰富谈话形式

基于儿童立场，就要了解儿童的特点，了解他们的生活方式和游戏方式，发现真实的儿童。幼儿的思维具有具象化的特点，而幼儿的游戏和生活就是谈话所凭借的具体情境。在组织谈话的过程中，教师可借助具体情境，用实物、照片、图式等方式使谈话内容形象化，采用现场谈话、看影像资料谈话、模型演示、模拟行动等多种组织形式，使幼儿对问题的理解和表达有据可依。这些形式可以单独使用，也可以综合运用。不过，用怎样的形式能够推动幼儿的主动学习才是基于儿童立场所要考虑的问题。

3. 记录幼儿表达，梳理谈话内容

在谈话过程中，幼儿的表达常常是具象的、零散的，这时候就需要教师引领幼儿梳理其经验。教师可以将幼儿表达的内容用形象化的方式及时记录下来，再基于形象化的表达形成逻辑链条，使幼儿的经验获得提升，助推幼儿的思维向更高水平发展；也可以引导幼儿自主记录，帮助他们提升复述、反思能力。教师可以采取以下四种方法梳理谈话内容：一是借助图表分类罗列；二是图物对应进行对比；三是回顾过程进行排序；四是表现关系尝试推理。

---

① 江晨．基于儿童立场的幼儿园谈话活动［J］．早期教育，2022（52）：23－26.

4. 依据幼儿需要，践行谈话设想

谈话活动常常是在教师观察幼儿游戏和生活后，根据幼儿的兴趣及问题生发的，但谈话并不是幼儿游戏或生活活动的终点。在课程进行过程中，谈话活动如同“加油站”，又像是“助推器”，推动着课程不断发展。因此，谈话后，要依据幼儿在谈话中提出的需要提供多样的机会，让幼儿践行其设想，提升其提出问题和解决问题的能力，如支持幼儿改造生活环境、支持幼儿设计游戏情境、支持幼儿改变户外空间以及支持幼儿实践时间计划等。

第三节　幼儿园谈论活动案例与分析

一、幼儿园谈论集体学习活动案例与分析

（一）活动案例

大班谈论活动：有弟弟妹妹好不好①

设计意图：

随着我国生育政策的变化，很多幼儿即将或正在面临有弟弟妹妹这个现实问题，多数幼儿非常乐于接受，但也有幼儿为此产生了不同程度的心理焦虑。本次活动借助幼儿最为关注的“宝宝哭闹”“宝宝乱动玩具”“妈妈总是陪伴宝宝”三个小问题，让幼儿通过“自由讨论—有规则地讨论—初步对辩”的过程，促进辩论语言的发展，增强对“有弟弟妹妹好”的情感认同。

活动目标：

（1）能针对“宝宝哭闹”“宝宝乱动玩具”“妈妈总是陪伴宝宝”这三个问题完

① 本案例由山东省淄博市实验幼儿园刘静提供。

整、清楚地表述自己的观点和理由。

(2) 在讨论中明晰自己的观点，尝试对同伴的看法做出回应。

(3) 感受和体会有弟弟妹妹带来的幸福感。

活动重难点：

(1) 重点：针对“宝宝哭闹”“宝宝乱动玩具”“妈妈总是陪伴宝宝”这三个问题完整、清楚地表述自己的观点和理由。

(2) 难点：在讨论中明晰自己的观点，尝试对同伴的看法做出回应。

活动准备：

(1) 经验准备：幼儿有谈话经验，前期进行了“有弟弟妹妹好不好”的调查。

(2) 物质准备：“有弟弟妹妹好不好”PPT课件，内容包括：1）“有弟弟妹妹好不好”的调查表；2）“宝宝哭闹”“宝宝乱动玩具”“妈妈陪伴宝宝”的图片；3）幼儿和自己弟弟妹妹相互照顾、一起游戏的生活照片。背景音乐《星语心愿》。

活动过程：

(1) 出示调查表，引发幼儿讨论的兴趣。

1）讨论：教师播放PPT课件，出示“有弟弟妹妹好不好”的调查表，简单汇总调查情况，引发幼儿讨论的兴趣。

2）小结：从调查表中我们可以看出，有的小朋友认为有弟弟妹妹很好，有的认为不太好，会有一些小烦恼，比如宝宝总是哭闹、宝宝乱动哥哥姐姐的玩具、妈妈总是陪伴宝宝。

(2) 讨论问题，鼓励幼儿表达。

逐一讨论三个问题，鼓励幼儿完整、清楚地表达自己的想法，初步尝试对同伴的看法做出回应。

1）讨论“宝宝哭闹好不好”，鼓励幼儿大胆说出自己的想法，使幼儿能够清晰、完整地表达自己的“观点”和“理由”。

提问：宝宝总是哭闹，好还是不好呢？

小结：“我觉得……”“我认为……”这样说很清楚，我们一听就知道是在说观点；“因为……”是在说明理由，用上这个词，听起来很完整。

2）讨论“宝宝乱动玩具好不好”，引导幼儿完整表述自己的看法和理由。

提问：宝宝总是乱动玩具，这样好不好呢？这一次说的时候，要把看法和理由连起来完整地说。

小结：大家在说的时候，有的先说了看法再说理由，有的先说了理由再说看法，听起来非常完整、清楚，感觉这样说话很有力量。（针对现场讨论情况总结幼儿的语言表达。）

3）讨论“妈妈总是陪伴宝宝好不好”，适时引导幼儿关注同伴的看法，并做出回应。

提问：妈妈总是陪伴宝宝，好不好呢？请大家仔细听一听别人的理由，如果他说得有道理，你就赞同他；如果他说得没有道理，你可以不同意，用你的理由来反驳他。

小结：很多小朋友能认真听别人的发言，认为没有道理的时候还能反驳，非常好。（教师根据幼儿的现场表现，重点提升其对辩意识，引导幼儿尝试使用一定的辩论方法。）

通过大家的讨论和解释说明，咱们最担心的三个问题都解决了：宝宝哭是在表达他的需要，就像在做运动，还能帮助他长身体；乱动东西会让他的小手变得灵巧、脑子变得聪明；等他长大一点妈妈就不用一直陪他了，就会有更多的时间照顾哥哥姐姐了。看来有弟弟妹妹真是一件很好、很幸福的事！

（3）联系生活，增强情感认同。

调动幼儿的生活经验，感受与弟弟妹妹相处的温暖与幸福，增强幼儿对“有弟弟妹妹好”的情感认同。

1）欣赏照片：教师播放幼儿与弟弟妹妹相处的照片，请幼儿欣赏并介绍，感受其中的温暖与幸福。

提问：照片上有谁？在干什么？看到照片有什么感受？

小结：有了弟弟妹妹，我们可以相互陪伴、相互照顾，真的是好温馨、好幸福呀！

2）请幼儿说出最想对弟弟妹妹说的话。

提问：你有什么话想对弟弟妹妹说呢？

小结：有的小朋友说了自己的心愿，有的说了祝福的话，真好！

（二）活动分析

1. 谈论话题来自生活，让幼儿有话可说

此次活动的主题是“有弟弟妹妹好不好”，由这个主题延伸出三个子问题：宝宝哭闹、宝宝乱动玩具、妈妈总是陪伴宝宝。不论是主题还是三个子问题，都来源于很多幼儿的现实生活，和他们的切身感受息息相关。对于有弟弟妹妹的幼儿来说，宝宝哭闹，可以视为一种外界的干扰；乱动玩具，则对自己的切身利益造成了影响；妈妈总是陪伴宝宝，更直接地触及了幼儿的情感底线。可对于弟弟妹妹来说，哭闹，仅是一种情感和生理的表达；乱动玩具，则是想玩的天性；妈妈总是陪伴自己，也是缘于婴幼儿对母亲的依恋。由此可见，站在不同的立场上，对同样的问题会有不同的看法，这就使得整个话题的谈论空间变得很大，通俗地说，就是让幼儿有话可说。

2. 谈论的方法融入活动，让幼儿有章可循

在谈论的开始阶段，教师鼓励幼儿不要受任何规则的限制大胆表达，旨在为幼儿的讨论营造一种轻松的氛围，让幼儿敢于并乐于参与讨论，打开话匣子。在此过程中，教师重点鼓励更多的幼儿参与讨论，进一步明确什么是“观点”、什么是“理

由”，并以语言表达完整的幼儿为例，提炼出表达“观点”和“理由”的关键词，帮助幼儿构建完整表达的范例。

在前一个阶段的基础上，第二次讨论时，教师不仅鼓励幼儿使用完整的语言模式，还增加了语言的变式，或先说看法后说理由，或先说理由后说看法，其核心目标是：让幼儿清楚、连贯地表达自己的想法，从而增强幼儿语言的“论”的色彩。同时，教师将关注和回应的重点放在幼儿的语言表达上。对幼儿在谈论过程中迸出的新奇的词汇及时给予肯定，并带动全体幼儿体验该词汇，逐步将其内化到幼儿已有的经验中；对幼儿在表达中所使用的复句、连词及时进行提炼和强调，让幼儿的语言更有逻辑性、更加复杂；对表达不准确、不清楚及用词不恰当等问题及时捕捉，引导全体幼儿找问题、查原因，反复尝试，使不规范的语言趋于规范。

3. 教师的引导润人无声，让幼儿由论及辩

在谈论活动中，教师引导幼儿关注同伴的观点，有力地助推了幼儿思维和语言的发展，使其从“论”走向了“辩”。在这一过程中，教师根据现场情况，及时梳理幼儿阐述的理由，并将有争议的理由抓出来，适时“煽风点火”，引导幼儿进行辩驳。如果幼儿的对辩意识明显，就要让对辩的势头高涨起来，让幼儿在这种氛围中感受辩论活动的乐趣；如果幼儿还没有达到对辩的能力，则不必强求。

4. 谈论目标兼顾语言与社会，帮幼儿解决问题

此次谈论活动的目的有二：一是发展幼儿的语言和思维能力；二是解决幼儿面临的真实的、在生活中碰到的问题或困难。通过此次谈论活动，幼儿的语言和思维能力都得到了有效的提升。更重要的是，通过对三个问题的讨论，幼儿能更加理性地看待有弟弟妹妹这一现实问题，部分幼儿的担心与焦虑也渐渐缓解，对“有弟弟妹妹好不好”这一问题有了独立客观的思考，这是幼儿个体的一个成长过程。在最后一个环节，教师通过播放幼儿与弟弟妹妹相处的照片，伴以音乐《星语心愿》，营造了一种表达爱、分享爱的气氛，增强了幼儿对“有弟弟妹妹好”这一观点的认同感，升华了幼儿对亲情的理解，从而引发了幼儿情感共鸣的高潮。

二、幼儿园谈论个别化学习活动案例与分析

（一）活动案例

活动名称：小小电话亭①。

主题背景：我的幼儿园（小班）。

核心经验：

（1）主题核心经验：乐于参与集体活动，体验幼儿园生活的快乐，能遵守简单的

① 该案例由上海市长宁区紫云路第一幼儿园陈漪提供。

集体规则。

（2）领域核心经验：能根据自己在幼儿园里参与的活动，与同伴进行分享和谈论。

活动方案：

（1）材料（如图3-1所示）。

1）KT板自制电话亭。

2）一次性纸杯自制手持电话听筒。

3）排水管自制电话线。

（2）玩法。

1）幼儿与同伴一起“打电话”，聊一聊自己感兴趣的事。

2）幼儿与同伴一起“打电话”，聊一聊自己喜欢或不喜欢的物品、喜欢做或不喜欢做的事等，并说明理由。

图3-1 “小小电话亭”个别化学习环境

（3）观察重点。

1）观察幼儿是否喜欢“打电话”，并且使用礼貌用语“你好”“再见”等。

2）观察幼儿是否愿意与同伴分享自己喜欢或不喜欢的事物，并说明理由等。

（二）活动分析

1. 核心经验分析

个别化学习活动的目的无非两种：一是为习得较难的核心经验做好前期铺垫；二是巩固已习得的经验。上述活动是小班下学期开展的，目的在于让幼儿谈一谈在幼儿园的所见、所闻，喜欢或不喜欢的人和事。经过一学期的在园学习与生活，幼儿基本上都能做到“安静地倾听他人谈话”和“能借助动作、表情、图画等方式来辅助自己的表达”。为了让幼儿的谈话经验得到进一步的发展，能达到“通过提问、提议等方式主动发起谈话”的水平，教师设置了这个具有很强情境感的“电话亭”，引导幼儿表达。

2. 玩法分析

如果说集体教学是针对集体的，那个别化学习就是针对个体的。一般来说，个别化学习都会设计多种玩法，在玩的过程中，幼儿还可以自创玩法，这就使得不同水平的幼儿可以有不同的选择。本活动提供了两种玩法。第一种玩法比较适合经验水平较低的幼儿，可以通过对“小电话”的选择发起和维持无障碍的对话，两个人可以随意地谈谈自己感兴趣的话题，简单地表达一下自己的观点。第二种玩法比较适合经验水平较高的幼儿，不仅可以发起和维持谈话，还可以围绕某个确定的话题表达自己的观点与理由，也可以对别人的表达进行简单的反驳和补充。

3. 观察重点分析

个别化学习的目标是让幼儿自主探索，而教师的观察则注重对个体的指导。在“小小电话亭”活动中，教师可以通过倾听幼儿的谈话内容和表达方式来判断幼儿谈论经验的水平，对于水平较低的幼儿，会使用“你好”“再见”等礼貌用语发起、维持和结束谈话即可；对于水平较高的幼儿，教师需关注他们是否能围绕自己喜欢或不喜欢的事物说清楚自己的观点和理由。

4. 活动改进建议

本活动旨在帮助幼儿复习和巩固“安静地倾听他人谈话”和“能借助动作、表情、图画等方式来辅助自己的表达”的经验，并促进幼儿向“通过提问、提议等方式主动发起谈话”的经验发展。因此，话题的多样性和趣味性决定了谈话是否能持续、是否能促使幼儿主动发起谈话。所以，建议教师在电话亭边上增加一支录音笔，让幼儿将想讨论的话题提前录下来，帮助不知道说什么的幼儿发起谈话。

知识回顾

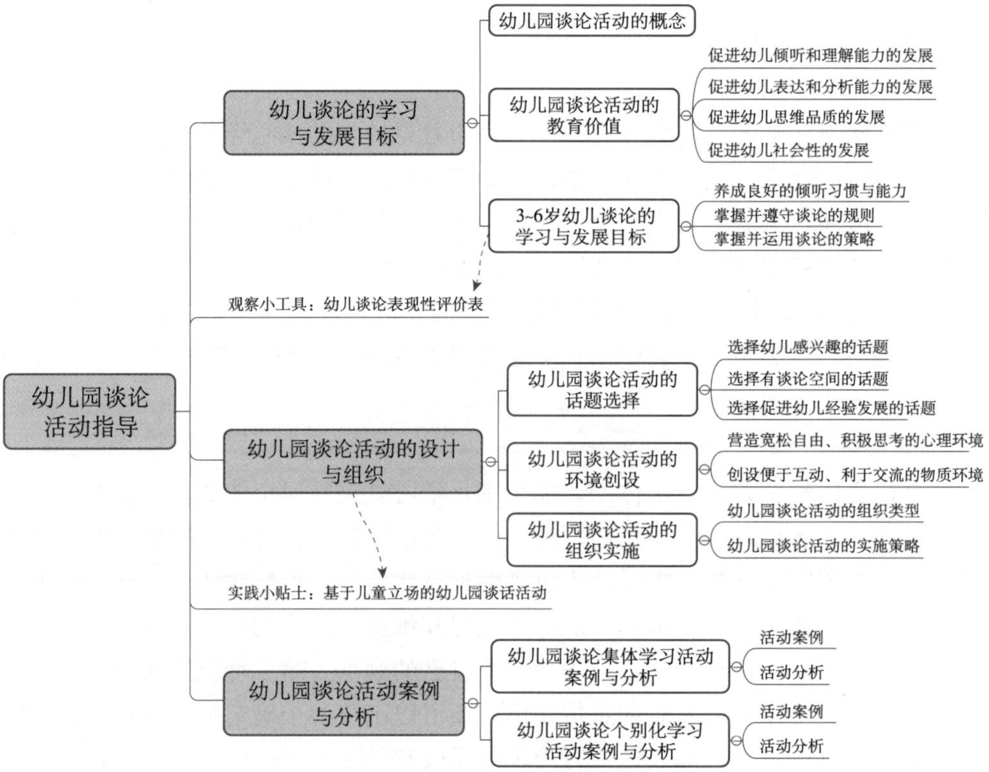

同步练习

1. 在见习时，参照“掌握并运用谈论的策略”这一维度的学习与发展目标，观察和记录某一个幼儿谈论经验的具体行为表现。

2. 以“我是中国人”为主题，设计一份大班幼儿谈论活动的教学方案。

第四章　幼儿园讲述活动指导

学习目标

1. 理解幼儿园讲述活动的概念与教育价值
2. 理解幼儿讲述的学习与发展目标
3. 掌握幼儿园讲述活动的设计方法与组织策略
4. 掌握幼儿园讲述活动的评价方法

现场观察

1. 自主游戏时，玥玥和楠楠在娃娃家里分别扮演妈妈和爸爸。玥玥抱起布娃娃，摸了摸娃娃的额头，冲着楠楠说："哎呀，宝宝发烧了，我们给她吃药吧。"楠楠一边拿起体温计一边说："先给她量个体温。"玥玥把娃娃放到小床上，楠楠把体温计放进娃娃衣服里，过了一会儿拿出来说："哎呀，是发烧了，快给她吃药吧。"

2. 中（2）班的"每日播报"活动今天轮到星星主持。星星大方地站在全班小朋友的面前，大声讲道："星期天，我和爸爸妈妈去了野生动物园。我们看了老虎，然后看了熊猫跳绳，还喂了长颈鹿。我还看了海狮表演，有一个人扔个盘子进去，海狮就会及时游过去，捡起那个盘子给那个人。"

3. 自主游戏结束后，在分享交流环节，一鸣向小朋友们介绍他们小组合作搭建的作品"我们的城市"："我们搭建的是南浦大桥，这边是浦东，那边是浦西。最特别的地方是，大桥上有一个指挥交通的机器人，他的手臂可以转动指挥交通。"

课前思考

在"现场观察"的三个场景中，幼儿的讲述语言各有什么特点？教师应该如何支持幼儿的语言发展？

第一节　幼儿讲述的学习与发展目标

一、幼儿园讲述活动的概念

讲述活动久已有之，过去曾是幼儿园语言教育的重要方式。已有研究认为，讲述活动是发展幼儿独白语言的教育方式，对幼儿言语的目的性、独立性、创造性和连贯性，以及幼儿思维、记忆、想象等方面的能力都有很好的促进作用。① 在幼儿园语言教育改革中，我国的幼儿教育工作者根据新的教育观念，重新思考了讲述活动的特点以及目标，重点探讨了讲述活动的组织过程，力图使这种类型的语言教育活动更加符合幼儿语言发展的需要。在此基础上，幼儿教育工作者认识到，幼儿园讲述活动是为幼儿创设一个相对正式的语言运用场合，要求幼儿依据一定的凭借物，使用比较规范的语言来表达个人对某事、某物或者某人的认识，进行语言交流的活动。② 按照讲述的内容、体裁和特点，幼儿园讲述活动可以分为叙事性讲述与说明性讲述两种类型。

（一）叙事性讲述的概念

叙事是人类的重要活动③，是人类建构自我及整个世界的基本思维模式④，人们用故事的形式组织经验、记载历史。虽然叙事可以通过多种媒介进行，如画画、摄影、舞蹈等，但语言是最清楚、最明确的叙事方式，并且对于学前阶段的儿童来说，口语叙事是其接触和运用最多、最频繁的一种叙事。⑤ 叙事性讲述是一种口语叙事能

---

① 祝士媛．学前儿童语言教育［M］．北京：北京师范大学出版社，1995：106.

② 周兢．幼儿园语言教育活动设计与组织［M］．北京：人民教育出版社，1996.

③ MCCABE A. Preface：structure as a way of understanding［M］//MCCABE A，PETERSON C. Developing narrative structure. New Jersey：Lawrence Erlbaum Associates，Publishers，1991.

④ BRUNER J. Actual minds，possible worlds［M］. Cambridge：Harvard University Press，1986.

⑤ 李林慧．学前儿童叙事性讲述的核心经验［M］//周兢．学前儿童语言学习与发展核心经验．南京：南京师范大学出版社，2014：70.

力，指用口头语言把人物的经历、行为或事情的发生、发展、变化讲述出来，要说清楚人物、事件、时间、地点和为什么，并且要说明白事情发生、发展的先后顺序。① 人们日常生活的谈话中包含许多叙事的内容，这种叙事有可能并不完整，具有即兴和片段式的特点。叙事性讲述与这种日常的叙事不同，要求在独自构思后对事件或故事进行有组织的、完整的表达，是一种在相对正式的语境中进行独白的语言能力，比如在集体面前为大家讲述一起事件。叙事性讲述主要有两种形式：一种是按照第一人称“我”的口气，把事情经过和个人见闻讲给别人听；另一种是以第三人称的视角，讲述“他”、“她”或“他们”经历的事情。

人们在谈论日常事件时，虽然没有充分意识到它是一个有开始、发展和结尾的故事，但只要有相关背景和说明，人们大部分的谈论其实都可以看作是叙事性的。因而，儿童自出生之日起就生活在叙事的世界中，叙事是儿童了解社会的途径，儿童通过听他人叙事以及自己叙事参与社会文化活动；反过来，社会文化也会通过叙事塑造儿童对经验的思维与记忆方式。② 从这一角度来说，口语叙事是幼儿了解与表达世界的基本方式，幼儿的叙事性讲述能力在日常对话与交流的过程中会不断获得发展。另外，从独白语言的特征来看，要更好地发展独立构思、有条理地组织语言以及完整表达等叙事性讲述的能力，除了丰富的日常对话与交流机会之外，幼儿还需要大量相对正式的独白讲述机会。

（二）说明性讲述的概念

说明性讲述有其独特的语言特点，这种语言类型较少出现在文学作品中，与日常生活中所使用的语言也有很大差别。同样是讲述，说明性讲述不同于叙事性讲述的特点在于，它要求使用简单明了、规范准确的独白语言进行讲述，说明与解释事物的形状、特征、功用或操作过程。这种讲述较少使用生动形象的形容词，不需要丰富的感情色彩，而是从客观的角度表述明白事物状态，交代清楚它的特点、来源或操作过程。③

儿童从咿呀学语开始，在他们的口头语言发展过程中，其所听、所学、所使用的口头语言都与日常生活密不可分。他们慢慢能够认识与命名接触到的生活用品，逐渐了解这些生活用品的特点、作用，并逐步具备一定的认知能力和简单地对事物外观、特点进行描述的能力，能够用简单的词、句来介绍或与他人交谈某事物。儿童在不断地与人和事物交往、互动的过程中，通过倾听他人的讲述、阅读规范的书面语言，或

---

① 周兢．幼儿园语言教育活动设计与组织［M］．北京：人民教育出版社，1996：122．

② ENGEL S. The stories children tell：making sense of the narratives of childhood［M］. New York：W. H. Freeman and Company，1995.

③ 王津．学前儿童叙事性讲述的核心经验［M］//周兢．学前儿童语言学习与发展核心经验．南京：南京师范大学出版社，2014：99．

者是通过教师的教育指导和讲解，逐渐发展起自己的说明性讲述能力。从对说明性讲述与其他口头语言之间的区别建立起敏感性，到明确说明性讲述的特点、使用场合、运用方式，最终发展到能够准确、规范地使用恰当的语言进行说明性讲述，这个过程在儿童的语言发展中潜移默化地进行着，也在一定程度上影响着儿童学业语言的发展。由于人们在日常对话与交流中运用说明性讲述语言的机会较少，因而幼儿在发展说明性讲述能力的过程中，需要更多目标明确、相对正式的语言学习机会。

二、幼儿园讲述活动的教育价值

讲述活动能够有效提高幼儿的语言水平，同时对幼儿的认知能力、社会化发展等方面也能产生良好的影响。具体来说，幼儿园讲述活动主要有以下教育价值。

（一）培养幼儿的独白讲述能力

幼儿园语言教育的目标之一是培养幼儿的表述能力，而在讲述活动中着重培养的独白讲述能力是幼儿语言表述能力的一部分。在讲述活动中，幼儿有机会学习在集体面前独立讲述自己的想法，通过独立构思讲述的内容、顺序、重点和中心，考虑怎样让别人理解自己的语言。例如，在叙事性讲述活动“快乐的星期天”中，幼儿首先需要回忆星期天和谁、在哪里做了什么事情以及哪些事情让自己觉得快乐，然后再考虑先讲哪件事、后讲哪件事，以及是否重点讲讲让自己最快乐的某件事；在说明性讲述活动“我喜爱的自然角”中，幼儿则首先需要思考讲述自然角中的哪些动植物，是按空间位置顺序讲还是按动植物的种类讲，然后考虑重点讲哪些等。在讲述过程中，幼儿不仅要遣词造句把构思的内容表达清楚，还可能通过动作、表情、语气等方式增强表达的效果。因而，讲述活动能够帮助幼儿掌握独白表达的一般和特殊方法，学习连贯、完整、清楚地进行讲述，也能够为幼儿书面语言能力的发展打下基础。

（二）帮助幼儿掌握认识事物的方法

叙事性讲述要求讲清楚人物、事件、时间、地点和为什么，并且要说明白事情发生、发展的先后顺序；说明性讲述则要求讲清楚事物的形态、构造、特性、种类、功能、关系与过程等。这就要求幼儿在讲述之前，必须从不同的方面认识和理解讲述的对象。通过对讲述对象的深入学习与理解，幼儿不仅能为讲述做好准备，也能逐渐掌握认识事物的顺序和方法。以讲述活动“菊花”为例，幼儿要先认识菊花的特征，如名称、颜色、花瓣形状、味道、叶子、用途、开放时间以及赞美的话等，使自己的讲述能完整、清楚将菊花描绘出来，而在这一过程中，幼儿也掌握了认识菊花的方法，并且有可能将这一方法迁移到对荷花、桂花、梅花等植物的认识过程中。

（三）发展幼儿的思维和想象能力

在讲述活动中，幼儿需要经过一系列思维与想象过程，才能弄清楚事物的形态、构造、特性或是事件的发生原因和顺序，领会人物在不同状态下的思想感情，以充分理解讲述的对象、组织讲述内容。比如在看图讲述时，图画中的人、事、物之间都有一定的因果关系或者前后顺序，幼儿要经过识别、比较、推理、判断、分析以及综合等思维过程，才能理解图画所表现的内容，然后组织语言表达出来。此外，图画对事物或事件的表现是静态的，在看图讲述时，幼儿还需要联系自己的生活和认知经验对画面以外的事情展开丰富的联想与想象，才能补充讲述画面未能直接表现的内容，从而让讲述更完整，且体现个人的创造性。因而，讲述活动不仅可以培养幼儿的语言能力，也有助于培养幼儿的想象力和创造性思维能力。

三、3～6 岁幼儿讲述的学习与发展目标

讲述是幼儿口头语言发展的重要能力之一，我国学前教育相关政策文件对幼儿讲述能力的学习与发展目标有相关描述。如《纲要》在“语言”领域的目标中提出“能清楚地说出自己想说的事”，并要求“鼓励幼儿大胆、清楚地表达自己的想法和感受，尝试说明、描述简单的事物或过程，发展语言表达能力和思维能力”。《指南》在“语言”领域的“倾听与表达”子领域也提出了“愿意讲话并能清楚地表达”的学习目标，指出 3～4 岁幼儿“能口齿清楚地说儿歌、童谣或复述简短的故事”、4～5 岁幼儿“能基本完整地讲述自己的所见所闻和经历的事情”且“讲述比较连贯”、5～6 岁幼儿“能有序、连贯、清楚地讲述一件事情”且“讲述时能使用常见的形容词、同义词等，语言比较生动”，并建议“鼓励和支持幼儿与同伴一起玩耍、交谈，相互讲述见闻、趣事或看过的图书、动画片等”。

华东师范大学儿童语言发展与教育专家周兢教授团队基于国内外儿童语言研究的丰富结论以及多年与幼儿园园长和教师们合作教研所积累的丰富实践经验，对幼儿讲述学习的核心经验进行了更为具体和精准的提炼与梳理。① 幼儿叙事性讲述的学习包括使用较为丰富多样的词句讲述、有条理地组织叙事性讲述的内容以及感知独白语言的语境等三个维度的核心经验②；幼儿说明性讲述的学习包括以独白语言的形式进行说明性讲述，使用规范准确、简洁明了的说明性词句以及理解说明性讲述的内容组织方式等三个维度的核心经验③。幼儿在学习与发展叙事性讲述以及说明性讲述的核心经验时，在每个维度都会经历初始、稳定和拓展三个阶段，讲述经验逐渐由不足趋向丰富。

综合国家学前教育领域政策文件中有关幼儿语言学习与发展的目标要求，以及理论研究领域梳理的幼儿语言学习与发展的核心经验，可以看出，无论是叙事性讲述还是说明性讲述，幼儿讲述的学习与发展具体涉及三方面的目标，即清楚地讲述、连贯

---

① 周兢．学前儿童语言学习与发展核心经验［M］．南京：南京师范大学出版社，2014.

② 李林慧．学前儿童叙事性讲述的核心经验［M］//周兢．学前儿童语言学习与发展核心经验．南京：南京师范大学出版社，2014：65－95.

③ 王津．学前儿童说明性讲述的核心经验［M］//周兢．学前儿童语言学习与发展核心经验．南京：南京师范大学出版社，2014：97－118.

地讲述以及适合情境地讲述。

（一）清楚地讲述

在讲述时，叙说者要对听者所不了解的事件、事物或过程进行清楚的描述，这就要求叙说者能够选用恰当的词汇和语句对现实世界中的概念与意义进行表征。随着认知与语言能力的发展，幼儿逐渐掌握与积累了丰富的词汇，如名词、动词、形容词、副词等，以及常用的句型，如陈述句、疑问句和反问句等。在讲述时，依据叙事性讲述与说明性讲述不同的语言表达特征，幼儿需要学会选择和运用合适的语言形式，通过清楚地讲述，为听者提供明确的故事信息或准确的事物描述。3～6 岁幼儿在“清楚地讲述”这一维度上的学习与发展目标如表 4－1 所示。

表 4－1　3～6 岁幼儿“清楚地讲述”学习与发展目标

年龄	学习与发展目标	
	叙事性讲述	说明性讲述
3～4 岁	1. 能使用名词、常见代词以及动词说出事件中的人、事、物的名称，以及相应的简单施动关系 2. 能运用简单句讲述情节主线	1. 能使用名词说出常见事物的规范名称 2. 能使用简单句描述常见事物的特征
4～5 岁	1. 能运用常见的形容词、副词等对人物形象或动作进行描绘 2. 能运用常见句型，如陈述句、疑问句、感叹句等，讲述情节主线并描述一些具体内容，如角色动作与对话等	1. 能运用名词及常见的形容词与副词较准确地描述直观的事物特征或现象 2. 能使用简单句概括直观的事物特征，简单描述生活中熟悉的现象过程
5～6 岁	1. 能运用各类词汇，以及特殊词汇形式如成语、叠词、近义词等，对人物形象、动作、表情、情绪等进行描绘 2. 能运用丰富多样的句式，在讲述情节主线的基础上，清楚地描述具体内容，如人物形象、状态以及角色动作、对话或心理活动等	1. 能使用名词和常见的形容词、副词、方位词、连词等不同类词汇较准确地描述事物特征或现象 2. 能使用简洁明了的语句概括直观或抽象的事物特征，描述常见的现象过程

（二）连贯地讲述

在讲清楚情节主线与具体内容的基础上，连贯有序地将不同情节串联起来，描述出事件发生、发展和结束的过程，这样的讲述才有助于听者形成对事件的整体理解。完整的叙事结构通常包括摘要、人物、时间、地点、背景、行动、观点、解决方法和结语等要素。不过，6 岁以下的幼儿正处于叙事语言的发展期，在其日常叙事中往往看不到完整的叙事结构。在叙事性讲述的学习过程中，幼儿逐渐学会通过主题串联起一个个行动事件，理解并说明事件与事件之间的关系，从而交代清楚事件发生的背景、开始、过程和结尾等要素，呈现出完整的故事内容。

说明性讲述的内容结构因讲述的对象而异。如在介绍喜欢的玩具时，可以从外观、大小、颜色、功能等方面进行讲述；在说明种子长成果实的过程时，可以从种子在春、夏、秋、冬的四季成长变化等方面进行讲述。因而，在说明性讲述的学习过程中，幼儿在充分认识讲述对象的基础上，能够逐渐学会按照时间、空间或简单的逻辑顺序有条理地介绍事物、现象或活动。3～6 岁幼儿在“连贯地讲述”这一维度上的学习与发展目标如表 4-2 所示。

表 4-2 3～6 岁幼儿“连贯地讲述”学习与发展目标

年龄	学习与发展目标	
	叙事性讲述	说明性讲述
3～4 岁	能围绕主题讲述一两个情节	能讲述事物的一两个直观特征
4～5 岁	1. 能围绕主题讲述三个及以上情节，且具有一定的故事结构，如开始、发展和结尾 2. 能使用常见的连接词，如“然后”等，有顺序地讲述多个情节	1. 能按空间、时间等较直观的顺序讲述事物的多个特征 2. 能按时间顺序讲述熟悉的现象过程
5～6 岁	1. 能围绕主题讲述多个情节，并且人物、时间、地点、背景、开始、发展和结尾等故事结构较为完整 2. 能使用连词、时间词、承接词等讲述清楚不同情节之间的关系 3. 能重点讲述印象深刻或重要的情节	1. 讲述事物多个特征或现象过程时能较准确地使用方位词、时间词等连接词 2. 能按较简单的逻辑顺序讲述事物的多个特征 3. 能够根据讲述要求或对象的特点分主次讲述

（三）适合情境地讲述

讲述是一种在相对正式的语境中进行独白的语言能力，这就要求叙说者具有对语言交流信息清晰度的调整技能，能够依据讲述的语言情境、听众的特点以及反馈等具体情况调整自己讲述的主题、内容、语言形式以及时间长短等，以清楚有效地传达信息。在讲述的学习过程中，幼儿能够逐渐感知到在集体面前讲述与日常谈话语境的不同，尝试独立构思并清楚、连贯地讲述，同时学习运用适合情境的语言表达方式进行讲述。3～6 岁幼儿在“适合情境地讲述”这一维度上的学习与发展目标如表 4-3 所示。

表 4-3 3～6 岁幼儿“适合情境地讲述”学习与发展目标

年龄	学习与发展目标	
	叙事性讲述	说明性讲述
3～4 岁	1. 愿意在集体面前讲述自己的所见所闻 2. 能感知到在集体面前讲述与日常谈话有所不同	1. 愿意向同伴介绍自己喜爱的玩具、衣服等 2. 能感知到在集体面前讲述与日常谈话有所不同

续表

年龄	学习与发展目标	
	叙事性讲述	说明性讲述
4～5 岁	1. 能在集体面前大胆讲述所见所闻 2. 讲述时能借助凭借物以及教师的支持，围绕叙事主题进行简单的构思 3. 讲述时能够借助一些简单的表情、动作进行形象表现	1. 能在集体面前大胆介绍熟悉的事物或现象过程 2. 讲述时能借助凭借物以及教师的支持，围绕熟悉的事物特征或现象过程进行简单的构思
5～6 岁	1. 能在集体面前自如地讲述所见所闻 2. 讲述时能借助凭借物以及教师的支持，围绕叙事主题进行较完整的构思 3. 讲述时能够借助表情、动作、语气、语调等增强叙事的感情色彩 4. 讲述时能对故事中的人、事、物表达一些自己的观点或评价	1. 能在集体面前自如地介绍常见的事物或现象过程 2. 讲述时能借助凭借物以及教师的支持，围绕熟悉的事物特征或现象过程进行较完整的构思

观察小工具

幼儿讲述表现性评价表如表 4－4 和表 4－5 所示。

表 4－4　幼儿讲述表现性评价表（一）

讲述类型	观察维度	表现水平			语言记录	评价
		水平 1	水平 2	水平 3		
叙事性讲述	清楚地讲述	• 以使用名词、动词为主 • 使用简单句 • 讲述事件中人、事、物的名称 • 讲述角色动作 • 讲述情节主线	• 使用更形象丰富的词汇，如形容词、副词 • 使用常见句型，如陈述句、疑问句、感叹句 • 讲述情节主线 • 描绘角色形象 • 描绘角色动作 • 描绘角色对话	• 灵活运用各类词汇 • 使用一些特殊词汇，如近义词、叠词、成语 • 使用丰富多样的句式 • 讲述情节主线 • 描绘角色形象与表情 • 描绘角色动作与对话 • 描绘角色情绪与心理活动		1 2 3
	连贯地讲述	• 围绕主题讲述 • 讲述一两个情节	• 围绕主题讲述 • 讲述三个及以上情节 • 具有一定的故事结构，如开始、发展和结尾 • 情节有一定的顺序 • 使用常见连接词，如“然后”	• 围绕主题讲述 • 讲述三个及以上情节 • 人物、时间、地点、背景、开始、发展和结尾等故事结构较完整 • 使用连词、时间词或承接词表明情节关系 • 重点讲述印象深刻或重要的情节		1 2 3

续表

<table>
<tr><th rowspan="2">讲述类型</th><th rowspan="2">观察维度</th><th colspan="3">表现水平</th><th rowspan="2">语言记录</th><th rowspan="2">评价</th></tr>
<tr><th>水平 1</th><th>水平 2</th><th>水平 3</th></tr>
<tr><td rowspan="2">叙事性讲述</td><td>适合情境地讲述</td><td>• 愿意在集体面前讲述自己的所见所闻
• 在集体面前讲述时与日常谈话表现有所不同</td><td>• 在集体面前大胆讲述所见所闻
• 借助凭借物及教师的支持，围绕主题简单构思
• 借助简单的表情、动作进行形象表现</td><td>• 在集体面前自如地讲述所见所闻
• 借助凭借物及教师的支持，围绕主题进行较完整的构思
• 借助较丰富的表情、动作、语气和语调等增强感情色彩
• 对故事中的人、事、物表达一些自己的观点或评价</td><td></td><td>1
2
3</td></tr>
<tr><td>总结</td><td colspan="5">幼儿语言特点：
最近发展区：</td></tr>
</table>

表 4-5　幼儿讲述表现性评价表（二）

<table>
<tr><th rowspan="2">讲述类型</th><th rowspan="2">观察维度</th><th colspan="3">表现水平</th><th rowspan="2">语言记录</th><th rowspan="2">评价</th></tr>
<tr><th>水平 1</th><th>水平 2</th><th>水平 3</th></tr>
<tr><td rowspan="4">说明性讲述</td><td>清楚地讲述</td><td>• 以使用名词为主
• 使用简单句
• 说出常见事物的规范名称
• 描述常见事物的特征</td><td>• 使用名词及常见形容词、副词
• 使用简单句
• 较准确地描述或概括直观的事物特征或现象过程</td><td>• 使用名词及常见形容词、副词、方位词、连词等
• 使用简洁明了的语句
• 准确描述或概括直观的事物特征或现象过程
• 较准确地描述或概括抽象的事物特征或现象过程</td><td></td><td>1
2
3</td></tr>
<tr><td>连贯地讲述</td><td>• 围绕事物或现象过程讲述
• 讲述事物的一两个直观特征</td><td>• 围绕事物或现象过程讲述
• 按空间、时间等较直观的顺序讲述事物的多个特征
• 按时间顺序讲述熟悉的现象过程</td><td>• 围绕事物或现象过程讲述
• 按空间、时间顺序讲述时准确使用方位词和时间词
• 按简单的逻辑顺序讲述事物的多个特征
• 根据讲述要求或对象特点分主次讲述</td><td></td><td>1
2
3</td></tr>
<tr><td>适合情境地讲述</td><td>• 愿意向同伴介绍自己喜爱的玩具、衣服等
• 在集体面前讲述时与日常谈话表现有所不同</td><td>• 在集体面前大胆介绍熟悉的事物或现象过程
• 借助凭借物及教师的支持，围绕熟悉的事物特征或现象过程进行简单的构思</td><td>• 在集体面前自如地介绍常见的事物或现象过程
• 借助凭借物及教师的支持，围绕熟悉的事物特征或现象过程进行较完整的构思</td><td></td><td>1
2
3</td></tr>
<tr><td>总结</td><td colspan="5">幼儿语言特点：
最近发展区：</td></tr>
</table>

第二节　幼儿园讲述活动的设计与组织

一、幼儿园讲述活动的目标定位

幼儿园开展讲述活动的目的在于帮助幼儿学习和积累讲述这一口头语言能力的核心经验，逐渐达到不同阶段的学习与发展目标。本章第一节列出的幼儿讲述的学习与发展目标涉及清楚地讲述、连贯地讲述以及适合情境地讲述三个维度，以及3～4岁、4～5岁和5～6岁三个年龄段，可以作为幼儿讲述活动目标设计的基本参照。不过，幼儿的家庭语言环境、生活经验和认知水平等因素的不同会造成幼儿讲述核心经验发展的个体差异，因此，教师需要参考幼儿讲述的学习与发展目标对幼儿讲述核心经验的发展水平进行具体分析，以明确目标的定位。

例如，“现场观察”中的中班幼儿星星在“每日播报”活动中讲述了下面的内容：

> 星期天，我和爸爸妈妈去了野生动物园。我们看了老虎，然后看了熊猫跳绳，还喂了长颈鹿。我还看了海狮表演，有一个人扔个盘子进去，海狮就会及时游过去，捡起那个盘子给那个人。

参考幼儿讲述的学习与发展目标可以对星星的讲述核心经验水平做出如下分析：星星在“清楚地讲述”这一维度的发展相对落后，与3～4岁幼儿讲述的学习与发展目标水平相当，表现为主要使用名词说出不同动物的名称；使用常见的动词如“去”“看”“喂”“扔”“游”“捡”等描述人和物的简单施动关系；较少使用形容词或副词；句型以陈述句为主。星星在“连贯地讲述”这一维度的发展相对较好，一部分经验与4～5岁幼儿讲述的学习与发展目标水平相当，如围绕去动物园这个主题讲述了自己和爸爸妈妈看各种动物和动物表演、喂长颈鹿等四个情节，并使用了“然后”“还”等连接词；并且，星星还对自己印象深刻的海狮表演进行了重点描述，在这一点上达到了5～6岁幼儿的水平。星星在“适合情境地讲述”这一维度的发展正常，与4～5岁幼儿讲述的学习与发展目标水平相当，表现为能在集体面前大胆地讲述，能对多个情节的讲述进行简单的构思。

从上面的例子可以看出，幼儿不同目标维度的讲述核心经验并非平行发展，并且幼儿的讲述并不一定表现出某个目标水平的全部语言特点。其原因可能在于两个方面：首先，清楚地讲述、连贯地讲述以及适合情境地讲述三方面的目标对幼儿语言表达的能力要求不同。清楚地讲述主要涉及词汇、语法等方面的语言能力；连贯地讲述除了遣词造句之外，更侧重于语篇组织能力；适合情境地讲述则侧重于语用能力，且涉及计划、评价、创造等思维能力以及一定程度的心理理论和移情能力。幼儿在词汇、语法、语篇组织以及语用等语言子领域的发展顺序以及速度都不尽相同，因而在清楚地讲述、连贯地讲述以及适合情境地讲述三个目标维度上的核心经验也非平行发展。其次，幼儿的讲述核心经验发展受其所处家庭以及幼儿园语言交流环境的影响。在不同的语言交流环境中，幼儿在与家长、教师等成人的各类语言交流中所获得的语言表达机会、语言示范以及语言反馈等支持不同，获得较多支持机会的核心经验维度，其发展会优于获得较少支持机会的核心经验维度。如在有亲子共读习惯的家庭中，有的家长喜欢读图画书给孩子听，孩子便更有可能习得较多的词汇与语句并运用在讲述中；有的家长喜欢共读之后和孩子一起画思维导图，梳理并复述故事的情节，孩子则更有可能在讲述时做到连贯、有条理。

幼儿讲述核心经验的发展需要通过多次、不同类型的讲述活动来推动，是一个长期的积累过程。考虑到幼儿不同维度核心经验的发展并不平衡这一特点，在设计某一次讲述活动时，更有效的做法是参考幼儿讲述学习与发展目标分析幼儿在各维度核心经验上的当前水平和表现，从而将活动具体目标定位于幼儿讲述核心经验最近发展区内的维度与水平。

二、幼儿园讲述活动的组织形式

幼儿园讲述活动一般有一定的凭借物，即教师为幼儿准备的或幼儿自己参与准备的图片、实物、情景等。教师通过提供讲述活动的凭借物，给幼儿划定讲述的中心内容，使他们的讲述语言具有明显的指向性。在讲述活动中使用凭借物，基于两个方面的需要：其一，成人讲述一件事或一个物体，可以凭借当时呈现在眼前的实物、情景，也可以借助脑海中留存的记忆进行。但由于受已有经验和表象积累不足等实际情况的限制，在讲述活动中，幼儿不可能完全凭借记忆进行讲述，除非提供一定的凭借物，否则幼儿可能会因记忆中的材料不够而无法按照要求讲述，或者因集中注意力搜索记忆中的经验，而忽视讲述内容的组织以及正确表达方式的使用。因此，在讲述活动中使用一定的凭借物，要符合幼儿讲述学习的需要。其二，幼儿园讲述活动是一种集体参与的活动，因此需要有一种集体的指向，要求幼儿就相同的内容构思表述个人的见解。讲述活动的凭借物，就为幼儿指出了讲述的中心内容。幼儿可以从自己的认识角度去讲述相同或相似的内容，并在这个过程中相互交流和相互影响。

无论是叙事性讲述活动还是说明性讲述活动，都可以依据所使用的凭借物类型，采用看图讲述、实物讲述和情景讲述等活动组织形式。

（一）看图讲述

在讲述活动中使用图片来帮助幼儿讲述，即为看图讲述。在这类活动中，教师可以提供不同类型的图片，如印刷出版的图画、教师自己绘制的图画或需要边讲边绘制的半成品图画、幼儿绘制的图画、照片等，也可以用几张图片先拼图再讲述。例如，阅读科学知识图画书《苹果》之后，教师选择其中部分图片让幼儿进行排序，讲述苹果的生长过程。

无论用什么方式、提供什么样的图，看图讲述的凭借物都是图片，即平面的具象画面，表现的是静止的、瞬间的形象。在设计与组织活动时，教师需要从感知理解图片内容与联想动态变化两个方面帮助幼儿做好经验准备。幼儿的读图能力还在持续发展当中，为减少幼儿在感知理解图片内容这一环节所面临的障碍，教师在选择图片时应考虑幼儿的生活经验，可以挑选与幼儿生活结合较为紧密的图片，如幼儿自己的绘画作品、描绘幼儿熟悉的事物和现象以及描述幼儿生活相关内容的图画或图画书等。为充分激发幼儿在讲述时对画面之外动态变化的联想，教师可以在实施看图讲述活动之前让幼儿进行必要的经验准备，如事先阅读图画书了解相关的知识，开展与讲述内容相关的活动增加幼儿的生活经验与体验等。

（二）实物讲述

这种讲述形式使用具体的物体来帮助幼儿讲述，有真实可感的特点。它以实物作为凭借物，包括真实的物品、玩具、教具和自然景物等。例如，在阅读图画书《收集东，收集西》之后，让幼儿回家后观察、记录自己和家人收集的东西，之后带着自己收集的东西来幼儿园，开展“我的宝贝大收集”讲述活动。

实物讲述以说明性讲述为主，在设计与组织活动时教师需要帮助幼儿了解和认识实物的特征以做好经验准备。实物的特征包括能直接观察到的大小、形状、色彩、数量等，也包括抽象的种类、功能、习性等。教师可以提供思维导图等可视化支架，以引导幼儿有序地认识实物特征并组织讲述的内容。

（三）情景讲述

情景讲述，要求幼儿凭借对动态情景的理解进行讲述。动态情景主要有两种形式：一种是由扮演的角色来实地演出一系列动作、发展情节，表现连续性的事件；另一种是通过动画、视频等多媒体技术展现事件的发展过程或现象的变化过程。动态情景声像并茂，容易引起幼儿的兴趣，但同时也为幼儿感知理解凭借物带来了新的挑战。在情景讲述活动中，幼儿需要通过视觉与听觉等多种感官通道去感知理解情景所展现的不断变化的人物形象、动作、表情、语言、关系、过程等，然后进行讲述，这不仅要求幼儿能够仔细地观察、倾听与理解情景所表现的内容，同时也要求幼儿能够记住所看过的内容。

基于情景讲述的这一特点，在设计与组织这类活动时，教师要从情景内容的选择与情景呈现的方式两个方面考虑为幼儿提供充分的支架，尽量减少幼儿在感知理解凭借物这一环节遇到的障碍。在选择情景内容时，教师应遵循生活性、简单性、趣味性、教育性等原则。即无论是情景表演还是动画片、视频播放，其表现的事件都应该基于幼儿的生活，有利于幼儿联系自身经验进行理解；事件发生、发展的线索比较单一，人物角色较少，语言和动作较为简单，情节结构明显，易于把握；事件的内容符合幼儿的欣赏习惯，富于童趣，充满想象；事件的内容健康有益，积极向上，潜在的语言教育资源丰富。在呈现情景时，教师可采用不同方式以方便幼儿的观察、理解与记忆。如完整观看-分段回放方式，多用于视频或动画片播放，让幼儿对情节先有概括性的认识，再分段观看，这使讲述就较为容易了。再如分段观看-回放方式，将情景表演、视频或动画片分成若干片段呈现给幼儿，可以帮助幼儿一部分一部分地解决理解上的难点，让幼儿先学习讲述小的片段，然后将小的片段连起来讲述。除此之外，教师还可采取“消声”观看的方式，即在播放视频或动画片时把声音关掉，或是选取没有台词的动画片，使幼儿在观看时能够把注意力集中在对画面的观察上，依据自己的理解，通过配音的方式进行讲述，既有趣又有挑战性。

三、幼儿园讲述活动的组织过程

讲述活动要求幼儿围绕某一对象清楚、连贯地进行讲述，重点学习讲述的方式方法，避免幼儿刻板地模仿教师的思路是讲述活动设计和组织过程中必须注意的一个重要问题。讲述活动的设计和组织可以参考以下四个步骤来进行。

（一）感知理解讲述对象

讲述活动的特点之一，是具有相对固定的讲述对象即凭借物，因而在设计和组织讲述活动时，首先要帮助幼儿通过观察来感知理解讲述对象。这里所说的观察，主要是通过视觉获取信息，如在看图讲述、实物讲述、情景讲述活动中，教师会先让幼儿仔细看图、看实物、看表演，理解讲述对象。不过，观察也可以是通过其他感官通道来获得认识。如触摸实物讲述活动“神奇的口袋”要求幼儿闭上眼睛从口袋里摸出一样物体，然后通过触摸感受物体的特征，猜出物体名称并讲述物体。这是通过触觉通道来感知理解讲述对象。听录音讲述活动“夏天的池塘”，先让幼儿听一段录音，让幼儿分辨出录音中的各种声响，如知了、青蛙的叫声，并将各种声音联系起来，想象出夏天池塘的环境以及池塘中发生的事情。这是通过听觉通道来感知理解讲述对象。

教师在指导幼儿感知理解讲述对象时，应注意把握以下三点。

1. 依据讲述类型的特点感知理解讲述对象

叙事性讲述，应重点感知理解事件发生的过程、顺序以及人物在其中的作用。说明性讲述，观察重点则是物体或人物的状态、动作、特征等。只有从这些角度把握住了讲述对象，才能为讲述做好准备。

2. 依据凭借物的特点感知理解讲述对象

讲述活动中的凭借物是多种多样的，有的是几幅平面的相互间有关系的图片，有的是立体的、固定的实物，也有的是连续动作组成的活动情景，还有的是听觉信息组成的活动情景，等等。教师在指导幼儿感知理解讲述对象时，应抓住讲述对象的特点，调动幼儿视觉、听觉、嗅觉、触觉等不同感官通道，组织观察过程。

3. 依据具体活动要求的特点感知理解讲述对象

每一次活动的目标要求是不一样的。比如，当目标是清楚地讲述时，幼儿需要重点感知与讲述对象相关的语言表征符号，如表征人、事、物的名称、特点、动作、状态等的字、词、句；当目标是连贯地讲述时，幼儿需要重点感知讲述对象的结构与过程，如事件的开始、发展与结果，物体的色彩、形状以及事物的变化过程等。教师应根据活动的具体目标指导幼儿从不同角度观察，从而为按要求讲述打好认识上的基础。

（二）运用已有经验讲述

在幼儿感知理解讲述对象的前提下，教师可引导幼儿运用已有的经验进行讲述。这一步骤的活动组织，要求教师尽量放手让幼儿自由地讲述，给他们充分的机会实践运用已有的讲述经验。组织幼儿运用已有经验讲述的方式很多，基本上可以归纳为以下三种。

1. 幼儿轮流讲述

这种讲述方式往往以集体活动的形式进行，幼儿有机会面向集体，围绕感知理解的对象充分、自由地发表个人见解。如中班讲述活动“我带来一把美丽的扇子”，教师让幼儿自己组织语言轮流向大家介绍带来的扇子，教师不做规定和提示。不过，有时由于受活动时间所限，班级内不是每名幼儿都能参与到轮流讲述中，一部分语言发展较弱或不擅长表达的幼儿可能缺乏讲述的机会。

2. 幼儿分小组讲述

分小组讲述，一般情况下每组四人，与轮流讲述相比，在分小组讲述中，幼儿会有更多机会围绕同种感知理解的对象进行讲述。这种形式具有一定的直接交流的性质，能保证每名幼儿均有讲述的机会。仍以中班讲述活动“我带来一把美丽的扇子”为例，教师在组织这一活动时，将幼儿分成小组，每名幼儿轮流向组内的其他幼儿讲述自己从家里带来的扇子，教师则依次到每个小组倾听幼儿的讲述并与幼儿互动。

3. 幼儿个别交流讲述

个别交流讲述常常是幼儿一对一地进行。教师可让幼儿就近与邻座同伴结成对子，轮流讲述，也可让幼儿对着假想角色讲述，如讲述“我心爱的玩具”，幼儿对着自己心爱的玩具讲述玩具的可爱之处。对幼儿来说，这样的讲述方式相对于在集体面前讲述压力较小，有利于幼儿开口表达。教师也可以有针对性地倾听不同语言发展水平幼儿的讲述并与其互动。

教师在指导幼儿运用已有经验进行讲述时，需要注意两点：一是让幼儿自由讲述前，要交代清楚讲述的要求，提醒幼儿要围绕感知理解的对象进行讲述。二是在幼儿自由讲述的过程中，要注意倾听幼儿的讲述内容，发现幼儿讲述中的“闪光点”，以及存在的问题。在活动中，教师不要过多指点幼儿讲述，最多以插话、简单提问的形式引导幼儿讲述，以免干扰幼儿运用已有经验进行讲述。运用已有经验讲述是放手让幼儿讲述的活动过程，也是教师观察了解幼儿讲述经验现有水平的过程，对于下一步活动的开展十分有必要。

（三）引进新的讲述经验

经过上一阶段“开放性”的讲述之后，教师应将活动导入“收”的程序，为幼儿引进新的讲述经验。新的讲述经验，即本次活动目标所指向的讲述核心经验，是幼儿在本次讲述活动中的学习重点。一般而言，新的讲述经验是教师在设计与实施活动之前，结合幼儿讲述的已有经验水平以及上次活动的目标达成情况所设置的。引进新的讲述经验的方式是多种多样的，归纳起来主要有以下三种。

1. 教师示范新的讲述经验

在幼儿自己讲述的基础上，教师提出一种新的讲述思路，就同一讲述对象发表个人见解。如大班拼图讲述活动“太阳、花和小姑娘”，在幼儿自己拼图讲述之后，教师重新拼摆贴绒图片，构成一幅合理的画面，并添画小鸟、小鸡等小动物，然后按照这一完整画面，针对小姑娘、小鸟、小鸡和太阳、花构思更多情节并讲述出来。教师的这种示范只是讲述思路中的一种，绝不是幼儿复述的模板。如果教师误解了示范的作用，要求幼儿按照教师讲述的内容一字不漏地模仿，就会使幼儿失去兴趣，极大地影响幼儿讲述的积极性和创造性。

2. 教师通过提示引进新的讲述经验

在有些活动中，教师可以用提问、插话的方法引导幼儿的讲述思路，为他们导入新的讲述经验。在运用这类方法时，教师表面上顺着幼儿的讲述内容，实际上却通过提问、插话不断改变幼儿的讲述思路。如在大班讲述活动“班级日记”中，幼儿讲述自己的日记时，内容往往是“谁”和“谁”在“做什么”，这时教师可适时提问“他们说了什么、想了什么、感觉怎么样呢”，从而提示幼儿不仅可以讲述事件的主线，还可以通过对话、心理活动讲述事件的细节，使得讲述内容不仅完整而且详细。

3. 教师与幼儿一起讨论新的讲述思路

教师可从分析某一位幼儿的讲述内容入手，与幼儿一起归纳新的讲述思路。例如，在组织讲述“我心爱的玩具”时，教师说：“刚才××小朋友讲得真好。他在讲述自己心爱的玩具时，先讲了什么？先讲了玩具的名称，然后呢？又讲了玩具是用什么材料做的。接下来又说了什么？说了玩具的特点——好玩的地方，最后又说自己多么喜欢这个玩具……”教师讲这段话时，边问边答和幼儿一起分析讨论，帮助幼儿厘清讲述的顺序，同时引进了新的讲述经验。

为了帮助幼儿有意识地运用新的经验讲述，教师可以在引入新的讲述经验时提供图片、图符、图表、思维导图等可视化支架，以降低幼儿构思和组织语言的难度。仍以讲述活动“我心爱的玩具”为例，教师和幼儿一起讨论新的讲述思路时，可以同时提供与新思路相关的图画、符号或简单汉字用以表征“名称”、“材料”、“特点”以及“喜欢”，并出示在幼儿可见的地方。这样，幼儿就能够在这些图画、符号或汉字的提示下构思从哪些方面介绍玩具以及按什么顺序介绍玩具了。

（四）巩固和迁移新的讲述经验

在讲述活动中，仅仅引进新的讲述经验是不够的，还需要为幼儿提供实际操练新经验的机会，以利于他们更好地获得这些经验。因此，讲述活动的最后一个步骤是巩固和迁移新的讲述经验。在活动中，巩固和迁移新的讲述经验有以下几种具体做法：一是由 A 及 B。在幼儿学习了一种新的讲述经验后，教师立即提供讲述同类不同内容的机会，让幼儿用新的讲述 A 的思路去讲述 B。例如，在幼儿学习了讲述一件玩具的顺序后，教师可让幼儿用同样的思路讲述另一件玩具，从而帮助幼儿掌握所学的新的讲述经验。二是由 A 及 A。在教师示范新的讲述经验并帮助幼儿厘清思路后，创设新的情境让幼儿尝试用新的讲述方式来讲述同一事物。例如，在集体讨论“秋天的菊花”讲述思路后，教师让幼儿以小组为单位举办一个小花展，向其他小组幼儿介绍自己展位的菊花，并轮流去其他小组看菊展听介绍。值得注意的是，在这种情况下，教师应要求幼儿创造性地运用新的讲述经验，尽可能地避免完全模仿和复述别人的话。三是由 A 及 A1。教师可以在原讲述内容的基础上，提供一个扩展或延伸原内容的讲述机会。如在拼图讲述活动“太阳、花和小姑娘”中，在教师示范拼图添画和新的讲述经验之后，进一步要求幼儿自己拼图添画，然后讲述，通过这样的环节让幼儿巩固和迁移新的讲述经验。

在集体学习活动中，上述四个步骤构成了一个完整的组织程序，引导幼儿循序渐进地学习。幼儿在每次活动中学习、实践、巩固和迁移新的讲述经验，并且在后续的讲述活动中将其作为已有经验再次运用，使其成为学习下一个新经验的基础。通过这种“滚雪球”的积累过程，幼儿的讲述能力会不断得到发展。在个别化学习中，教师可以依据幼儿的学习需要，将引入以及巩固和迁移新经验两个步骤的活动拓展到区域中，创设情境并提供相应的场景、材料、设备等可视化支架，以引发幼儿讲述的兴趣，使幼儿在游戏中不断巩固新的讲述经验。同时，教师还可以通过观察幼儿在个别化学习中的讲述水平以确定开展后续活动的时机与目标。

实践小贴士

借力思维导图助推幼儿说明性讲述能力发展[①]

在幼儿园日常语言教学活动中，开展说明性讲述活动的机会比较少，在区域中涉及说明性讲述的环境创设和材料提供也不理想。思维导图作为一种知识可视化工具，能够引导幼儿对事物进行更加细致的观察与思考，帮助幼儿进一步理解事物的形状、特征、功用等特性。相较于普通图例，当幼儿以思维导图为凭借物进行讲述时，其讲述内容明显更充实、讲述维度更多、讲述篇幅有所增加、语句更长更连贯，且所用词汇更加丰富、词性更加多样化。可见思维导图有助于幼儿调动已有认知和生活经验构思讲述内容，以及联想更丰富的词汇，使讲述更清楚、更有条理。

借力思维导图助推中班幼儿说明性讲述能力发展的实践研究

实践中，教师在借助思维导图开展幼儿说明性讲述活动时，可参考以下建议。

1. 根据不同的讲述对象，选择合适的思维导图

思维导图有非常多的类型，常用的有圆圈图、气泡图、括号图、流程图等，教师在使用时要根据幼儿的年龄特点、具体的讲述内容，选择合适的思维导图。如圆圈图更多地用来对事物进行定义，表示发散性思维，没有讲述顺序的要求，往往用在活动开始以了解幼儿的已有知识和经验。当讲述事物的时候，更多地使用气泡图、括号图，能够呈现事物的特征、结构和组成部分等。

2. 注意思维导图的呈现方式和生成过程

由于思维导图中的符号、线条都有一定的含义和指向性，有其隐含的思维逻辑，如包含关系、顺序关系、发散性思维等，所以，在刚开始投放思维导图时，首先要帮助幼儿了解不同的符号、线条在思维导图中代表的意义。同时，要注重幼儿的参与性，在与幼儿讨论和互动的过程中梳理、生成思维导图，帮助幼儿更好地理解思维导图的框架和含义。

3. 在充分感知的基础上，借力思维导图

在使用思维导图的同时，不能忽略对幼儿认知准备的铺垫，要避免仅提供单一的思维导图，忽视幼儿的认知经验和感知。思维导图是在眼前实物和脑海构思之间架起桥梁，帮助幼儿把直观的显性内容与脑海中联想的隐性知识有机结合后，再进行有逻辑、有条理的讲述与表达。

---

① 史艳梅．借力思维导图助推中班幼儿说明性讲述能力发展的实践研究［J］．学前教育，2022（11）：40－44.

第三节　幼儿园讲述活动案例与分析

一、幼儿园讲述集体学习活动案例与分析

（一）活动案例

中班叙事性讲述活动：长鼻子熊开汽车[①]

设计思路：

在“我在马路边”主题活动实施过程中，班级幼儿常常在角色游戏中表演指挥交通的情节，表现出对交通规则的兴趣。《3～6 岁儿童学习与发展指南》在健康领域的“生活习惯与生活能力”子领域目标 3“具备基本的安全知识和自我保护能力”中提出，中班幼儿应“认识常见的安全标志，能遵守安全规则”。《长鼻子熊开汽车》这本图画书生动地讲述了长鼻子熊不遵守交通规则乱开车，最后撞车受伤的故事。书中图画色彩鲜明，动物形象可爱，符合中班幼儿兴趣特点，故事情节源自日常生活，重复中又有变化，易于中班幼儿理解，因而能够帮助幼儿通过故事了解交通规则并体会遵守交通规则的重要性。

中班叙事性讲述活动：长鼻子熊开汽车

日常对幼儿叙事性讲述语言的观察分析表明，本班幼儿在“清楚地讲述”这一维度核心经验较少，发展尚处于初始阶段，以使用名词、动词和陈述句讲述故事情节主线为主。而《长鼻子熊开汽车》这本图画书中描述情节内容的故事语言具有较为丰富的形象词句，如“哧的一声开跑了”“开得飞快”“宽宽的马路”“窄窄的巷子”等，还有出现频率较高的祈使句，如“请开慢点”“请走宽宽的马路”“请走右边”“请遵守红灯停、绿灯行的规则”等，都比较适合中班幼儿学习，有利于幼儿积累清楚地讲

① 本案例由上海市浦东新区康弘幼儿园张晓峰提供。

述的经验。

依据上述对幼儿主题经验和讲述核心经验，以及图画书《长鼻子熊开汽车》内容和语言特点的分析，围绕《长鼻子熊开汽车》设计本活动。活动以清楚地讲述为核心目标，通过观察图画、借助图示以及角色表演等方式引导幼儿运用合适的词、句清楚地讲述故事内容，并在理解和体验故事内容的基础上感知遵守交通规则的重要性。

活动目标：

（1）利用图示梳理故事情节，进行合理的想象并清晰地表达。

（2）体会遵守交通规则的重要性，提高交通安全意识。

活动重难点：

（1）重点：利用图示梳理故事情节，进行合理的想象并清晰地表达。

（2）难点：合理想象并清晰表达，体会遵守交通规则的重要性。

活动准备：

（1）经验准备：初步了解开车时需要注意的事项；阅读过图画书《长鼻子熊开汽车》，对故事内容有所了解。

（2）物质准备：PPT、图示（如图 4－1 所示）、纸偶剧场、故事图片。

图 4－1　《长鼻子熊开汽车》情节讲述图示

活动过程：

（1）回顾交流，萌发兴趣。

1）导入：今天来了一位朋友，我们来认识一下。

2）提问：

• 看看他是谁？他在干什么？

• 开车的时候要注意哪些事项？

3）小结：开车的时候要遵守交通规则、看清交通标志、礼让行人……

（2）观察画面，清晰表达。

过渡：今天长鼻子熊准备邀请朋友们坐坐他的新车，我们一起去看看吧！

1）小羊来坐车，初步感受图示的作用。

提问：瞧，你看到了什么？

追问：长鼻子熊是怎么开车的？小羊对长鼻子熊说了什么？

小结：（边讲述边出示图示）长鼻子熊邀请小羊来坐车，他哧的一声就把车开跑了，开得飞快，小羊说："你超速了，请开慢点！"

邀请个别幼儿尝试讲述小羊坐车的故事，教师评价。

2）小鹅来坐车，借助图示清晰表达。

过渡：小羊害怕坐长鼻子熊的车，下车走了。

欣赏纸偶演绎片段：小鹅坐长鼻子熊的车。

提问：这回发生了什么事？

追问：长鼻子熊是怎么开车的？小鹅说了什么？

小结：长鼻子熊邀请小鹅来坐车，但他开车时不遵守交通规则。小鹅说："请遵守红灯停、绿灯行的规则！"

（提醒观察图示）邀请个别幼儿用纸偶来讲述小鹅坐车的故事，师幼共同评价。

要求：看着图示来讲小鹅坐车的故事。

3）小狗来坐车，利用图示巩固经验。

过渡：小鹅害怕坐长鼻子熊的车，下车走了。长鼻子熊又邀请小狗来坐车，这一次长鼻子熊又是怎么开车的？

再次利用图示自主看图叙述（分组）。

要求：看着图示说清楚小狗坐车的故事。

提问：这回又发生了什么事？

小结：长鼻子熊邀请小狗来坐车，他"哧"的一声就把车开跑了，不在宽宽的马路上开，专门走窄窄的小巷子。小狗说："你把大家都吓坏了，请走宽宽的马路！"

让幼儿借助纸偶剧场说说小狗坐车的情节，师幼共同评价。

（3）欣赏故事，猜测结尾。

1）欣赏故事：后来，长鼻子熊因为乱开车，撞上了别的车，造成了城市交通堵塞。长鼻子熊的头撞疼了，手撞断了，鼻子也撞破了。朋友们都来了，他们对长鼻子熊说："不遵守交通规则，这下子出问题了吧。"

2）提问：猜猜经过这次事故，长鼻子熊以后会怎样开车？

3）小结：长鼻子熊以后一定会遵守交通规则，注意开车速度，做一个文明的司机。

（4）活动延伸。

长鼻子熊的故事还在继续，我们回到教室再去看看、说说、演演《长鼻子熊开汽车》这本图画书吧！

（二）活动分析

1. 活动目标分析

中班叙事性讲述集体学习活动“长鼻子熊开汽车”的活动目标具有两个特点：一是兼顾领域与主题经验学习；二是融入活动环节逐步达成。

从活动设计思路中可以看出，教师基于对幼儿在主题学习中的兴趣表现、幼儿日常叙事性讲述语言的表达特点以及图画书的故事内容和语言特点等方面的分析，设计了两条目标。目标1是“利用图示梳理故事情节，进行合理的想象并清晰地表达”，指向“清楚地讲述”这一领域核心经验的学习。目标2是“体会遵守交通规则的重要性，提高交通安全意识”，指向“我在马路边”这一主题背景下有关交通安全经验的学习。这两条目标虽然分别指向领域和主题经验的学习，但又通过图画书故事情节的链接融合在活动的过程中。幼儿首先要理解生活中的一些交通规则，才能在活动中把长鼻子熊开汽车的故事情节讲清楚；而在讲述长鼻子熊不遵守交通规则乱开车结果造成事故的故事情节的过程中，幼儿又能逐渐加深对故事内容的理解，体会到遵守交通规则的重要性。

活动目标的达成不是一蹴而就的，需要分解成小目标在具体的活动环节中一步步实现。目标1是本活动的核心目标，在重点环节“观察画面，清晰表达”中，教师设计了幼儿自由讲述、尝试表演讲述以及再次表演讲述三个小环节，引导幼儿逐步学习、尝试和巩固新的讲述经验，达成领域学习目标。目标2是本活动的整合目标，教师通过导入环节回顾交通规则、重点环节讲述长鼻子熊开汽车的故事情节以及结束环节猜测故事结尾，一步步引导幼儿回忆交通规则、理解不遵守交通规则可能带来的后果以及预测正确的行为——遵守交通规则，不断增强幼儿对主题经验的认知与体验。

本活动目标的设计也存在不足之处。目标1虽然明确指向“清楚地讲述”这一维度的讲述核心经验学习，但并没有指明中班幼儿通过本活动的学习在该维度经验上应达到的具体水平，即幼儿到底应该把故事情节讲得多么清楚。表4-1所示的3～6岁幼儿“清楚地讲述”学习与发展目标指出，4～5岁幼儿应能运用常见的形容词、副词等对人物形象或动作进行描绘，以及能运用常见句型，如陈述句、疑问句、感叹句等，讲述情节主线并描述一些具体内容，如角色动作与对话等。设计思路中也指出教师观察到幼儿在叙事性讲述的语言表达上存在词句较为贫乏、主要讲述情节主线等特点，而图画书《长鼻子熊开汽车》描述故事情节内容的语言中有许多值得幼儿学习的形容词、副词和祈使句等词句。因而目标1可调整为“利用图示想象情节，尝试运用丰富的词句讲清楚角色动作及语言等内容”。

2. 幼儿学习分析

幼儿在活动中的学习情况如何，是否掌握了与目标相关的核心经验？不同幼儿的经验水平与学习效果是否存在差异？对这些问题进行分析，不仅有助于判断活动中幼儿的学习是否有效，也有助于反思活动目标、过程设计与教学组织是否恰当。

对活动过程的环节2进行观察，可以看出幼儿学习讲述核心经验的情况。在自由讲述环节，通过幼儿对教师提问的回答，可以发现幼儿具备清楚地讲述的一些前期经验。幼儿能回答出情节中的相关角色、能够简单地描述长鼻子熊开车的状态，如“太快”“嗖的一下”，也能够想象并说出角色之间的对话；幼儿除了使用简单的陈述句之外，还在讲述角色对话时使用了感叹句。在尝试表演讲述环节，在情节图示、教师示范以及教师提问启发的支持下，两位上台尝试表演讲述的幼儿都能讲述谁上了车、长鼻子熊怎样开车以及小动物对长鼻子熊说了什么这一情节主线，并能围绕这一主线描述一些内容，但没有讲清楚长鼻子熊不遵守红灯停、绿灯行交通规则导致撞车这一关键信息。在再次表演讲述环节，两位幼儿同样都能讲述情节主线和一些内容，但没有讲清楚长鼻子熊违反了禁止通行的交通标志、不在大马路上开却在窄巷子开这一关键信息。值得注意的是，在讲述之前的师幼互动环节，幼儿在观察图画回答教师提问时讲到过这些关键信息，且有一些幼儿能使用丰富的词汇与句式，但这些语言表达却没有充分地迁移到后面的表演讲述中。由此可以看出，幼儿借助图示讲述情节主线的经验学习效果较好，但运用丰富的词句描述角色动作或对话的经验学习效果稍有欠缺，目标1的达成在讲述情节内容的准确性和语言丰富性上有所不足。

从活动环节1和环节3师幼有关交通规则的交流中可以看出幼儿的主题经验学习情况。在环节1中，教师提问“开车的时候要注意哪些事项?”，幼儿回答“要看前面”“开慢一点”“要看前面有没有人，如果有人让人先走”等。在环节3中，教师提问“长鼻子熊以后会怎样开车?”，幼儿回答“不会再超速了”“以后会慢慢开”“好好看前面不会撞人”，与环节1的回答高度重复。这表明，通过环节2中观察图画、理解信息以及讲述情节内容的活动过程，幼儿对超速行驶的危险性有所认识和体会，但对于遵守“红灯停、绿灯行”以及“不在有禁止通行标志的地方开车”等交通规则的重要性还没有形成清楚的认识，即目标2“体会遵守交通规则的重要性，提高交通安全意识”的达成还不充分。

另外，从活动的参与度上看，积极回答教师问题、参与讲述的主要是12位幼儿中的7位，尤其是座位左起第2、3、4、7位幼儿，其语言发展显然相对较好。没有或很少在集体交流中发言的5位幼儿很可能语言发展相对较弱，对回答教师的问题或是上台讲述缺乏自信，而他们在活动中的学习效果到底如何则很难判断，需要教师重点关注，通过后续的个别化学习进行观察和了解。

3. 教学支持分析

在活动目标定位合理的基础上，教师提供的教学支持是目标达成的有力保障，幼儿领域核心经验与主题核心经验学习的效果分析有助于反思教学支持的有效性。

首先，教师提供了故事图片、图示以及纸偶剧场等丰富的资源，以支持幼儿的学习。幼儿观察故事图片理解故事情节信息，可以为讲述做好内容上的准备；幼儿以图示为凭借物想象情节主线，能够更轻松地回顾情节内容并学习梳理情节内容的方法；幼儿借助纸偶剧场一边表演一边讲述，既能通过纸偶想象情节内容，又能饶有兴趣地在游戏中学习与巩固新经验。

其次，教师还通过提问、反馈、评价以及示范等师幼互动策略支持幼儿学习。为了帮助幼儿在讲述之前先理解和梳理清楚情节内容，教师将提问聚焦在与情节主线相关的三个问题上，即“长鼻子熊邀请谁来坐车”“长鼻子熊是怎么开车的”“小羊/小鹅/小狗对长鼻子熊说了什么”。在幼儿回答问题后，教师会在反馈时重复并拓展幼儿的表达，回应幼儿的同时还为幼儿提供了高级语言示范。如幼儿说“开车时要看前面”，教师反馈道“开车时要注意前方”；幼儿说“开车时要开慢一点”，教师反馈道“开车时要注意车速”；幼儿说“开车时要看前面有没有人，如果有人让人先走”，教师反馈道“开车时要注意礼让行人”。这种反馈中的高级语言示范为幼儿的语言学习提供了非常好的机会。教师还充分运用了评价策略，引导幼儿关注与目标相关的核心经验的学习。如教师说“她不仅讲了长鼻子熊是怎么开的车，还讲了小羊对长鼻子熊说的话”“她刚才用了一个好听的词‘嗖的一下’”“你们还用了几个好听的词‘窄窄的’‘弯弯的’”等，主要针对幼儿是否讲述了情节主线以及是否用了丰富的词句讲述情节内容两方面进行评价。本活动中，教师除了自己评价幼儿讲述之外，还让幼儿互相进行评价。幼儿互评时的内容表达反映出他们充分理解了情节主线，并认识到了依据情节主线进行讲述的重要性。

可以说，教师提供的丰富材料以及采用的师幼互动策略较有效地支持了幼儿的学习，因而活动目标达成度较高。不过，幼儿学习分析所反映出来的幼儿在讲述核心经验与交通规则主题经验学习上的问题，说明教师的教学支持仍有不足之处。活动中，教师通过提问引导幼儿关注情节主线，通过图示为幼儿讲述情节主线提供了可视化支架，并且通过评价引起幼儿对依据情节主线进行讲述的重视。然而，教师忽视了引导幼儿准确理解与主题经验学习相关的图片信息，没有帮助幼儿梳理清楚“红灯停、绿灯行”“不在有禁止通行标志的地方开车”等交通规则，对幼儿说出的好听的词也只是通过评价一带而过。因而，幼儿能够讲清楚情节主线，但在讲述情节内容时准确性与语言丰富性不足。

4. 活动改进建议

活动的改进可以从以下几个方面着手。首先，教师可以在不同环节与幼儿的对话交流中帮助幼儿梳理相关的交通规则。在环节1中，教师通过与幼儿的讨论引导幼儿基于自身生活经验回忆开车应该注意哪些事项。幼儿的回答只提到不能超速行驶、注意前面、礼让行人等，但小结时教师除了梳理幼儿的回答之外，还可以适当拓展幼儿能够理解的经验，提出除了这三项之外，还应注意遵守红灯停、绿灯行，不在有禁止通行标志的地方开车等规则。在环节2中，教师可以在观察画面理解内容的互动中引导幼儿获得准确的图画信息。如教师可以提问“长鼻子熊违反了什么交通规则?”“开车看到红灯时应该怎么做?”“这是什么标志？看到这个标志时应该怎么做？这里的路和外面的路有什么不一样?”等，引发幼儿对相关交通规则的讨论，以使幼儿更准确地理解情节内容。其次，可以改进图示材料。图4-1所示的图示中，提示“长鼻子熊怎样开车”的图符用到了方向盘和云朵状的汽车尾气，主要是为了表明长鼻子熊车开得太快，因而幼儿在讲述时很难联想起“红灯停、绿灯行”“不在有禁止通行标志的地方开车”等交通规则。如果在讲述小鹅坐车和小狗坐车两个情节时，分别把云朵状汽车尾气换成红绿灯和禁止通行标志，并提醒幼儿观察，会更有助于幼儿把内容讲准确，幼儿对交通规则的认识与体会也会更深入。同时，教师可以对图示的内容进行一定的讲解，以更好发挥可视化支架的作用。如图示中用手的图符表示“请”的意思，第一只手表示长鼻子熊“请”谁上了车，第二只手则表示小动物对长鼻子熊说话时用了“请你……”的祈使句。如果教师为幼儿讲解清楚，幼儿就更可能在讲述中学习使用“请你……”的句式，增加语句的丰富性。最后，可以通过可视化支架引导幼儿在讲述中运用丰富的词句。当幼儿在回答问题或讲述时用了好听的词或不一样的句式时，可以运用图文符号记录在情节主线的图示旁边。这样，幼儿在讲述时可同时得到有关情节主线和情节内容的可视化支架，讲述会更清楚。

二、幼儿园讲述个别化学习活动案例与分析

（一）活动案例

活动名称：长鼻子熊开汽车小剧场①。

主题背景：我在马路边（中班）。

核心经验：

（1）主题核心经验：理解遵守交通规则的重要性。

（2）领域核心经验：能根据对故事内容的理解，用自己的语言或是图画书中的语言清楚地讲述情节主线和情节内容。

① 本案例由上海市黄浦区思南路幼儿园王道越提供。

活动方案：

（1）材料。

1）《长鼻子熊开汽车》绘本（如图 4－2 所示）。

图 4－2 《长鼻子熊开汽车》绘本

2）故事场景、材料仓库（故事角色、交通标志等卡片，卡片可替换）、角色玩偶、情节主线图示。如图 4－3 所示。

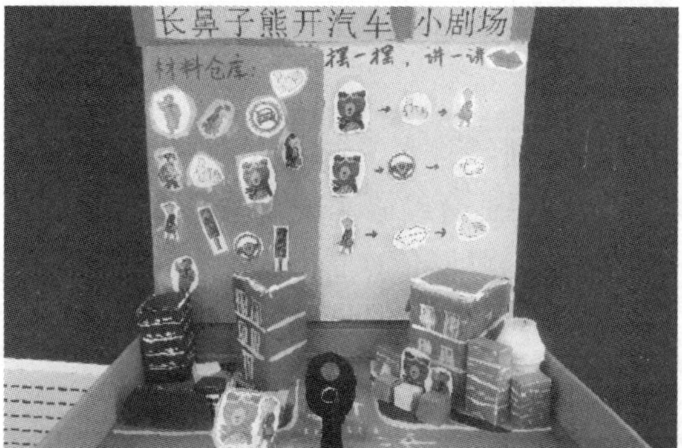

图 4－3 故事场景、材料、玩偶和图示等

（2）玩法。

1）幼儿翻阅《长鼻子熊开汽车》绘本，听教师录制的故事并复述。

2）幼儿独自或合作操作角色卡片，在图示板上摆一摆、说一说。

3）幼儿独自或合作操作角色玩偶，演一演、说一说。

（3）观察重点。

1）幼儿能否清楚地讲述情节主线和情节内容。

2）幼儿能否运用丰富的词句，或学习绘本中的词句进行讲述。

3）幼儿能否连续讲述几个情节，是否使用连接词。

（二）活动分析

1. 核心经验分析

个别化学习活动既能为幼儿提供练习和巩固新经验的机会，也有助于教师观察了解不同幼儿的经验水平。本活动是中班叙事性讲述集体学习活动“长鼻子熊开汽车”的后续活动，目的在于为幼儿创设有趣的游戏环境，吸引幼儿在操作材料的过程中巩固在集体学习活动中所学习的新经验，即“能根据对故事内容的理解，用自己的语言或是图画书中的语言清楚地讲述相关情节内容”的语言领域核心经验，以及“理解遵守交通规则的重要性”的主题核心经验。

2. 玩法分析

相比集体学习活动，个别化学习活动为经验水平不同的幼儿提供了更多的选择，使幼儿可以通过不同的玩法操作学习材料，从而在自身原有水平的基础上获得进步。本活动提供了三种玩法。第一种玩法比较适合经验水平较低的幼儿，可以通过倾听教师录制的故事更好地理解情节内容，并在此基础上复述故事。第二种玩法比较适合经验水平中等的幼儿，可以独自或合作在图示板上摆贴图片并讲述，以回顾集体学习的过程，巩固刚刚学习的新经验并互相学习。第三种玩法主要适合经验水平较高的幼儿，在对故事情节主线和内容都比较熟悉的基础上，可以直接利用角色玩偶一边表演一边讲述。

虽然三种玩法分别针对不同经验水平的幼儿，但幼儿可以自由选择如何操作材料。比如，虽然第三种玩法主要适合经验水平较高的幼儿，但经验水平中等或较低的幼儿也可以尝试；同一位幼儿也可以依次尝试三种不同的玩法。在不断探索的过程中，幼儿的讲述“作品”不一定完美，但只要保持讲述的兴趣，就能通过日积月累不断进步。

3. 观察重点分析

个别化学习以幼儿的自主探索为主，但教师的观察也非常重要。通过观察幼儿选择的玩法、幼儿对材料的操作过程以及幼儿讲述的内容，教师不仅能够全面了解幼儿对讲述活动的兴趣以及对讲述领域核心经验和交通安全主题核心经验的掌握水平，还能明确后续活动的目标。本活动的前两个观察重点指向幼儿在前期集体学习活动中所学习的“清楚地讲述”核心经验，能帮助教师了解幼儿前期的学习效果以及对新经验的运用水平。第三个观察重点指向了“连贯地讲述”这一领域核心经验，能帮助教师了解幼儿讲述核心经验的最近发展区，以思考并明确后续相关讲述活动的学习目标。在幼儿能够较清楚地讲述一个情节的主线与内容后，教师就可以考虑将“清楚、连贯地讲述多个情节”作为后续活动的目标了。

4. 活动改进建议

本活动旨在为幼儿提供复习和巩固“讲清楚情节主线和情节内容”这一领域核心经验以及“理解遵守交通规则的重要性”这一主题核心经验的机会。但可以看出，活动材料、玩法和观察重点都更倾向于支持幼儿对讲述领域核心经验的学习。为增强对幼儿主题核心经验学习的支持，可以从两方面对活动进行改进。首先，可以在环境创设中增加与交通安全相关的教育提示。如在环境中呈现用图文符号表征的问题“长鼻子熊开车违反了什么交通规则？”“小动物们为什么不愿意坐长鼻子熊的车？”“长鼻子熊怎么受伤了？”等，引导幼儿在翻阅绘本、听故事以及复述和讲述时对相关的交通安全问题进行思考与表达。其次，可以增加有关幼儿主题核心经验学习的观察重点，如观察“幼儿在讲述中能否正确说出相关交通规则”或者“幼儿能否初步表达出应遵守交通规则，安全开车的相关观点”。

知识回顾

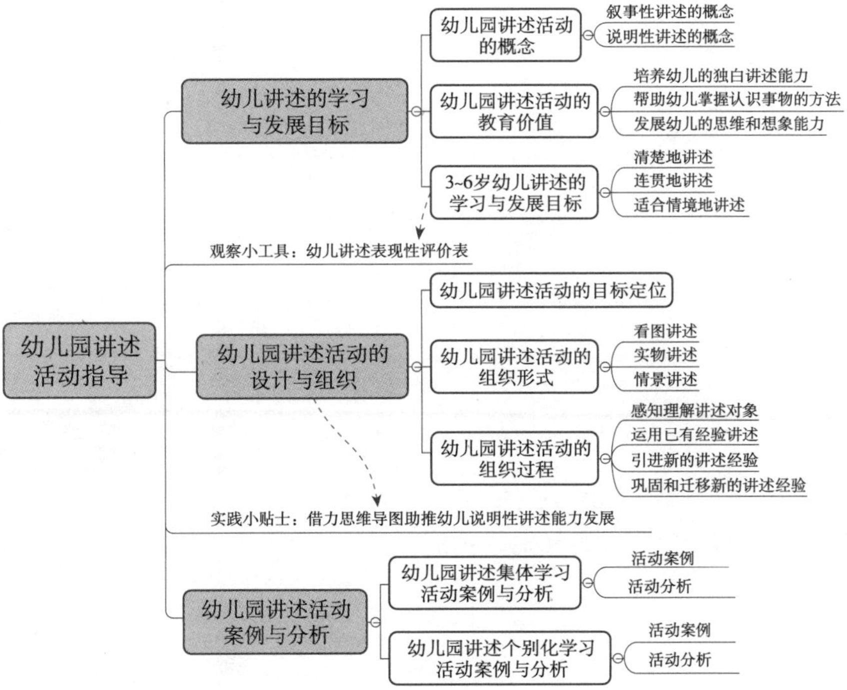

同步练习

1. 在生活中记录或在网络资源中搜索幼儿讲述的语言，用本章第一节中的幼儿讲述表现性评价表分析幼儿的讲述水平与特点。

大班说明性讲述活动：小海狸种扁豆

2. 观看大班说明性讲述活动“小海狸种扁豆”的视频，对活动目标、幼儿的学习情况以及教师的支持进行反思。

3. 以“我们的城市”为主题，设计一份中班幼儿讲述活动的教学方案。

第五章　幼儿园前阅读活动指导

学习目标

1. 理解幼儿园前阅读活动的概念与教育价值
2. 理解幼儿前阅读的学习与发展目标
3. 掌握幼儿园前阅读活动的设计方法与组织策略
4. 掌握幼儿园前阅读活动的评价方法

现场观察

1. 在小（2）班，幼儿都非常喜欢阅读绘本《从头动到脚》。王老师就将这本书上的动物形象描绘出来，做成塑封的小图片放在角色表演区。她让幼儿两个人一组，一个人举起塑封的小图片，另外一个人做相应的动作。比如，一个人举起“长颈鹿”，另外一个人就会伸长脖子；一个人举起“大猩猩”，另外一个人就会摆动胳膊……幼儿玩得很开心。

2. 在中（1）班，几名幼儿正在一起翻阅《我爸爸》这本书。当翻到有条大鱼的那页时，子羽说：“这条鱼穿着爸爸的睡衣，好滑稽哟!”晴晴说：“不是的，不是的，这条鱼也是她爸爸。”子羽反驳说：“不可能，明明就是一条鱼啊，怎么可能是她爸爸?”

3. 大班幼儿在阅读图画书《十二生肖谁第一》时，碰到了一些困难。铭铭说：“猫咪怎么了？它是掉进河里了吗？但我又觉得不像。”芊芊不同意，说：“它不是掉进了河里，它是想去抱那个塔。”玥玥说：“它是掉进了河里，怕被淹死就去抱那个塔了。”

课前思考

在“现场观察”的三个场景中，幼儿的前阅读能力处于什么阶段？教师应该如何支持幼儿前阅读能力的发展?

第一节 幼儿前阅读的学习与发展目标

一、幼儿园前阅读活动的概念

随着社会经济的发展，越来越多的幼儿园和家庭开始注重学前教育，并非常关注学前儿童的早期阅读。

有人说，一个人的阅读史就是其大脑的发育史。而学前期是人类大脑发育的重要时期，因此，早期阅读极大地影响着人的发展。华东师范大学周兢教授将学前儿童的早期阅读命名为“前阅读”，并指出阅读是从书面语言材料中获取信息、建构意义的过程。幼儿的阅读不同于成人的阅读，二者最大的区别在于阅读材料和阅读对象的不同。在阅读材料上，成人主要阅读报纸、书刊、网络信息等，而幼儿以阅读图画书为主；在阅读对象上，成人的阅读以文字为主，而幼儿的阅读会经历“从图画到文字”的过程，而且主要以图画为阅读对象。[①]

从上面的阐述中可以看出，前阅读是阅读的一种表现形式，它是针对学前儿童而言的，其阅读对象虽然是“从图画到文字”，但还是以图画为主。也就是说，学前儿童主要通过阅读图画（后期会阅读图画加少量文字）来获取信息、建构意义。

二、幼儿园前阅读活动的教育价值

近些年，图画书销量一直稳居图书品类的前列，这说明现在的幼儿园和家庭都非常重视幼儿阅读兴趣和阅读能力的培养。但在实践中我们经常发现，在幼儿园里教师把前阅读活动等同于“看图说话”，即让幼儿一幅画一幅画地讲“上面有什么”；在家里家长直接将前阅读活动等同于“看图念字”，即家长一页一页地翻，然后一个字一个字地念给孩子听。这些现象都说明，许多家长和教师都没有真正

---

① 周兢．学前儿童语言学习与发展核心经验［M］．南京：南京师范大学出版社，2014.

理解前阅读的内涵和价值。前阅读核心经验作为幼儿语言能力发展的核心经验之一，既是幼儿发展的重要组成部分，又是幼儿发展的重要促进工具，其发展有利于促进幼儿的全面发展。

（一）促进幼儿语言的发展

儿童语言的发展，又称“语言获得”，是指儿童对母语的理解和表达能力的发展，主要指儿童对母语口语的听说能力的发展。[①] 幼儿期是儿童语言不断丰富的时期，也是儿童获得完整性语言及连贯性语言的关键期。前阅读活动既是语言活动的一种形式，也是促进幼儿语言各个方面发展的有效途径。比如，在阅读《好消息，坏消息》时，一个苹果砸到了老鼠的头上，有个幼儿说：“老鼠感到很郁闷。”有的幼儿就问：“什么是郁闷?”“郁闷就是不开心。”“郁闷就是心情不好，还不好讲。”幼儿在阅读中丰富了词汇。又比如，在阅读《我爸爸》时，当看到有鱼的那页，有幼儿说：“我的爸爸很会游泳，就像一条鱼一样游得很快。”幼儿学会了用“就像……一样……”这样的比喻句。幼儿就这样在前阅读活动中提升了语言运用能力。

（二）促进幼儿注意的发展

美国心理学家詹姆斯指出，注意是心理以清晰而又生动的形式对若干种可能同时存在的对象或连续不断的思维的一种占有。它的本质是意识的聚焦、集中。注意是一种有方向性的、积极的状态，它能提高效率。因此，注意的发展水平与幼儿认知活动的效果紧密相关。

幼儿主要处于具体形象思维阶段，前阅读的对象一般都是各种生动形象的画面，非常符合幼儿的认知习惯。因此，前阅读活动也就能较快地吸引幼儿的注意力。当幼儿阅读一本画面生动、情节有趣的图画书时，他们会被深深地吸引，反反复复地看；看到后面又想起前面，再翻回去看……在这样的前阅读活动中，幼儿的注意力不知不觉就得到了提升。

（三）促进幼儿记忆的发展

记忆是人脑对过去经验的反映，是一种较为复杂的心理过程。记忆包括识记、保持、再认或再现（回忆）三个基本环节。[②] 记忆是人生存和发展的必要条件，而幼儿期是人类记忆发展的关键期。在前阅读活动中对画面中主角和物体的识记和保持、在前阅读之后对故事情节的回忆就是幼儿记忆能力发展的重要表现。比如，在阅读《母鸡萝丝去散步》时，教师发现由于没有相关的生活经验，幼儿不能识别“磨坊”，因而向幼儿解释了什么是磨坊。在完成了一页又一页的形象识别后，幼儿就开始回忆故事了。“一只母鸡穿过了池塘，路过了小溪，走过了磨坊。后面一直跟着一只狐狸，

① 高月梅，张泓．幼儿心理学［M］．杭州：浙江教育出版社，1993.

② 同①.

狐狸最后不小心撞倒了蜂箱，被蜜蜂蜇跑了。”虽然幼儿的回忆不尽相同，但他们的记忆能力就在前阅读中得到了发展。

（四）促进幼儿思维的发展

思维是人脑的机能，是指人脑对客观现实的间接的和概括的反映。① 幼儿的思维大多处于具体形象思维阶段，而前阅读的材料恰巧以具体形象的图片为主；前阅读的内容丰富多样，幼儿在阅读的过程中可以对故事情节进行猜测、假设、验证和想象，还可以对故事的主旨进行评判。比如，在阅读《十二生肖谁第一》时，幼儿先是对谁能得第一名进行了猜测，又对猫的落水进行了推理，最后还对老鼠该不该得第一名进行了评判。从中可以看出，前阅读活动是非常有利于幼儿思维发展的。

（五）促进幼儿情绪的发展

情绪是人对客观事物与人的需要之间的关系的反映，或者说是人对客观事物是否符合人的需要而产生的体验。② 吴进之等人的研究表明，情绪态度对幼儿语言发展有重要影响③；同时，语言活动也会对幼儿的情绪发展产生影响。

幼儿的情绪能力包括情绪认知能力和情绪行为能力。④ 幼儿在前阅读中的情绪能力表现包括以下几种情况：一是对角色情绪状态的认知以及对角色情绪状态的归因，这都是幼儿情绪认知能力的重要体现。二是在认知角色形象后，能够根据情景和自身经验再现角色的情绪，并对角色的情绪和境遇产生移情反应，这是幼儿情绪行为能力的重要表现。三是通过阅读图画书，能辨别哪些是受欢迎的亲社会行为、哪些是不被接受的不恰当的社会行为，并能在生活中对自己的行为进行有意识的控制，表现出受欢迎的亲社会行为是幼儿情绪认知和情绪行为能力的重要表现。比如，在阅读《大卫，不可以！》时，幼儿就能很好地体会到什么样的行为是不好的。这既是幼儿在前阅读中获得“阅读内容的表达”核心经验的表现，也是幼儿社会情绪能力发展的重要表现。

（六）促进幼儿个性的发展

个性是指一个人的整体心理面貌，即具有一定倾向性的各种心理特征的总和。⑤学前儿童的个性包括自我意识、性格和能力等方面。在前阅读中，幼儿往往通过“阅读内容的表达”来形成对图画书中角色性格、个性的认知，结合生活经验表达自己的想法，同时在生活中根据通过前阅读所获得的经验来调控自己的行为，

---

① 高月梅，张泓．幼儿心理学［M］．杭州：浙江教育出版社，1993.
②⑤ 同①.
③ 朱曼殊．儿童语言发展研究［M］．上海：华东师范大学出版社，1986.
④ 周兢．学前儿童语言学习与发展核心经验［M］．南京：南京师范大学出版社，2014.

逐步意识到自己的特点与喜好，并初步调适自己的行为，表现出良好的个性。比如，在阅读《我要飞》时，幼儿能理解“努力坚持”是公鸡的个性，同时将所获得的经验迁移到生活中，初步认清自己的个性，从而启发幼儿认识自己、努力实现目标。

三、3～6 岁幼儿前阅读的学习与发展目标

《指南》要求幼儿从 3～4 岁能“主动要求成人讲故事、读图书”，逐步发展到 5～6 岁“喜欢与他人一起谈论图书和故事的有关内容”；从 3～4 岁能“爱护图书，不乱撕、乱扔”，逐步发展到 5～6 岁能“专注地阅读图书”。这些都反映了对幼儿“阅读习惯”和“阅读行为”的期望。《评价指南》也提出，3～6 岁儿童应该在“喜欢听故事，看图书”和“具有初步的阅读理解能力”方面有所发展。① 这则反映出对幼儿“阅读兴趣”和“阅读能力”的期望。

华东师范大学儿童语言发展与教育专家周兢教授团队基于国内外儿童语言研究的丰富结论以及多年与幼儿园园长和教师们合作教研所积累的丰富实践经验，对学前儿童前阅读学习的核心经验进行了更为具体和精准的提炼与梳理。② 他们提出，前阅读的核心经验包括养成良好的阅读习惯与行为、理解阅读内容并掌握阅读策略，以及表达与评判阅读内容。③

（一）养成良好的阅读习惯与行为

良好的阅读习惯与行为的养成是真正实现阅读价值的前提条件。阅读的价值就是在阅读材料中获取信息、建构意义。要实现这一价值，首先就要有通过阅读获取信息的习惯，会采用良好的阅读行为进行阅读理解和信息加工。《纲要》要求“利用图书、绘画和其他多种方式，引发幼儿对书籍、阅读和书写的兴趣，培养前阅读和前书写技能”。《指南》要求 3～4 岁幼儿“主动要求成人讲故事、读图书”“爱护图书，不乱撕、乱扔”；4～5 岁幼儿“反复看自己喜欢的图书”；5～6 岁幼儿“专注地阅读图书”。《评价指南》在“喜欢听故事，看图书”维度上提出，表现行为 1 是“能主动要求成人给自己讲故事、读图书”；表现行为 3 是“会反复翻阅自己喜欢的图书”“喜欢向别人讲述自己听过的故事或看过的图书”；表现行为 5 是“能专注地阅读图书，不受外界干扰”。④ 由此可见，爱护图书、喜欢阅读、知道图画书

---

① 上海市教育委员会教学研究室．上海市幼儿园办园质量评价指南（试行稿）［M］．上海：上海教育出版社，2020.

② 周兢．学前儿童语言学习与发展核心经验［M］．南京：南京师范大学出版社，2014.

③ 刘宝根．学前儿童前阅读的核心经验［M］//周兢．学前儿童语言学习与发展核心经验．南京：南京师范大学出版社，2014：217－221.

④ 上海市教育委员会教学研究室．上海市幼儿园办园质量评价指南（试行稿）［M］．上海：上海教育出版社，2020.

的结构、愿意分享等习惯和行为都是幼儿获得前阅读核心经验的关键。3～6岁幼儿在“养成良好的阅读习惯与行为”这一维度上的学习与发展目标如表5-1所示。

表5-1 3～6岁幼儿“养成良好的阅读习惯与行为”学习与发展目标

年龄	学习与发展目标
3～4岁	1. 知道图画书的封面，会封面朝上放书 2. 愿意与成人一起阅读图画书 3. 在空余时间会积极、主动地选择翻阅图画书 4. 掌握基本的图画书翻阅规则，能听指令翻书 5. 不撕书，不乱扔书
4～5岁	1. 知道图画书的标题，能指出故事开始和结束的页面 2. 经常翻阅自己喜欢或与成人共读过的图画书 3. 能专注地阅读一段时间 4. 能熟练地按照阅读规则翻阅图画书，能迅速找到成人提到的页面，能指认图画书中的物体 5. 在教师的提示下根据图画书的封面或标记初步学习整理图画书
5～6岁	1. 熟悉图画书的结构，了解环衬、扉页等在图画书中的作用 2. 能独立阅读，喜欢阅读不同类型、题材的图画书 3. 养成定期阅读、专注阅读的习惯 4. 能熟练地跟随成人的朗读翻阅图画书，认真观察图画书的画面和文字信息 5. 爱护图画书，会按一定的方法整理及修补图画书

（二）理解阅读内容并掌握阅读策略

为了真正实现阅读的目标——获取信息、建构意义，除了要有良好的阅读习惯与行为这样的前提条件外，还需要有对阅读内容的理解力以及有助于理解的阅读策略。如果说，良好的阅读习惯与行为是实现阅读目标的充分条件，那对阅读内容的理解和阅读策略的掌握则是实现阅读目标的必要条件。《纲要》要求“引导幼儿接触优秀的儿童文学作品，使之感受语言的丰富和优美，并通过多种活动帮助幼儿加深对作品的体验和理解”；《指南》要求3～4岁幼儿“会看画面，能根据画面说出图中有什么，发生了什么事等”，5～6岁幼儿“能说出所阅读的幼儿文学作品的主要内容”。这些反映的正是对幼儿“阅读理解”的期望。《评价指南》则要求幼儿“具有初步的阅读理解能力”，并细致地将其分解为三种表现水平。① 从以上文件的要求中可知，幼儿需要学会观察画面，理解和猜测情节，理解图画书的结构及情节之间的关系

① 上海市教育委员会教学研究室．上海市幼儿园办园质量评价指南（试行稿）[M]．上海：上海教育出版社，2020.

等。3～6 岁幼儿在“理解阅读内容并掌握阅读策略”这一维度上的学习与发展目标如表 5－2 所示。

表 5－2　3～6 岁幼儿“理解阅读内容并掌握阅读策略”学习与发展目标

年龄	学习与发展目标
3～4 岁	1. 能通过对封面的阅读初步了解图画书中的主角，初步感知主角的动作和表情 2. 在阅读的过程中，能清晰、准确地指认画面上的物体，描述单个画面上的故事情节 3. 通过对封面的阅读，猜测图画书中的主角或主要人物，并猜想故事的情节
4～5 岁	1. 能主动观察图画书中主角或主要人物的动作以及行动路径和方向，了解主角在干什么 2. 能描述单个画面上较为丰富的情节，并能将前后画面的故事情节串联起来 3. 能较准确地理解图画书中的关键词 4. 在阅读中，能在成人的提示下猜想图画书后面的情节 5. 在成人的提示下，会通过观察图画书中主角或主要人物的动作、表情、姿态来验证文字所传递的信息或自己的猜想 6. 在成人的提示下，会对图画书中的信息进行比较
5～6 岁	1. 能细致观察画面中主角或主要人物的状态，包括动作、表情、姿态等，理解主角的心理状态，如情绪、想法等 2. 能有意识地观察画面中的细节，并将细节与主要情节联系起来，通过对图画书画面布局、构图、视角、笔触、色彩等的感知进一步理解图画书内容 3. 观察图画书封面时会预测图画书的整体情节 4. 在阅读过程中，能根据图画书的结构做出合理的预期 5. 会有意识地对图画书中的画面信息进行比较 6. 阅读后会以“如果……就……”对情节做出猜想、假设

（三）表达与评判阅读内容

在理解了阅读内容之后，就需要对阅读内容进行表达和评判，这是形成深度阅读的必经之路。《纲要》要求“鼓励幼儿大胆、清楚地表达自己的想法和感受，尝试说明、描述简单的事物或过程，发展语言表达能力和思维能力”。《指南》要求 3～4 岁幼儿“会看画面，能根据画面说出图中有什么，发生了什么事等”；4～5 岁幼儿“能根据连续画面提供的信息，大致说出故事的情节”“能随着作品的展开产生喜悦、担忧等相应的情绪反应，体会作品所表达的情绪情感”；5～6 岁幼儿“对看过的图书、听过的故事能说出自己的看法”。《评价指南》认为学前儿童在“具有初步的阅读理解能力”上的表现行为 1 为“能通过观察图书画面，说出画面所表达的内容和事件”；表现行为 3 为“能随着文学作品情节展开的进程，体会作品所表达的各种情绪、情感”；表现行为 5 为“阅读图书及听故事后能发表自己对作品的看法”。① 3～6 岁幼儿在“表达与评判阅读内容”这一维度上的学习与发展目标如表 5-3 所示。

表 5-3　3～6 岁幼儿“表达与评判阅读内容”学习与发展目标

年龄	学习与发展目标
3～4 岁	1. 在成人的提示下，能做出与图画书主角相似的动作和表情 2. 能用口头语言叙述图画书的内容，但所叙述的内容情节性不强，缺乏逻辑性，不同画面之间未能形成联系 3. 在成人的提示下，会在生活情境中想起图画书中主角的行为，并进行简单叙述，但还不能用图画书中主角的行为来调节自己的行为 4. 在绘画活动中会回忆和初步表现看过的图画书中的形象 5. 在阅读完一本图画书之后，会表达自己是否喜欢所阅读的图画书
4～5 岁	1. 产生与主角或主要人物相似的情绪，表现出移情性的反应 2. 能较为连贯地叙述所阅读图画书的主要情节，在叙述过程中会较多地使用图画书中的语句 3. 会在阅读之后做出与图画书中主角或主要人物相似的行为 4. 会结合自己的生活经验和兴趣，采用图画或图文方式，仿编、续编图画书情节 5. 会在生活中想起图画书内容，在成人提醒下能根据图画书中主角的行为来调节自己的行为 6. 在阅读完一本图画书之后，会表达自己是否喜欢所阅读的图画书，并能初步说明原因，还会表达自己对主角或主要人物特征的理解和喜爱
5～6 岁	1. 能准确地解释图画书主角或主要人物出现的行为、状态的原因 2. 能较为完整、清晰地使用图画书中的词语、语句叙述图画书内容 3. 能通过绘画、角色表演、前书写等方式表达对图画书内容的理解 4. 在生活中能有意识地联想起图画书内容并调节自己的行为 5. 在阅读完图画书之后，会对图画书中人物的特征进行评价，对主要人物的人格特质、道德品质进行判断，并说出自己的理由 6. 会对图画书所传递的主旨和含义进行初步的思考，表现出对作者意图的认同或质疑，并说明理由

① 上海市教育委员会教学研究室．上海市幼儿园办园质量评价指南（试行稿）[M]．上海：上海教育出版社，2020.

观察小工具

幼儿前阅读表现性评价表如表 5 - 4 所示。

表 5 - 4　幼儿前阅读表现性评价表

观察维度	表现水平			阅读记录	评价
	水平 1	水平 2	水平 3		
养成良好的阅读习惯与行为	• 知道图画书的封面，会封面朝上放书 • 愿意与成人一起阅读图画书 • 在空余时间会积极、主动地选择翻阅图画书 • 掌握基本的图画书翻阅规则，能听指令翻书 • 不撕书，不乱扔书	• 知道图画书的标题，能指出故事开始和结束的页面 • 经常翻阅自己喜欢或与成人共读过的图画书 • 能专注地阅读一段时间 • 能熟练地按照阅读规则翻阅图画书，能迅速找到成人提到的页面，能指认图画书中的物体 • 在教师的提示下根据图画书的封面或标记初步学习整理图画书	• 熟悉图画书的结构，了解环衬、扉页等在图画书中的作用 • 能独立阅读，喜欢阅读不同类型、题材的图画书 • 养成定期阅读、专注阅读的习惯 • 能熟练地跟随成人的朗读翻阅图画书，认真观察图画书的画面和文字信息 • 爱护图画书，会按一定的方法整理及修补图画书		1 2 3
理解阅读内容并掌握阅读策略	• 能通过对封面的阅读初步了解图画书中的主角，初步感知主角的动作和表情 • 在阅读的过程中，能清晰、准确地指认画面上的物体，描述单个画面上的故事情节 • 通过对封面的阅读，猜测图画书中的主角或主要人物，并猜想故事的情节	• 能主动观察图画书中主角或主要人物的动作以及行动路径和方向，了解主角在干什么 • 能描述单个画面上较为丰富的情节，并能将前后画面的故事情节串联起来 • 能较准确地理解图画书中的关键词 • 在阅读中，能在成人的提示下猜想图画书后面的情节 • 在成人的提示下，会通过观察图画书中主角或主要人物的动作、表情、姿态来验证文字所传递的信息或自己的猜想 • 在成人的提示下，会对图画书中的信息进行比较	• 能细致观察画面中主角或主要人物的状态，包括动作、表情、姿态等，理解主角的心理状态，如情绪、想法等 • 能有意识地观察画面中的细节，并将细节与主要情节联系起来，通过对图画书画面布局、构图、视角、笔触、色彩等的感知进一步理解图画书内容 • 观察图画书封面时会预测图画书的整体情节 • 在阅读过程中，能根据图画书的结构做出合理的预期 • 会有意识地对图画书中的画面信息进行比较 • 阅读后会以“如果……就……”对情节做出猜想、假设		1 2 3

续表

<table>
<tr><th rowspan="2">观察维度</th><th colspan="3">表现水平</th><th rowspan="2">阅读记录</th><th rowspan="2">评价</th></tr>
<tr><th>水平 1</th><th>水平 2</th><th>水平 3</th></tr>
<tr><td>表达与评判阅读内容</td><td>• 在成人的提示下，能做出与图画书主角相似的动作和表情
• 能用口头语言叙述图画书的内容，但所叙述的内容情节性不强，缺乏逻辑性，不同画面之间未能形成联系
• 在成人的提示下，会在生活情境中想起图画书中主角的行为，并进行简单叙述，但还不能用图画书中主角的行为来调节自己的行为
• 在绘画活动中会回忆和初步表现看过的图画书中的形象
• 在阅读完一本图画书之后，会表达自己是否喜欢所阅读的图画书</td><td>• 产生与主角或主要人物相似的情绪，表现出移情性的反应
• 能较为连贯地叙述所阅读图画书的主要情节，在叙述过程中会较多地使用图画书中的语句
• 会在阅读之后做出与图画书中主角或主要人物相似的行为
• 会结合自己的生活经验和兴趣，采用图画或图文方式，仿编、续编图画书情节
• 会在生活中想起图画书内容，在成人提醒下能根据图画书中主角的行为来调节自己的行为
• 在阅读完一本图画书之后，会表达自己是否喜欢所阅读的图画书，并能初步说明原因，还会表达自己对主角或主要人物特征的理解和喜爱</td><td>• 能准确地解释图画书主角或主要人物出现的行为、状态的原因
• 能较为完整、清晰地使用图画书中的词语、语句叙述图画书内容
• 能通过绘画、角色表演、前书写等方式表达对图画书内容的理解
• 在生活中能有意识地联想起图画书内容并调节自己的行为
• 在阅读完图画书之后，会对图画书中人物的特征进行评价，对主要人物的人格特质、道德品质进行判断，并说出自己的理由
• 会对图画书所传递的主旨和含义进行初步的思考，表现出对作者意图的认同或质疑，并说明理由</td><td></td><td>1
2
3</td></tr>
<tr><td>总结</td><td colspan="5">幼儿前阅读特点：

最近发展区：</td></tr>
</table>

第二节　幼儿园前阅读活动的设计与组织

一、幼儿园前阅读活动的目标定位

幼儿园前阅读活动的目标定位需要从两个方面考虑：一是参考本章第一节中所梳理的幼儿前阅读学习与发展目标明确幼儿前阅读能力的现有水平与最近发展区；二是基于对阅读材料内容的分析明确幼儿可达到的阅读深度目标。

作为儿童早期语言学习与发展的重要内容，前阅读核心经验是幼儿成为一名成功的阅读者所必备的经验。综合《纲要》、《指南》和《评价指南》等重要文件的基本要求，我们认为，一名有着良好阅读能力的幼儿应具备以下特点：会表现出对阅读的浓厚兴趣和正确的阅读行为与习惯；能在成人的指导下或独立阅读的过程中理解图画书的基本内容，同时学会阅读的基本方法；能通过多种方式初步表达对所阅读的图画书内容的理解，形成和表达自己的看法，对人物特征和内容主旨做出评判，并将阅读所获得的经验迁移到生活或各种活动当中。在第一节的内容中，我们将上述三方面的核心经验细化为3～4岁、4～5岁以及5～6岁三个阶段幼儿的前阅读学习与发展目标。在开展前阅读活动时，教师可以首先参考“幼儿前阅读表现性评价表”观察、分析幼儿的发展水平，并明确幼儿在各维度上的最近发展区，然后结合当前的课程主题、幼儿的兴趣等因素设置活动的具体目标。

图画书中的图画、符号以及文字等都是幼儿前阅读的内容。汉语儿童的早期阅读会经历从图画到文字的发展过程。[①] 因此，对学前儿童而言，对图画书内容的理解与表达应包括三个层次，由浅至深分别为：第一个层次，对图画或简单文字的识别；第

① 周兢．学前儿童语言学习与发展核心经验［M］．南京：南京师范大学出版社，2014.

二个层次，对图画书画面情节的理解；第三个层次，对图画书情节所承载寓意或价值的领悟。图画书内容理解与表达的这三个层次都可以成为前阅读活动的目标。比如，小班阅读《脸，脸，各种各样的脸》时，教师设计的教学目标之一为“感知各种颜色和形状所代表的含义”，即对图画书第一个层次内容的理解；大班阅读《小猪变形记》时，教师设计的教学目标之一为“让幼儿体会到做自己最重要”，即对图画书第三个层次内容的理解。随着幼儿年龄的增长，前阅读活动的目标可逐渐由较浅层次转向较深层次，使幼儿在阅读中开展比较、综合、分析、评判以及创造等思维活动，促进幼儿阅读与思维能力的双重发展。

二、幼儿园前阅读活动的组织形式

在幼儿园前阅读活动中，教师应依据幼儿的阅读水平、阅读兴趣和阅读材料的特点等，着力培养幼儿的前阅读核心经验。从参与阅读的主体来看，幼儿园前阅读活动可以分为独立阅读、分组阅读和集体阅读三种形式。

（一）独立阅读

独立阅读就是幼儿自己一个人进行的阅读，这种阅读经常发生在班级的阅读角里。一开始，幼儿大多只是随便翻翻书，并不是有意识地看自己喜欢的图画书。因此，教师可以进行适当的引导或者提示，帮助幼儿喜欢上阅读并养成良好的阅读行为。随着年龄的增长，幼儿的理解力和个性需求都会越来越明显，他们逐渐能独立地选择图画书、能独立地完成阅读。这个时候，教师应该在班级里添置适量的符合幼儿兴趣与阅读水平的图画书，并将其放在安静、温馨的阅读角里，同时在阅读角里添置软沙发或者铺上软垫子，让幼儿坐着感觉更舒服；还可以增加桌子和板凳，以方便幼儿阅读；也可以增加一些纸和笔，以方便幼儿阅读后写写画画，记录一些自己的想法。

（二）分组阅读

分组阅读就是几个幼儿组成小组一起阅读的活动形式。每一个幼儿的阅读能力和关注点是不一样的，因此，可以依据阅读材料的难度和幼儿的阅读水平，让幼儿自行选择或者由教师安排进行小组阅读，引导幼儿相互分享或讨论兴奋点与疑惑之处等。比如，几个幼儿在阅读角拿起一本《鳄鱼怕怕，牙医怕怕》看了起来，铭铭一边一页一页地翻书，一边讲着画面上的情景，其他几个围在旁边的幼儿也会时不时地插话，讲讲自己对画面的理解。当讲到牙医给鳄鱼看牙的画面时，威威突然问：“你们知道牙医在给鳄鱼看牙时，他做了哪些事吗？”婷婷说：“让鳄鱼张开嘴，然后仔细地看鳄鱼的牙齿。”威威问：“还有吗？”大家都摇头，说不知道。威威很得意地说：“他还开了一次灯，关了一次灯。”然后一边指着画面一边说：“你们看第一幅画是暗的，第二幅是亮的，第三幅又变暗了。这说明原来灯是关着的，牙医打开了，后来又关掉了。”其他幼儿听了都纷纷点头，觉得威威说得很有道理。由此可见，通过分组阅读，既能让每个幼儿充分阅读和表达，又能在幼儿之间建立相互学习的氛围。

（三）集体阅读

集体阅读就是由教师引领、以幼儿参与为主的师幼一起阅读的活动形式。这种形式一般在幼儿不太会独立阅读，或者独立阅读后还是不能完全理解的阶段开展。比如，中班上学期幼儿在阅读角自主阅读《我爸爸》时，很多幼儿都不能理解那条穿着方格子睡衣的鱼是指爸爸很擅长游泳。所以，教师就决定组织一次集体阅读来帮助幼儿解决这个理解上的难点。

一般而言，教师都会在集体阅读中使用“提问”这一教学方法。很多研究却发现该方法效果不好，原因是很多教师并没有围绕阅读的核心经验学习进行提问。我们知道，阅读是从阅读材料中获取信息的过程。幼儿的阅读过程是“理解阅读内容并掌握阅读策略”的过程，是“表达与评判阅读内容”的过程。在集体阅读中，教师应该通过一系列的提问帮助幼儿感知、理解图画书中主角的形象、行为和情绪、故事情节及其中蕴含的寓意与价值等内容。比如，在阅读《我爸爸》时，教师可以问：“你们看到了什么?”“这条鱼有什么特别的地方?”“它是一条普通的鱼吗?”在理解了单幅画面的内容之后，教师还可以通过提问引导幼儿对整本图画书的情节进行理解。比如，在看到《我爸爸》后面的画面时，教师可以问：“这次爸爸变成了什么?”“爸爸为什么能变成这么多种动物?”通过这些针对核心经验的有的放矢的提问，幼儿会围绕图画书的内容展开思考，从而不断加深自己的理解，同时前阅读的核心经验也得到了提升。

三、幼儿园前阅读活动的组织策略

（一）创设丰富的阅读环境

阅读是一种习惯，也是一种能力。这种习惯和能力的培养是需要氛围和环境的，学前儿童前阅读核心经验的培养同样需要丰富的阅读环境。一般而言，阅读环境包括硬件环境和软件环境。阅读的硬件环境主要是指由可供阅读的素材构成的环境；阅读的软件环境主要是指由良好的阅读氛围和独特的文化背景等构成的环境。

1. 丰富的阅读素材

阅读素材包括图画书以及教室和幼儿园内具有表意性质的符号信息等。若想让幼儿习得前阅读的核心经验，教师就应该向幼儿提供含有较多信息的教育环境。比如，与主题相关的、丰富的、随手可取的图画书；充满信息符号的各个区角、墙面、走廊等生活和学习的地方。这样有着丰富的阅读素材的环境会让幼儿在不知不觉中获取信息，形成真正的阅读。

2. 良好的阅读氛围和独特的文化背景

除了可供阅读的素材外，幼儿还需要良好的阅读氛围和独特的文化背景。教师可以将阅读角布置得温馨、舒适，并且经常和幼儿一起分享阅读的故事，这样有利于营造班级良好的阅读氛围。在良好氛围的背后，前阅读还需要独特文化的支持。在培养幼儿的前阅读核心经验时，教师应当充分考虑幼儿母语的特性及文化特色，帮助幼儿学习、认识母语的文化和语言背景。

（二）提供多元的阅读素材

为幼儿提供的阅读素材一定要多元，不仅要有富于教育价值的图画书，还要有其他各种各样的素材。

1. 有教育价值的图画书

图画书是一种极具代表性的儿童阅读素材，它具备各种各样的阅读元素，比如色彩、线条、人物角色和情节等。幼儿园应该配备各种风格的、具有教育价值和意义的图画书。比如《逛了一圈》，这是一本完全由黑白两色和简单线条与造型构成的图画书，但这本图画书的特别之处在于把书倒过来也能看，可以成为另外一本图画书。幼儿可以在黑白两色中找到不一样的感觉，可以读出不一样的故事。又如姊妹篇《小粽子，小粽子》和《饺子和汤圆》，通过拟人化地呈现小粽子、饺子和汤圆，让幼儿能很快地认识不同的粽子、饺子和汤圆，理解不同的饮食，最终理解不同的地域文化。

2. 其他各种各样的阅读素材

除了图画书，阅读素材还有很多种，幼儿园应该将各种各样的阅读素材提供给幼儿，让他们通过阅读这些素材获取更多的信息。比如，在幼儿园内，有盥洗的指示牌、班级各个区角的玩耍规则、墙面的互动信息、走廊的指示和楼层图等；在幼儿园外，有超市的海报、食品的包装袋、旅游景点的导览图、地图以及各种标识和符号等。通过阅读这些素材，幼儿可以了解身边的事物、掌握一些简单的行为规则。

（三）挖掘丰厚的阅读价值

阅读的目的是获取阅读素材背后的意义。因此，在组织幼儿前阅读活动时，教师需要挖掘每一份阅读素材背后的阅读价值。这些阅读价值包括帮助幼儿理解故事情节、培养幼儿欣赏意境的审美能力、帮助幼儿思考故事背后的价值和意义等。

1. 理解情节

幼儿阅读首先要习得的核心经验就是能理解故事的情节。从小班到大班，随着年龄的增长，幼儿从理解单幅画面的内容发展到理解多幅画面的内容；从理解人物的表情和动作发展到理解人物的内心情绪等。随着阅读能力的提高，幼儿对多角色的、复杂的故事情节的理解能力会逐渐增强，推理和预测等能力也会逐渐增强。因此，教师要依据幼儿的年龄特点，提供不同难易程度的阅读材料，或让幼儿独立阅读，或让幼儿分组阅读，或让幼儿随着教师的提问进行集体阅读。最终，教师要引导幼儿充分地理解图画书中的故事情节，以提升他们的阅读兴趣和阅读能力。比如，在大班阅读《武士与龙》的活动中，教师可以先让幼儿阅读封面，猜测武士和龙做了什么、关系怎么样等。进入故事内容的阅读后，教师要重点帮助幼儿梳理清楚在比武前做准备时，武士和龙做了什么、这样做的目的是什么等；在比武期间，武士和龙又做了什么、比赛的次数和结果如何等；在比武结束后，又发生了什么等。教师可以通过分组阅读、师生共读等多种形式，帮助幼儿充分理解故事情节，并感知两条叙事主线的故事呈现方式。幼儿在阅读过程中，逐步地提升了前阅读的核心经验，增强了阅读理解能力并发展了猜测、推理和想象等能力。

2. 欣赏意境

图画书和很多阅读素材一样都是由画面或符号组成的。这些画面基本上都运用了丰富的色彩、适宜的人物造型、合理舒适的画面布局等，具有很好的意境美。因此，当幼儿在阅读一本优质的图画书或其他材料时，教师就应该把幼儿的阅读当作一个审美的过程，可以引导幼儿对色彩、画面、人物等进行欣赏，也可以引导幼儿对其中所营造的意境进行欣赏。比如，在《脸，脸，各种各样的脸》中，由不同造型和颜色构成的脸就代表着不同的心情，而这些心情又都是幼儿自己曾经经历过的，好玩又有趣。在教师的支持下，小班幼儿在阅读这本书时，可以理解色彩背后的寓意，并体会不同的造型给人带来的不同感受。又如在阅读图画书《巴夭人的孩子》时，幼儿其实就是在欣赏一张张马来西亚海边美景照片，巴夭人的孩子们就生活在这里。图画书的每一页都是迷人的海边美景，可以看到巴夭人的孩子在奔跑、戏水、爬树、荡秋千，他们还能乘着独木舟，在阳光灿烂的海上睡一个舒服的午觉……教师要让幼儿在阅读的过程中感知这些画面的美，用这些美好的画面去养幼儿的眼、幼儿的心，从而培养他们的欣赏能力。除了单纯欣赏画面以外，幼儿还可以结合画面与文字去欣赏阅读材料的意境美。比如，图画书《树真好》《番茄的旅行》，它们都是将美丽的画面和优美的文字结合在一起。教师可以引导幼儿一边看画面，一边听语言，让幼儿的视觉和听觉结合起来，更好地理解、欣赏这些图画书的意境美。

3. 思考意义

学习是一个信息加工过程，阅读是一种重要的学习方式，因此也是一个信息加工过程。幼儿前阅读中的信息加工不仅包括理解故事的情节、欣赏图画书的意境，还包括对故事背后意义的思考。比如，大班幼儿阅读《好消息，坏消息》时，不仅可以理解每一个情节，还可以思考“什么是好消息”“什么是坏消息”“好消息和坏消息可以转换吗”等问题。在图画书《巴夭人的孩子》里，作者提出了“这些孩子幸福吗”“什么是童年的幸福”“幸福怎样才不会被剥夺”等问题让幼儿思考。在阅读图画书《敌人》时，幼儿充分地理解了故事内容后，也会思考“什么样的人是敌人”“这个故事里的那个‘敌人’是敌人吗”“为什么要打仗，该不该打仗”等问题。总之，阅读可以增长幼儿的知识，更可以让幼儿学会思考。

（四）运用适宜的阅读方式

提到阅读方式，很多人会认为只有“看”这一种方式。其实，阅读有很多种不同的方式，尤其是对于阅读能力相对较弱的幼儿，我们更应该依据幼儿的特点采用适宜的阅读方式。幼儿的阅读方式可分为亲子共读或师生共读时的倾听式阅读、与成年人一起的聊天式阅读、与教师和班级小朋友一起的集体式阅读，以及自己独立完成的独立式阅读等。

1. 倾听式阅读

幼儿由于年龄小，大多不识字或者识字较少，但他们又很渴望能尽快地了解周围的世界。因此，他们喜欢家长或者教师为自己读故事，幼儿可以通过倾听接收信息，发展自己的想象能力，这就是倾听式阅读。倾听式亲子共读或师生共读，不仅能够让幼儿感受到父母和教师对他们的爱，而且更利于培养他们的阅读兴趣。当然，随着年龄的增长，当幼儿能独立进行阅读时，依然可以采用倾听式阅读，让幼儿好好地听家长或教师念一个故事，静静地欣赏、感悟故事的内涵也是非常必要的。比如《一片叶子落下来》是一本充满人生哲理的图画书，当教师念给幼儿听时，他们会在教师娓娓道来的语言中，感悟到生命的意义在于经历美好的事物和给别人带来快乐，明白死亡并不代表一切的毁灭而是另一种形式的新生。

2. 聊天式阅读

随着幼儿年龄和生活经验的增长，教师也可以和三五个幼儿围坐在一起阅读图画书。在阅读的过程中，教师可以让幼儿仔细观察画面，依据画面猜测故事情节，并结合平时生活中的经验，一起聊一聊生活中曾发生过的类似的事件，这种阅读方式就是聊天式阅读。比如，在阅读图画书《彩虹的尽头》时，教师和幼儿一起阅读知道了松鼠、鸭妈妈、兔爷爷、獾和狐狸的宝贝是什么后，就聊聊他们心目中的宝贝是什么。通过这样聊天式的对话，幼儿纷纷表达了自己对“宝贝”的理解，并且明白了每一个人心中的宝贝虽不一样，但对自己来说都是最珍贵的。在阅读图画书《迟到的理由》时，教师和幼儿一起边了解故事中的主人公小猪为什么迟到，边聊一聊大家迟到的经历和感受，最后讨论如何避免迟到。幼儿在这个过程中自然而然地学到了要守时、不能迟到的道理。

3. 集体式阅读

在幼儿园开展得最多的阅读方式就是集体式阅读，即教师提前备好课，带着全班幼儿一起开展的阅读活动。一般而言，在这类活动中，教师会先解读好图画书，然后依据本班幼儿前阅读核心经验的水平设置一系列的问题，带领幼儿一起完成阅读活动。需要提醒教师注意的是，对幼儿而言，这类活动要有一定的阅读难度。也就是说，在幼儿独立阅读的情况下不太能理解的图画书更适宜开展集体式阅读。比如，在中班的教室里，投放了《我爸爸》这本图画书之后，教师发现大多数幼儿都没有意识到穿着爸爸睡衣的鱼儿、河马、大猩猩其实仍然是爸爸，他们就认为它们是鱼儿、河马和大猩猩。于是，教师就组织了一次集体式阅读，引导幼儿和自己一起边阅读边思考，最终完全理解这个故事的含义。

4. 独立式阅读

无论采取哪一种阅读方式开展前阅读活动，最终都是希望幼儿能实现独立式阅读，即能够自己一个人完成阅读任务，包括理解阅读的材料、加工阅读的信息等。所以，教师要在教室里设置一个阅读区，投放一些本班幼儿能自己独立阅读的图画书以供他们阅读。图画书的投放要符合两个要求：第一个要求是符合幼儿的年龄特点。比如，小班的阅读区要投放画面简单、人物角色较少、文字少的图画书。第二个要求是满足幼儿的兴趣爱好。比如，到了大班，幼儿的探究欲望有了很大的发展，对天空中的鸟儿、远古的恐龙等非常感兴趣，教师就可以依据幼儿的兴趣添置一些他们看得懂的科学知识类图画书。

（五）促成阅读的经验迁移

《指南》明确指出："幼儿的语言学习需要相应的社会经验支持，应通过多种活动扩展幼儿的生活经验，丰富语言的内容，增强理解和表达能力。"因此，教师要多组织各种各样的活动，促使幼儿将阅读所获得的信息与经验用于指导自己的行为，以真正习得前阅读核心经验并转化为行动。

1. 在生活中阅读

在幼儿园中，幼儿需要从适应生活发展到能够生活自理。教师不但要在口头上指导幼儿盥洗、如厕、进餐等生活细节，也需要通过图文并茂的标识来提醒幼儿。因此，幼儿必须学会阅读这些标识，并在生活中实践阅读所获得的信息。比如，幼儿园的卫生间里、洗手池上、镜子旁一般都张贴着"七步洗手法"图片，方便幼儿一边洗手一边阅读并践行"七步洗手法"。有些幼儿园为了让幼儿吃点心时咸、甜饼干都能吃到，就用不同形状的饼干代表不同口味。在餐桌上放一个标识图，上面画了不同形状的饼干和具体数字，以表明哪种饼干吃几片。这样，幼儿在生活的过程中学会了阅读，也在阅读的过程中学会了生活。

2. 在游戏中阅读

现在的学前教育更提倡以游戏为主要的活动形式。不管是户外的游戏还是室内的游戏，都有助于促进幼儿全面发展。学前儿童在阅读了故事后，会在脑海里想象出故事人物的形象和他们之间互动的场景。这些形象和场景就成了角色游戏中很好的扮演素材，幼儿会乐于去扮演不同角色、回忆故事情节、加工人物形象……除了角色游戏，在玩其他类型的游戏时，幼儿也可以通过阅读丰富游戏的内容或玩法。比如，幼儿可以阅读写有游戏规则和注意事项等的标识牌，了解游戏的不同玩法；也可以在游戏中用图画和符号记录自己的游戏过程，或是阅读同伴的游戏记录，据此调整自己的游戏内容和玩法。

3. 在运动中阅读

如果说“阅读”是一种相对静态的行为，那“运动”就是一种相对动态的行为，因此，很多人认为在运动中是无法阅读的。其实不然，现在幼儿园的活动中，有很多的符号需要阅读，也有很多的信息需要加工。比如，运动游戏“跳房子”，在第一排的格子里画了两只脚；在第二排的格子里画了一只脚；在第三排的格子里画了一只脚、一只手……这些标识就是在告诉幼儿可以如何运动，幼儿只有读懂了这些符号所表示的意义，才能顺利地玩这个游戏。像这样边阅读边运动的游戏非常有利于发展幼儿的手眼协调能力。

4. 在学习中阅读

早期阅读本身就是一种很好的学习活动。同时，早期阅读活动也能很好地协助幼儿园其他学习活动的开展。比如，在“我是中国人”主题活动中，教师可以找来很多关于我国56个民族和中华民族传统文化的书籍让幼儿翻阅，以丰富他们的经验，从而为开展后续的艺术创想活动奠定基础。在元宵节时，教师可以提前准备《小汤圆》《元宵节的由来》《灯孩儿》《元宵节》等图画书放到阅读区，以供幼儿阅读和学习；还可以开展猜灯谜、做兔子灯等活动，让幼儿基于阅读参与各种学习活动。

实践小贴士

多途径提升小班幼儿早期阅读的质量[①]

小班幼儿年龄较小、思维跳跃、缺乏阅读技巧与阅读经验，所以常常会出现阅读持续时间短、随意跳页或频繁换书、只关注有趣的形象而忽略故事内容等现象。

① 瞿萍. 多途径提升小班幼儿早期阅读的质量［J］. 上海托幼，2023（7/8A）：60-61.

多途径提升小班幼儿早期阅读的质量

利用绘本开展小班阅读活动，通过绘本的选择、绘本语言的解析、有效提问和多样表征等方式，增强幼儿的阅读理解能力，引发幼儿的思考，丰富幼儿的阅读体验，有助于提升早期阅读的质量。

1. 选择合适的绘本，激发幼儿的阅读兴趣

教师应从幼儿的认知水平和审美能力出发，选择适合幼儿理解和欣赏的绘本。比如，小班幼儿通常喜欢色彩鲜艳的画面、情节简单有趣的内容。绘本《一步一步，走啊走》的整体画风简单明快、诙谐有趣、富有动感，符合小班幼儿的阅读喜好。

2. 解析绘本的三种“语言”，为进一步支持幼儿做铺垫

《学前儿童语言学习与发展核心经验》一书提到，绘本解析是指对绘本中文学、美术、教育三方面的语言要素进行分析，使教师对绘本文字、画面的理解更加清晰，也使后续的阅读指导更加贴合幼儿的年龄特点。因此，教师对绘本进行解析是更好地支持幼儿早期阅读的必要前提。解析绘本《一步一步，走啊走》可知，其文学语言简洁而富有韵律感，其美术语言形象而充满细节感，其教育语言表现出了积极品质。

3. 关注有效提问，引发幼儿深入思考

教师的有效提问对绘本阅读质量的提升起着关键作用，能引发幼儿深入思考，进一步促进幼儿经验的获得。基于对绘本的语言解析，教师可结合画面细节进行观察提问、利用重复句式和象声词进行理解提问，以及根据绘本价值进行感受提问。

4. 聚焦多样表征，丰富幼儿的阅读经验

将绘本内容与日常活动相结合，可以帮助幼儿更好地表征绘本内容，进一步丰富他们的阅读经验。教师可以在阅读后提供丰富的工具材料，鼓励幼儿通过多种表征方式表现自己对绘本的想法。幼儿在对故事进行创编和演绎的同时，也在建构相关的经验。

第三节　幼儿园前阅读活动案例与分析

一、幼儿园前阅读集体学习活动案例与分析

（一）活动案例

大班前阅读活动：十二生肖谁第一[1]

设计思路：

（1）领域核心经验分析。

《3～6岁儿童学习与发展指南》在“语言”领域“具有初步的阅读理解能力”方面对大班幼儿提出了“能根据故事的部分情节或图书画面的线索猜想故事情节的发展，或续编、创编故事”，以及“对看过的图书、听过的故事能说出自己的看法”的目标。

大班前阅读活动：
十二生肖谁第一

十二生肖是我国古代特有的纪年方式，同时关于十二生肖的排序也有着一个耳熟能详的传说，这个传说主要讲述了猫与鼠之间的纠葛。在“我是中国人”主题背景下，可选取绘本《十二生肖谁第一》中的片段，作为幼儿猜想故事情节、表达自己看法的载体。

（2）幼儿年龄特点分析。

大班幼儿已有一定的自主阅读能力，能结合多张图片推理故事情节，并讲述大致的内容；在表达时能经常使用较为连贯、清楚的语言；在和同伴一起阅读时，也喜欢相互交流，分享自己的发现。同时，大班幼儿已具有一定的是非观和正义感。

在日常观察中发现，幼儿很熟悉十二生肖的排序，随口就能把十二生肖说出来，不过很少有幼儿提到这样排序的原因。以此为契机，结合绘本《十二生肖谁第一》设

① 本案例由上海市长宁区新实验幼儿园邢乃雯提供。

计大班前阅读活动，既能引发幼儿基于价值判断的讨论，又有利于幼儿进一步熟悉中国传统文化。

（3）教学方法手段分析。

教学设计以幼儿听、看、聊为中心，为幼儿观察、解读画面并大胆表达提供了机会，一方面可以使幼儿理解十二生肖排序的依据以及猫、鼠、牛参与渡河比赛的情节；另一方面通过给猫、鼠、牛重新排序，幼儿可以从不同角度思考、讲述对猫、鼠和牛的看法，进行价值判断，发现与他人不同的思考角度，并明白为了得第一而伤害他人不可取。

活动目标：

（1）结合图片与生活经验理解猫、鼠、牛渡河的情节，推测猫没有入选的原因。

（2）尝试从不同的角度思考，清晰表述给猫、鼠、牛重新排序的理由。

活动重难点：

（1）重点：观察多张图片，理解猫、鼠、牛渡河的情节；使用表示因果、假设的语言进行表述。

（2）难点：给猫、鼠、牛重新排序时进行价值判断。

活动准备：

（1）经验准备：幼儿知道十二生肖的顺序；有认识和使用序数词的经验。

（2）材料准备：《十二生肖谁第一》PPT、A4 纸打印图片。

活动过程：

（1）猜猜十二生肖排序的规则。

1）提问：你们知道十二生肖吗？为什么老鼠排在第一位？

2）预设回答和回应：

• 幼：鼠、牛、虎、兔、龙、蛇……

回应：哇，看来大家都很熟悉十二生肖的顺序。

• 幼：因为老鼠最小。

回应：你觉得排序的规则是从小到大排。大家觉得呢？

• 幼：我听过这个故事，因为老鼠比赛得了第一名。

回应：老鼠参加了什么比赛？这个比赛的规则是什么？（也可以在后续提问中先邀请听过故事的幼儿讲述，比如：“你说你听过这个故事，那你能讲讲吗？”）

3）过渡：今天我带来一个关于十二生肖的故事，讲的就是十二生肖谁排第一。

【设计意图：从幼儿熟悉的十二生肖顺序出发，通过对“老鼠为什么排第一”的讨论，促使幼儿结合生活经验猜测排序的规则。在生生互动中，形成一个积极表达的氛围，也引发了幼儿对故事的兴趣。】

（2）看图讨论，理解渡河比赛情节。

1）教师讲述故事开头，呈现参赛动物的画面（如图 5－1 所示）。

图 5－1　参赛动物

• 提问：在这个故事里十二生肖是按什么规则排序的？第十三只动物是谁？

重点关注：理解渡河比赛名次与生肖顺序的关系；仔细观察画面。

• 预设回答和回应：

幼：是猫。

追问：你在哪里发现了猫？

2）呈现猫、鼠找牛渡河的画面（如图 5－2 所示），展开讨论。

图 5－2　猫、鼠找牛渡河

• 提问：你觉得发生了什么事？它们之间会说些什么？为什么猫和老鼠要找牛帮忙？它们是怎么合作的？你觉得谁会最先到达终点？

重点关注：观察图片细节并联系两张图片进行推理，猜测情节；清晰表达。

• 预设回答和回应：

幼：猫和老鼠去找牛。

回应：你发现这张图上有三只动物。

追问：它们会和牛说什么呢？

幼：猫和老鼠找牛渡河。

追问：为什么它们不自己渡河？

• 小结：原来猫、老鼠都不是游泳高手，牛虽然游得快，但是眼睛看不清。所以老鼠灵机一动，让牛驮着它和猫渡河，这样就能给牛指方向。

3）幼儿自主阅读，理解猫、鼠、牛合作渡河情节（如图 5－3 所示）。

图 5－3　猫、鼠、牛合作渡河情节

• 提问：发生了什么？你从哪里看出来的？猫还会出现吗？

重点关注：联系 4 张图片推测猫的遭遇；清晰表达。

• 预设回答和回应：

幼：老鼠把猫捅下去了。

追问：你从哪里看出来的？

幼：牛沉下去了，后来老鼠又把它钓上来了。

回应：确实，第一张图里没有看到牛。

追问：老鼠手里的是什么？（可以切换到上一张图让幼儿观察。）

幼：猫掉进河里了，我看到旁边有泡泡，它还抱着一个塔。

追问：你觉得它为什么要抱着塔？它当时是什么感受？

幼：我不想要猫死掉。

回应：你真有同情心。

• 小结：老鼠把猫捅进了水里，又在快要到达终点时，一下子跳掉到了牛的前面，获得了第一名，成了十二生肖之首。

【设计意图：了解渡河比赛规则后，根据多张图片的细节与内容推测猫、鼠、牛渡河的情节。在倾听与表达中，发展语言表达能力，并不断完善对故事情节的理解。】

（3）结合故事情节，给猫、鼠、牛重新排序。

1）教师讲述故事结尾。

2）提问：如果你是玉皇大帝，根据这次比赛的情况，你会怎么给老鼠、牛和猫排名？

重点关注：言之有理，清晰表达；愿意倾听他人的想法。

3）预设回答和回应：

• 幼：老鼠排第三。因为它伤害了猫。

追问：它为什么要伤害猫？为了得到第一名而伤害他人，这样的做法怎么样？

• 幼：还是老鼠排第一，因为它是第一个到的。

回应：你还是觉得按照渡河比赛的结果来排序，谁先到谁第一。

• 幼：牛排第一，猫第二，老鼠第三。因为是牛帮了猫和老鼠渡河，猫指了方向，老鼠什么也没干。

回应：确实，在渡河比赛中牛是最辛苦的。

4）小结：大家说得都很有道理，原来从不同的角度去思考，可能会有不同的结果。

【设计意图：幼儿通过讲述自己如此排序的理由表达自己的价值判断，因为排序的方式不唯一，所以幼儿也有机会从不同的角度看问题。同时，幼儿在讲述时也有机会使用表示因果、假设等复杂关系的句子，发展语言表达能力。】

（4）活动延伸。

将绘本《十二生肖谁第一》放在图书区供幼儿自主阅读。

（二）活动分析

1. 反复观察引导思考和推理，促进幼儿思维发展

在绘本《十二生肖谁第一》中，作者增加了老鼠把猫捅到河里的情节，这是整个故事的转折点，也因此成为该活动中需要幼儿理解的重点。同时，由于作者并没有直接画出老鼠捅猫的画面，而是在前一页画了老鼠“捅”的动作而在下一页画了猫掉进河里的情景，因此这个情节也成为此次活动中幼儿理解的难点。突破这一理解重点和难点需要引导幼儿反复、仔细观察和大胆推理。因而，教师在看图讨论环节先提出问题“第十三只动物是谁”，使幼儿在画面当中搜索猫并使视线紧紧追随着猫，去仔细观察和思考原本在牛头上的猫怎么就突然落水了。为了引导幼儿找出答案，教师又提醒幼儿倒回去观察前面一幅关于老鼠的画面。通过反复观察，幼儿逐步推测出猫是被老鼠用竿子捅下水的这个结论。在活动过程中幼儿通过观察画面捕捉关键信息，通过推理理解故事的关键情节。

2. 提供充分描述的机会，促进幼儿表达能力发展

在活动中教师提出的问题都是开放性的，这样做的目的是让幼儿有充分的描述空间。针对猫、牛和鼠准备组队渡河的情节，教师提问："你觉得发生了什么事？它们之间会说些什么？……"针对猫落水的情节，教师提问："发生了什么？你从哪里看出来的？猫还会出现吗？"这些开放性的问题为幼儿提供了描述情节的支架，同时也给了幼儿很大的推理、想象和创造性表达空间，有助于提升他们的表达能力。

3. 设置自由讨论的环节，促进幼儿评判能力发展

活动最后的自由讨论环节，教师让幼儿假设自己是玉皇大帝，给老鼠、牛和猫重新排序。这是一个非常有创意的环节，在这个环节里，教师帮助幼儿树立了自己的价值判断标准。大班幼儿本来就处于评判性思维的萌芽期，他们会对一些事物形成自己的看法和判断。在传统的早期阅读活动中，教师大多只注重幼儿对故事情节的理解，而忽视有关情节合理性和结局非唯一性的探讨，这样就无法为幼儿提供充足的提升评判能力的机会。基于这样的考虑，在活动结尾教师让幼儿重新对老鼠、牛和猫进行排序，并说明理由，为幼儿提供了锻炼评判能力的机会。从幼儿的回答中可以看出，他们以不同的排序标准给出了不同的答案，而且说得有理有据，评判能力得到了很好的发展。

二、幼儿园前阅读个别化学习活动案例与分析

（一）活动案例背景

活动名称：幸运的鸭子①。

主题背景：农场里（中班）。

核心经验：

（1）主题核心经验：观察比较不同家禽的外形特征和生活习性。

（2）领域核心经验：幼儿能根据对绘本内容的理解，用自己的语言或是图画书中的语言讲述、演绎相关情节内容。

设计思路：

故事中，小鸭子一边不断地模仿别的动物的叫声，一边寻找属于自己的叫声。首先，这一内容与我们当前的课程主题内容与目标相吻合；其次，幼儿会在鸭子寻找叫声的过程中了解不同动物的叫声，并进行模仿；再次，故事中小动物在数量上由少到多的变化符合幼儿的数数经验；最后，小动物都很乐意帮助鸭子寻找它的叫声，与我们一直努力创设的班级氛围"大家都是好朋友"也相符。因此，围绕《幸运的鸭子》中有趣的故事情节，我们创设了以语言区为主的个别化活动，旨在结合书中生动形象的动物叫声，借助不同的道具、场景以及视频、音频等多媒体手段帮助幼儿融入绘本

---

① 本案例由上海市长宁区紫云路第一幼儿园施竹漪和肖凌提供。

的故事情境，促进幼儿多感官的发展，提升幼儿的语言表达能力，丰富幼儿的情感体验。

（二）活动案例方案与分析

1.《幸运的鸭子》故事园

（1）材料。

故事录音、《幸运的鸭子》绘本、亲子阅读绘本展示墙、幼儿留言本、一些有关农场的绘本、记号笔和纸等，如图 5－4 所示。

图 5－4 《幸运的鸭子》故事园个别化环境

（2）玩法。

1）提供点读笔，听一听绘本《幸运的鸭子》中的故事，了解故事里有哪些小动物。

2）选择一本自己喜欢的绘本，看一看、读一读，并把自己的感受记录下来。

（3）观察重点。

1）幼儿喜欢故事的理由。

2）幼儿倾听或者理解故事的能力，以及幼儿的阅读方式、阅读习惯等。

（4）案例分析。

1）创设温馨的阅读角。

在该个别化学习活动中，教师首先创设了一个以暖色调黄色为主的温馨的阅读角。教师将绘本《幸运的鸭子》放在了醒目的位置，旁边摆放了两张小沙发，以供幼儿阅读时使用。这样温馨、舒适的环境非常有利于幼儿良好阅读习惯与行为的养成，即前阅读第一条核心经验的习得。

2）提供有关农场的绘本。

教师在书桌旁的书架上摆放了很多本有关农场的绘本，摆放的位置比较低，所以非常便于幼儿取放。而且这些绘本都是关于农场的，比如农场的动物、瓜果蔬菜等，这为幼儿积累农场的相关经验提供了素材，也为后续的故事创编、绘画等活动做好了经验准备。

3）提供阅读的辅助设备。

除了绘本《幸运的鸭子》和有关农场的绘本以外，教师还提供了故事录音、亲子阅读绘本展示墙、幼儿留言本、记号笔和纸等。这些工具和材料可以帮助幼儿自主阅读或者倾听故事，并尝试把阅读感受用符号表征的形式记录下来。

2.《幸运的鸭子》故事剧场

（1）材料。

绘本故事小书、故事场景、故事里出现的动物角色卡片若干，如图 5－5 所示。

图 5－5　《幸运的鸭子》故事剧场个别化环境

（2）玩法。

1）根据故事内容自己摆一摆、说一说，总结鸭子先后遇到了谁、遇到了几只小动物，并学学故事里小动物的叫声。

2）故事表演，根据故事内容利用道具进行手偶表演。

3）可以根据自己对故事的理解，尝试调整动物的出场顺序，重新演绎故事内容。

（3）观察重点。

1）幼儿在摆放材料时能否按照故事情节进行操作。

2）幼儿欣赏故事的习惯、倾听或者理解故事的能力、摆放习惯等。

3）幼儿在表演过程中和同伴协商以及解决问题的方式和效果，如分配角色、节目排序等。

（4）案例分析。

考虑到中班幼儿已经开始有自己固定的玩伴，教师创设了立体的故事剧场，并把故事中的小动物都搬到了小剧场里，其目的是在促进幼儿和幼儿之间互动的同时，鼓励幼儿边操作材料，边用语言演绎故事情节。在演绎故事情节的过程中，幼儿也可以自由发挥，进行加工和创编。这样不但有助于提高幼儿的语言表达能力，还有助于幼儿习得前阅读的第二条核心经验——理解阅读内容并掌握阅读策略。

考虑到幼儿的语言表达能力存在很大差异，教师还提供了故事小书，以便于幼儿边翻阅故事小书，边演绎故事情节。这样的支持是非常个性化的，能很好地促进每一个幼儿前阅读核心经验的发展。

3. 谁来了

（1）材料。

录音笔、耳机、教师自制录音、动物角色卡片若干、农场游戏背景，如图 5-6 所示。

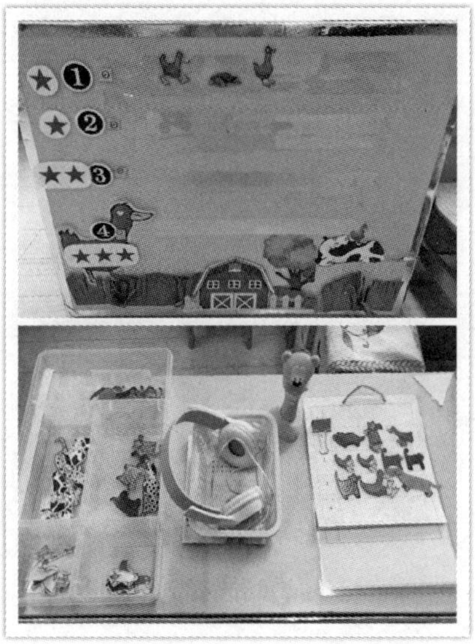

图 5-6 “谁来了”个别化学习环境

（2）玩法。

1）根据录音内容，按顺序摆放动物。

2）根据任务卡的提示完成相关任务，并回答相关问题。

3）幼儿自由发挥，有规律地给动物排序。

（3）观察重点。

1）幼儿能否按照录音里动物出场的顺序一一对应摆放。

2）幼儿能否积极主动地回答问题。

3）幼儿在摆放时，其分类、排序等概念的发展水平如何。

（4）案例分析。

考虑到小动物的叫声是故事中的一个“亮点”，教师结合主题目标将幼儿喜欢的动物叫声收集到了一起，并以录音的方式呈现给幼儿。同时，为了提高活动的有效性，教师还在录音里增加了关键的提问，以“一问一答”的方式，在培养幼儿倾听能力的同时鼓励幼儿完整表达，增强了个别化学习的趣味性和互动性。等幼儿熟悉了这些玩法后，教师还会不断调整小动物的出场顺序和叫声数量，引导幼儿完全掌握各种动物的叫声。

通过这样的个别化学习，幼儿在听一听、说一说、摆一摆的过程中，不仅积累了各种动物叫声的相关经验，还发展了手脑并用的能力，也为后续的玩法做好了铺垫。

4. 童言童语

（1）材料。

教师自制的故事书、故事里出现的农场动物角色卡片及相关背景卡片若干、录音笔，如图 5－7 所示。

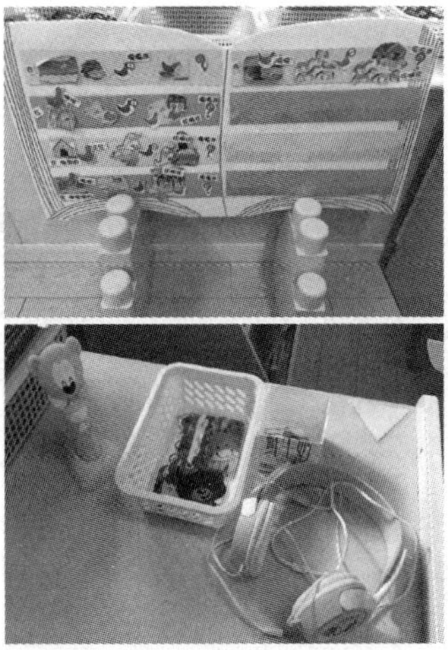

图 5－7 “童言童语”个别化学习环境

（2）玩法。

1）根据画面提示大致说出故事情节。

2）尝试用自己的语言续编故事内容或创编结局。

（3）观察重点。

1）幼儿是否对材料感兴趣、是否有兴趣操作录音。

2）幼儿是否能较连贯地讲述鸭子每次遇到的事情。

3）不同幼儿的创编能力如何。

4）幼儿的表达能力及操作习惯如何等。

（4）案例分析。

为了让每个幼儿都能成为“故事小达人”，教师提供了图 5－7 所呈现的自制“大图书”。教师将故事中的地点、人物、情节、结果等关键信息都做成了图示，以便幼儿阅读这些图示完成故事的讲述和创编等。这样的玩法不仅提升了幼儿的读图能力，还培养了幼儿连贯讲述的能力，也促进了幼儿独立构思能力的发展。

在上述个别化学习中，还有一个非常值得称道的设计：考虑到幼儿的年龄特点，即中班幼儿数数的经验，教师只保留了故事中第 1～5 个出现的动物，并且在自制“大图书”中设计了一部分留白。教师这样的做法，能够促使幼儿创编出多种不同的故事结局，从而更好地促进幼儿前阅读核心经验的发展。

知识回顾

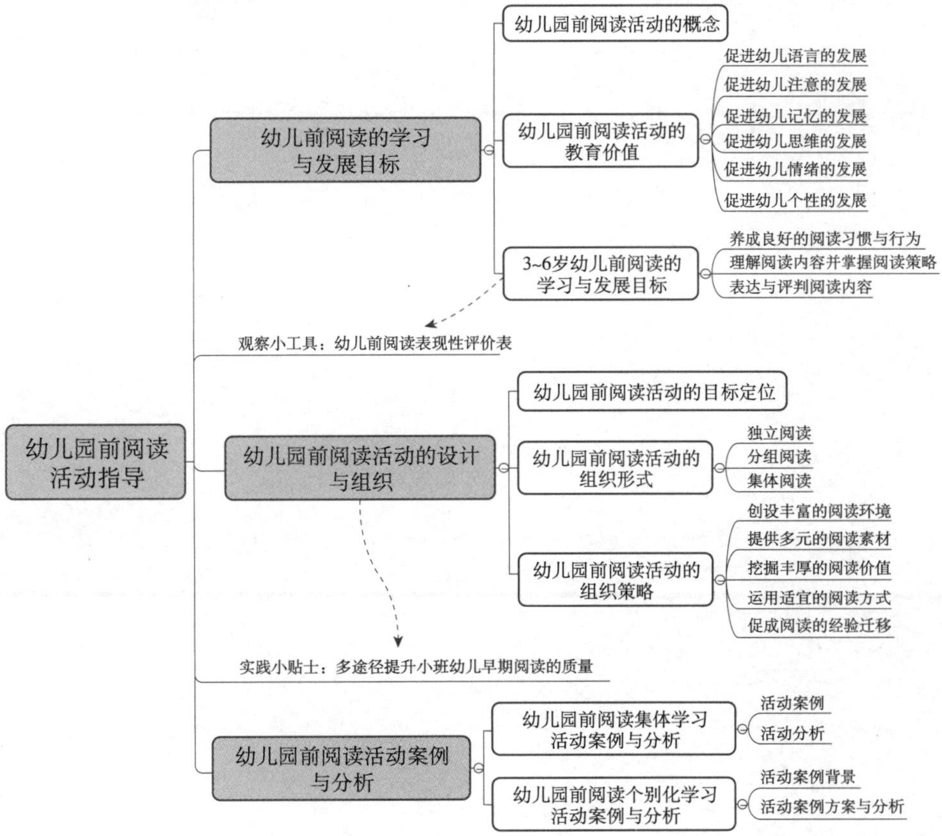

同步练习

1. 在见习时，参照“理解阅读内容并掌握阅读策略”这一维度上的学习与发展目标，观察和记录某一个幼儿前阅读核心经验的具体行为表现。

2. 以“我爱幼儿园”为主题，设计一份小班幼儿前阅读活动的教学方案。

第六章　幼儿园前书写活动指导

学习目标

1. 理解前书写的概念与幼儿园前书写活动的教育价值
2. 理解幼儿前书写的学习与发展目标
3. 掌握幼儿园前书写活动的设计方法与组织策略
4. 掌握幼儿园前书写活动的评价方法

现场观察

1. 在大班“护水卫士”主题背景下，幼儿和家长一起调查“水的用处”以及“如何节约用水”，然后把调查的结果用图文符号记录下来（如图 6-1 所示）。

图 6-1　大班幼儿“护水卫士”调查记录①

2. 在“我要上小学”主题背景下，教师在组织幼儿开展一系列幼小衔接活动的过程中发现，他们对小学生活既向往又担忧。为了鼓励幼儿大胆表达，教师创设了“大一班微信群”个别化学习环境，提供纸、笔等材料，让幼儿用图文符号的形式“畅想小学”（如图 6-2 所示）。

① 本图片案例由上海师范大学闵行实验幼儿园提供。

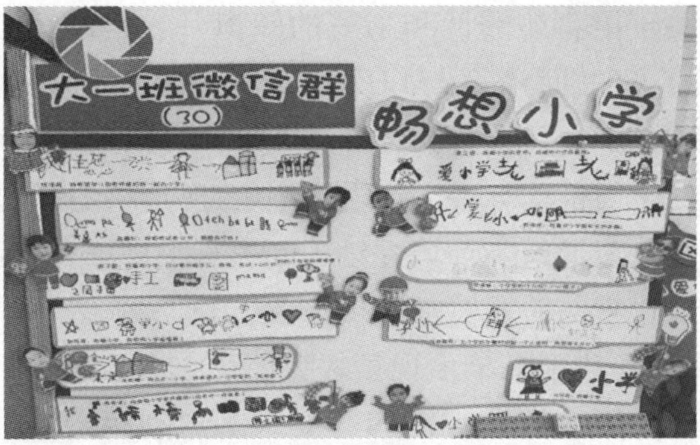

图 6－2 大班幼儿“畅想小学”前书写表达①

课前思考

“现场观察”中的两幅大班幼儿前书写作品各有什么特点？教师应该如何进一步支持幼儿的前书写学习？

第一节 幼儿前书写的学习与发展目标

一、前书写的概念

幼儿前书写受到关注，始于 20 世纪 60 年代新西兰学者玛丽·克莱（Marie M. Clay）提出的早期读写（Emergent Literacy）概念。克莱认为，早期读写是儿童

① 本图片案例由上海市长宁区紫云路第一幼儿园提供。

在进入学校前获得的关于语言、阅读和书写的知识①；儿童作为主动的语言学习者，在环境中观察和试图了解书面语言与口头语言的联系时，其书面语言能力获得发展②。在早期读写理论的影响下，一系列相关研究表明儿童在上小学之前就具有了书面表达的意识及初步的学习能力，在日常生活中表现出书写兴趣并出现书写行为。③这使得研究者开始关注儿童通过与环境互动不断习得书面语言、由不会书写到学会书写的前书写能力的发展过程与阶段特征。④

“前书写”这一概念在我国最早出现于教育部2001年颁发的《幼儿园教育指导纲要（试行）》⑤，其中语言领域的教育内容与要求为“利用图书、绘画和其他多种方式，引发幼儿对书籍、阅读和书写的兴趣，培养前阅读和前书写技能”。《指南》在语言领域提出了“具有书面表达的愿望和初步技能”这一目标，并且描述了各年龄段的具体要求，同时提出了相关的教育建议。随着“学《指南》、用《指南》”活动在全国的展开，科学促进幼儿前书写能力发展、帮助幼儿做好书写准备也日渐受到幼儿园教师的关注与重视。

针对汉语儿童的书面语言学习，国内一些研究者对前书写的概念进行了本土化界定。其中比较有代表性的是陈思在《学前儿童前书写核心经验》一文中对前书写所下的定义。她认为，“前书写是指儿童在未接受正式的书写教育之前，根据环境中习得的书面语言知识，通过涂鸦、图画、像字而非字的符号、接近正确的字等形式进行的书写”⑥。这一定义一方面表明了前书写与正式书写不同，另一方面也体现出绘画与前书写的联系。然而，在教育实践中，不少教师由于对前书写缺乏充分的了解，要么采用了小学化的方法对幼儿进行书写训练，要么干脆放弃开展前书写活动，还有教师混淆前书写与绘画教学而未能有效支持幼儿发展前书写经验。因此，有必要先厘清前书写与书写和绘画等概念的不同内涵，从而解开教师有关如何科学开展幼儿园前书写活动的困惑。

（一）前书写与书写

前书写与书写虽然只有一字之差，但两者的学习目标、内容与形式完全不同。

教育部发布的《义务教育语文课程标准（2022年版）》（以下简称《课标》）明确规定了义务教育阶段语文学习的目标。其中总目标第4条提出“认识和书写常用汉

---

① CLAY M M. Reading：the patterning of complex behavior［M］. Auckland：Heinemann Educational，1972.

② 杨丹华.3～6岁儿童前书写发展特点的研究［D］. 桂林：广西师范大学，2020.

③ CLAY M M. Emergent reading behavior［D］. Auckland：University of Auckland，1966.

④ 陈思.汉语儿童前书写发展研究［D］. 上海：华东师范大学，2010.

⑤ 同②.

⑥ 陈思.学前儿童前书写核心经验［M］//周兢.学前儿童语言学习与发展核心经验.南京：南京师范大学出版社，2014：283－313.

字”，第 5 条提出“能根据需要，用书面语言具体明确、文从字顺地表达自己的见闻、体验和想法”。具体到小学低年级，在“识字与写字”要求中提出“认识常用汉字 1 600个左右，其中 800 个左右会写”“掌握汉字的基本笔画和常用的偏旁部首，能按基本的笔顺规则用硬笔写字，注意间架结构，初步感受汉字的形体美。努力养成良好的写字习惯，写字姿势正确，书写规范、端正、整洁”。相应的学习内容则包括“学习书写笔画简单的字，初步体会汉字结构的主要特点”、“先认先写基本字”以及“诵读、记录课内外学到的成语、谚语、格言警句、儿歌、短小的古诗等”。同时，《课标》在“教学提示”中指出，对小学生的写字评价“要考察学生对要求‘会写’的字的掌握情况，重视书写的正确、端正、整洁，在此基础上，逐步要求书写流利”。由此可见，小学低年级儿童的书写学习是指在识字的基础上，学会按笔顺规则正确、端正、整洁、流利地写出汉字，并且通过记录课内外的好词好句积累运用文字建构意义的经验。

与书写不同，前书写并非学习写字。《指南》详细描述了 3～6 岁幼儿在不同阶段的前书写学习与发展目标，即 3～4 岁幼儿“喜欢用涂涂画画表达一定的意思”，4～5 岁幼儿“愿意用图画和符号表达自己的愿望和想法”“在成人提醒下，写写画画时姿势正确”，5～6 岁幼儿“愿意用图画和符号表现事物或故事”“会正确书写自己的名字”“写画时姿势正确”。国内学者陈思提出 3～6 岁幼儿前书写核心经验包括“建立书写行为习惯”、“感知理解汉字结构”以及“学习创意书写表达”。由此可见，前书写是指尚未学会识字、写字的幼儿，通过涂画图文符号的方式进行意义表达，并在这一过程中发展书写兴趣、养成良好的书写习惯，积累运用图文符号建构意义的经验。

可见，前书写中的“前”，在目标上体现为幼儿阶段的书写不是以学写“字”为目的，而是学习运用纸、笔等书写工具进行书面语言创作与意义表达；在内容上体现为幼儿的书写内容主要源于其生活、心愿与想法，且主要关注对生活中常见的符号与文字的运用；在活动形式上则注重融入幼儿一日生活中有意义、生活化与游戏化的情境。另外，前书写的“前”还表明幼儿阶段的书写经验能够为将来进行正确、端正、整洁、流利的正式书写打下良好基础。

（二）前书写与绘画

从前书写的定义中可以看出，绘画是幼儿进行前书写的方式之一。绘画与前书写有着相似的功能和作用，即两者都是幼儿在未掌握正式书写前表征意义的途径与手段。不过，绘画与前书写在学习与发展目标以及作品表现形式上有所不同。绘画表达是指幼儿有目的地使用纸、笔等工具，利用色彩、线条等艺术形式和构图、上色等艺术手法，创作出可视的图案来表征事物，进而表现自我的感受与认知。① 从学习与发

① 王盼美惠．5～6 岁幼儿绘画表征特征研究［D］．南京：南京师范大学，2014.

展目标来看，幼儿通过绘画，除了能学习如何表征及表达意义之外，还侧重于培养对艺术活动的兴趣，掌握色彩、线条、构图等艺术表达形式，以及发展感受美、欣赏美、创造美的能力。而幼儿通过前书写，主要发展对书面语言的理解与运用能力，前书写中的绘画其实是幼儿尝试进行书面表达的一种手段，其重点是对意义的表征是否清晰，而在色彩、线条及构图等艺术表现形式上并没有过多的要求。从作品表现形式来看，绘画作品侧重于展现美的构图方式，遵从视觉表达规则，如图画元素的大小、位置、颜色、光线等。而前书写作品侧重于体现“书写”的特点，强调遵从书面语言表达规则，如从左到右、从上到下、一字一音等。

前书写与绘画的关系在幼儿早期读写能力发展的过程中发生着变化。最初，幼儿的前书写与绘画可以说是你中有我、我中有你，两者尚无法截然区分。但随着早期读写能力的发展，幼儿开始能在涂画的同时通过口头语言表达自己是在“画”还是在“写”。随着有关文字及书写规则的经验进一步增加，幼儿逐渐能够清晰地认识到图画与文字的区别，在作品中呈现出更多的符号或是简单的文字，并体现出一定的书写规则。在此过程中，幼儿的前书写一步步实现了由图画到文字的转变。

二、幼儿园前书写活动的教育价值

幼儿园前书写活动，是指在幼儿园一日生活中，教师通过创设富于文字符号的环境，提供各类纸、笔等可用于书写的材料，有意识地引导和组织幼儿以游戏的形式感知、涂画、涂写、模拟及运用文字或符号进行表达，以激发幼儿的书写兴趣、初步培养幼儿书写习惯、发展幼儿文字意识并丰富幼儿创意表达经验的一系列教育活动。① 除了发展幼儿的前书写核心经验之外，幼儿园开展前书写活动的教育价值还在于拓宽幼儿表达思想与情感的路径、提高幼儿精细动作及手眼协调能力，以及奠定幼儿未来学业能力发展的基础。

（一）拓宽幼儿表达思想与情感的路径

语言符号最重要的作用就是表达和交流思想与情感，即在社会文化活动中进行意义建构。虽然口头语言是儿童较早发展起来的语言能力，也是儿童最主要的表达工具，但多元模式（Multimodality）是年幼儿童交流不同意义的核心方式②，在前书写活动中，幼儿基于口头语言经验，综合运用图画、符号与文字等不同书面语言进行意义建构，拓宽了其表达思想与情感的途径。

多元模式是年幼儿童交流不同意义的核心方式体现在两个方面。首先，儿童生活在充满多元模式语言符号的环境当中。儿童自出生之日起，就通过看、听、尝、摸等

① 吴玲．农村教师的幼儿前书写观研究［D］．重庆：西南大学，2014.

② LANCASTER L. Moving into literacy：how it all begins［M］//HALL N，LARSON J，MARSH J. Handbook of early childhood literacy. London：SAGE Publications，2006：145－153.

方式探索与理解外部世界，成人则在抱、摇、抚摸、展示等各种与儿童的互动中有意或无意地传达文化意义。在儿童的日常生活环境中，如衣服、床单、食物包装、玩具、影碟、书籍等物品上，充满了图画、标志、数字等表征特定对象、角色和事件的符号，他们与父母等成人的互动也常常涉及给物体命名、听故事、讨论语言或图画的表达习惯等与不同模式语言符号相关的活动。其次，儿童在表达意义时往往会采用不同模式的语言符号。如儿童在与大人对话时常常同时使用口头语言和体态语言（如用手指某一物体），在讲故事时常常会一边说一边表演，在涂鸦时也会一边画一边用语言解释，儿童的绘画里则常常会出现图形、数字和文字等各种符号。

不同的符号系统在意义表征方式上既有区别又有相似之处。年幼儿童在探索周围环境中的符号以及运用不同符号进行意义表达的过程中，不仅能逐渐认识到说与写、写与画的区别①，还能逐渐学会利用口头语言经验掌握书面语言。幼儿园开展前书写活动，能够有目的、有计划地引导幼儿探索不同的语言符号系统，从而帮助幼儿在早期口头语言发展的基础上，通过多元模式的表达感知书面语言与口头语言的对应关系、理解书面语言符号，并逐渐获得运用书面语言进行表达的能力。在意义建构的视角下，前书写活动既顺应了幼儿多元模式交流的天性，又在幼儿语言发展的早期阶段拓宽了幼儿表达思想与情感的路径，使得幼儿能突破口头语言的局限，运用书面语言符号进行跨越时空的交流。

（二）提高幼儿精细动作及手眼协调能力

前书写活动涉及幼儿握笔、涂鸦、书写符号和汉字等动作，这一方面要求幼儿运用手指和手腕的小肌肉进行精细操作，另一方面要求幼儿将目光集中于正在进行的活动，同时将手部动作与目标对准。因而，在前书写活动中，幼儿能够锻炼手指的灵活性、手腕的控制能力以及手部运动与视觉定位的协调性，从而提高精细动作及手眼协调能力。

首先，幼儿园阶段是儿童发展精细动作、视知觉及视动整合能力的关键时期。精细动作主要指由手部小肌肉和肌群运动产生的动作，视知觉是大脑对视觉刺激进行组织、解释并赋予意义的过程，而视动整合是指视知觉和精细动作的相互协调与耦合，也即我们所说的手眼协调能力。一项针对 127 名汉语学前儿童的追踪研究发现，精细动作在幼儿园阶段处于快速发展期，进入小学一年级后基本处于稳定状态；视知觉在幼儿园阶段基本处于稳定状态，进入小学一年级后快速发展；视动整合能力随着儿童年龄增长逐步提升，且在 3～4 岁时发展尤为快速。②

---

① KENNER C. Signs of difference：how children learn to write in different script system：an ESRC-funded project [D]. Manchester：Manchester Metropolitan University，2002；KENNER C，GREGORY E. Becoming biliterate [M] //HALL N，LARSON J，MARSH J. Handbook of early childhood literacy. London：SAGE Publications，2006：178 - 188.

② 付天宇，丛婧，张重阳，等．视知觉、精细动作和视动整合能力的发展特点：对学前儿童的一项追踪研究［C］//中国心理学会．第二十二届全国心理学学术会议摘要集．北京：第二十二届全国心理学学术会议组委会，2019：319 - 320.

其次，有研究表明儿童的精细动作、手眼协调能力与其书写能力表现显著相关。[①] 精细动作的发展最早从抓握反射开始，到伸够、用勺、用筷、涂鸦之类，最后到能书写。[②] 因而，书写动作本身就是一种复杂的精细动作，是儿童精细动作发展较为成熟的结果。幼儿在参与前书写活动时，需要握笔、涂鸦、书写简单符号和汉字，有大量的机会进行精细动作和手眼协调的练习，从而不断获得进步。

（三）奠定幼儿未来学业能力发展的基础

读写能力既是儿童学业成就的主要表现，也是儿童学习的基础。书写，是儿童正式进入小学后的重要学习内容，幼儿园开展前书写活动，其首要的价值就是帮助幼儿做好未来正式书写学习的准备。同时，前书写能力是幼儿早期读写能力的重要组成部分，因而，幼儿园开展前书写活动能够通过促进幼儿读写能力的发展为幼儿未来不同学科的学习奠定良好基础。

首先，幼儿园前书写活动的开展有助于幼儿做好未来正式书写学习的准备。幼儿园前书写活动往往融入幼儿的一日生活当中，幼儿有大量机会与图画、符号及文字等书面语言进行互动，以及通过纸、笔等各种材料以游戏的形式对书写进行探索，从而逐渐萌发对书面语言学习的兴趣、建立日常书写行为习惯、感知理解汉字的结构以及积累创意书写表达的经验。如前文所述，前书写活动虽然与正式书写不同，并非直接练习写字，但更适合幼儿的年龄和学习特点，有助于幼儿萌发并保持书写的兴趣、建立书写的信心以及养成良好的书写习惯，继而顺利过渡到正式书写。

其次，有研究表明，借助儿童在学前阶段通过与环境中的书面语言互动发展起来的早期读写能力，能够预测其未来在学校的阅读理解、写作和数学成绩。[③] 这说明，读写不仅仅是儿童学习的重要内容，还是儿童学习的重要工具。读写是个体运用语言达到认知和交流目的的一种方式[④]，不仅仅是一种个人行为，更是一种文化活动。通过参与读写活动，儿童所获得的不仅仅是信息，更是一种文化思维，这种文化思维成为儿童评判与思考意义的外部表征、拓展对周围世界的理解的重要工具。[⑤] 作为读写活动的重要形式之一，前书写活动能够通过发展儿童的文化思维能力，为其未来的学业能力发展打下良好基础。

---

① 张重阳．5～6 岁幼儿精细动作与前书写发展的关系研究［D］．金华：浙江师范大学，2021.

② 方莹，薛超，秦金亮．发展幼儿的精细动作：从素养视角看幼儿的书写入学准备［J］．幼儿教育（教育科学），2017（30）：15－18.

③ WELLS G. The meaning makers：children learning language and using language to learn［M］．London：Hodder and Stoughton，1987.

④ WELLS G，CHANG-WELLS G L. Constructing knowledge together：classrooms as centers of inquire and literacy［M］．Portsmouth：Heinemann，1992：121.

⑤ WELLS G. Creating the conditions to encourage literate thinking［J］．Educational Leadership，1990，47（6）：13－17.

三、3～6 岁幼儿前书写学习与发展目标

《指南》在“语言”领域的“阅读与书写准备”子领域提出“具有书面表达的愿望和初步技能”这一目标，要求 3～4 岁幼儿“喜欢用涂涂画画表达一定的意思”，4～5 岁幼儿“愿意用图画和符号表达自己的愿望和想法”“在成人提醒下，写写画画时姿势正确”，5～6 岁幼儿“愿意用图画和符号表现事物或故事”“会正确书写自己的名字”“写画时姿势正确”。同时，《指南》建议“让幼儿在写写画画的过程中体验文字符号的功能，培养书写兴趣”以及“在绘画和游戏中做必要的书写准备”。从上面这些描述中可以看出，《指南》在书写准备维度较关注培养幼儿的书写兴趣，以及保持正确的书写姿势、感知文字符号功能、运用图画和符号表达意义等初步书写技能的发展。

华东师范大学儿童语言发展与教育专家周兢教授团队基于国内外儿童语言研究的丰富结论以及多年与幼儿园园长和教师们合作教研所积累的丰富实践经验，对幼儿前书写学习的核心经验进行了更为具体和精准的提炼与梳理。① 幼儿前书写学习包括三个维度的核心经验。一是建立书写行为习惯。幼儿在初始阶段以随意的涂鸦和线条“假装”书写；在稳定阶段有初步的与纸、笔互动的“书写”经验；在拓展阶段积累并能够书写一些汉字。二是感知理解汉字结构。幼儿在初始阶段感知汉字方块字的特点并意识到汉字与图画的区别；在稳定阶段发现汉字“一字一音”的特点；在拓展阶段理解汉字之间的间隔，书写时能逐步统一字的大小。三是学习创意书写表达。幼儿在初始阶段模仿成人的书写，借助图画表达想法；在稳定阶段使用图画、符号、文字等多种形式创意表达比较复杂的意思；在拓展阶段创意书写中出现利用汉字“同音”“形似”等特点的策略且能表达更复杂的意思。②

综合国家学前教育领域政策文件中有关幼儿书写准备的目标要求，以及理论研究领域所梳理的幼儿前书写学习核心经验，可以看出，幼儿前书写学习与发展具体涉及三方面的目标，即建立书写行为习惯、萌发文字意识以及运用多元图符创意表达。

（一）建立书写行为习惯

书写行为习惯，从广义上讲，包括书写的兴趣、书写的姿势以及通过书写方式进行表达的习惯。这里的书写不局限于写“字”，而是涵盖幼儿涂画、涂写、模拟及运用文字或符号进行表达的所有行为。

建立书写行为习惯是儿童最基本的前书写学习与发展目标。在有良好环境及充足

① 周兢．学前儿童语言学习与发展核心经验［M］．南京：南京师范大学出版社，2014.

② 陈思．学前儿童前书写核心经验［M］//周兢．学前儿童语言学习与发展核心经验．南京：南京师范大学出版社，2014：283－313.

教育资源的情况下，幼儿很早就会对书面语言、“写字”等感兴趣，并出现模仿成人“写字”的行为。① 但最初，幼儿还不具备文字及书写规则的相关知识，只是基于好奇在纸上进行涂画，内容也大多是潦草、简单的点、线或随机的简单图形等。许多幼儿已经能够有意识地将这种行为与“画画”区别开，一本正经地告诉成人“我正在写字”。但当询问幼儿“写”的是什么时，幼儿往往回答不出来，或是每次回答都不一样。在科学的教育支持下，幼儿拥有丰富的与纸、笔互动的机会，并能以自己的方式进行书写表达，从而保持书写的兴趣，并且从无意识地假装“写字”逐渐发展到有目的地用图画和符号表达自己的愿望与想法，从偶然出现假装书写行为发展到在生活中常常自发运用前书写进行意义表达。同时，随着身体的生长发育、精细动作与手眼协调能力的发展，幼儿逐渐能在书写时保持正确的坐姿及握笔姿势；随着自主性的发展，幼儿能逐渐养成爱护书写工具与材料的良好习惯。3～6 岁幼儿在“建立书写行为习惯”这一维度上的学习与发展目标见表 6 - 1。

表 6 - 1　3～6 岁幼儿“建立书写行为习惯”学习与发展目标

年龄	学习与发展目标
3～4 岁	1. 喜欢用涂涂画画表达一定的意思 2. 以随意的涂鸦和线条假装书写
4～5 岁	1. 愿意用图画和符号表达自己的愿望与想法 2. 有初步与纸、笔互动的经验，愿意使用不同的工具和材料“书写” 3. 在成人的提醒下，写写画画时姿势正确 4. 在成人的提醒下，能爱护和整理书写工具与材料
5～6 岁	1. 在日常生活中常常自发用图画、符号及文字表达自己的愿望和想法 2. 愿意用图文结合的方式记录生活、交流想法，如记游戏日记、写信等 3. 写画时姿势正确 4. 爱护书写工具与材料，使用过后会整理

（二）萌发文字意识

文字具有表达意义的功能，在书写表现形式上有固定的特点，在组合上有特定的规则。萌发文字意识，即指幼儿在与书面语言符号互动的过程中，逐步发展出对汉字的表意功能、方块字结构和部件形式以及从前往后、从左到右、从上到下和一字一音等组合规则的认识。②

幼儿的文字意识是在早期读写活动中逐步发展起来的。在文字功能意识方面，幼

① 陈思. 学前儿童前书写核心经验［M］//周兢. 学前儿童语言学习与发展核心经验. 南京：南京师范大学出版社，2014：283 - 313.

② 刘宝根. 学前儿童前识字的核心经验［M］//周兢. 学前儿童语言学习与发展核心经验. 南京：南京师范大学出版社，2014：241 - 282.

儿最初在成人的引导下能够关注生活环境中的常见符号与文字，如交通标志、商店名称等，虽然幼儿并不认识这些符号与文字，但在与成人的互动中他们可以逐渐知道这些符号与文字代表一定的意义；随着早期读写经验的增加，幼儿逐渐在口语、图画、文字三者之间建立起联结，他们逐渐认识到图画书中的文字传递的是图画的意思，也能逐渐获得生活中一些常见符号与文字的意义，如五星红旗代表中国、名字代表自己等；在适当的教育支持下，幼儿到大班时会表现出对符号与文字的巨大兴趣与热情，主动关注文字符号并能对照图画猜测文字的意思。在文字形式和规则意识方面，幼儿最初能感知汉字与图画的区别，感知到汉字方块形的特点，且字与字之间有间隔；随着早期读写经验的增加，幼儿能逐渐感知到汉字由部件构成的特点以及汉字排列从左到右、从上到下等特点；到大班时，幼儿的前书写作品明显体现出上述有间隔、从左到右、从上到下等特点，且逐渐接近“一字一音”的特点，同时他们能逐渐了解生活中常见的信、计划、清单、说明书等书面语言形式。3～6 岁幼儿在“萌发文字意识”这一维度上的学习与发展目标如表 6－2 所示。

表 6－2　3～6 岁幼儿“萌发文字意识”学习与发展目标

年龄	学习与发展目标
3～4 岁	1. 在生活中关注常见的符号与文字，如交通标志、商店名称等 2. 知道符号与文字代表一定的意义，可以记录口头语言 3. 感知汉字方块形的特点，能区别文字与图画 4. 知道文字和文字之间有间隔
4～5 岁	1. 知道图画书中的文字传递的是图画的意思 2. 知道生活中的各种标志和文字代表的是不同的意义 3. 感知汉字由部件构成的特点 4. 感知文字排列从左到右、从上到下以及文字“一字一音”的特点
5～6 岁	1. 愿意阅读文字符号，能对照图画猜测文字的意思 2. 结合图文进行书写表达时表现出有间隔、从左到右、从上到下等特点 3. 结合图文进行书写表达时逐渐接近“一字一音”的特点 4. 了解生活中常见的书面语言形式，如信、计划、清单、说明书等

（三）运用多元图符创意表达

运用多元图符创意表达是幼儿前书写发展的较高阶段，是指当幼儿具有较丰富的与纸、笔互动的经验，对前书写活动有较高的兴趣且对文字的功能、形式与规则有一定认识时，幼儿能够灵活运用图画、符号与文字等不同的书面语言形式，并采取一定的替代策略，有创意地通过“书写”表达自己的想法。

幼儿运用多元图符进行创意表达能力的养成不是一蹴而就的。最初，幼儿只是模仿成人书写，随意在纸上涂画点、线、圈等，表达的想法也较为随机；随着文字意识的提升，幼儿除了涂画之外，还能够用简单的图形创造符号表达特定的意思，并综合使用图画、符号与文字等多种书面语言形式进行表达；在良好的语言环境与科学的教育支持下，幼儿能自然习得一些日常生活中常见的简体字，逐渐能以符号和文字为主表达更复杂的内容，且能依据图画、符号、文字之间的对应关系，在前书写时用图画或符号代替读音或意义相同的字（“同音”“同义”策略），或是用会写的字代替读音或部件相同的字（“同音”“形似”策略）。3～6 岁幼儿在“运用多元图符创意表达”这一维度上的学习与发展目标如表 6－3 所示。

表 6－3　3～6 岁幼儿“运用多元图符创意表达”学习与发展目标

年龄	学习与发展目标
3～4 岁	1. 用图画表达自己的愿望和想法 2. 用点、线等符号代表字，模仿成人书写
4～5 岁	1. 用图画、符号和文字等多种形式表达愿望与想法 2. 能用简单的图画、图形、数字、字母等创造符号表达意义
5～6 岁	1. 逐渐以符号和文字为主表达更为复杂的内容 2. 能使用“同音”“同义”等策略，用图画或符号代替不会写的字 3. 能使用“同音”“形似”等策略，用会写的字代替不会写的字

观察小工具

幼儿前书写表现性评价表如表 6－4 所示。

表 6－4　幼儿前书写表现性评价表

观察维度	表现水平			行为记录	评价
	水平 1	水平 2	水平 3		
建立书写行为习惯	• 喜欢用涂涂画画表达一定的意思 • 以随意的涂鸦和线条假装书写	• 愿意用图画和符号表达自己的愿望与想法 • 有初步与纸、笔互动的经验，愿意使用不同的工具和材料“书写” • 在成人的提醒下，写写画画时姿势正确 • 在成人的提醒下，能爱护和整理书写工具与材料	• 在日常生活中常常自发用图画、符号及文字表达自己的愿望和想法 • 愿意用图文结合的方式记录生活、交流想法，如记游戏日记、写信等 • 写画时姿势正确 • 爱护书写工具与材料，使用过后会整理		1 2 3

续表

观察维度	表现水平			行为记录	评价
	水平 1	水平 2	水平 3		
萌发文字意识	• 在生活中关注常见的符号与文字，如交通标志、商店名称等 • 知道符号与文字代表一定的意义，可以记录口头语言 • 感知汉字方块形的特点，能区别文字与图画 • 知道文字和文字之间有间隔	• 知道图画书中的文字传递的是图画的意思 • 知道生活中的各种标志和文字代表的是不同的意义 • 感知汉字由部件构成的特点 • 感知文字排列从左到右、从上到下以及文字“一字一音”的特点	• 愿意阅读文字符号，能对照图画猜测文字的意思 • 结合图文进行书写表达时表现出有间隔、从左到右、从上到下等特点 • 结合图文进行书写表达时逐渐接近“一字一音”的特点 • 了解生活中常见的书面语言形式，如信、计划、清单、说明书等		1 2 3
运用多元图符创意表达	• 用图画表达自己的愿望和想法 • 用点、线等符号代表字，模仿成人书写	• 用图画、符号和文字等多种形式表达愿望与想法 • 能用简单的图画、图形、数字、字母等创造符号表达意义	• 逐渐以符号和文字为主表达更为复杂的内容 • 能使用“同音”“同义”等策略，用图画或符号代替不会写的字 • 能使用“同音”“形似”等策略，用会写的字代替不会写的字		1 2 3
总结	幼儿前书写特点： 最近发展区：				

第二节 幼儿园前书写活动的设计与组织[①]

一、幼儿园前书写活动的目标定位

幼儿园开展前书写活动的目的在于帮助幼儿学习和积累运用图画、符号与文字等书面语言进行意义表达的经验，从而逐渐达到不同阶段的学习与发展目标。本章第一节列出的幼儿前书写三个维度的学习与发展，以及3～4岁、4～5岁和5～6岁三个年龄段的典型表现，可以作为幼儿前书写活动目标设计的基本参照。不过，家庭及幼儿园语言环境、幼儿生活经验和认知水平等因素会造成幼儿前书写核心经验发展的个体差异，因此，教师需要参考幼儿前书写的学习与发展目标对本班幼儿前书写核心经验的发展水平进行具体分析，以明确前书写活动的目标定位。

如本章“现场观察”呈现了两个大班的前书写作品，通过比较可以发现，虽然同为大班，但这两个班级幼儿的前书写发展水平并不相同。在“护水卫士”主题背景下，幼儿以图文表达的方式呈现了“水的用处”以及“如何节约用水”的调查结果。从图6-1可以看出，幼儿的前书写表达以图画为主，结合使用了少量数字和箭头等符号，说明幼儿有初步与纸、笔互动的经验，能够以图画为主表达意义，文字意识和创意表达的经验还不充分。针对这个班级的幼儿，教师可以将提供更丰富的前书写机会、引导幼儿关注并感知环境中的符号与文字、发展幼儿文字意识作为下一步活动的主要目标。在“我要上小学”主题背景下，教师创设了“大一班微信群”个别化学习环境，提供纸、笔等材料，让幼儿用图文符号的形式“畅想小学”。从图6-2可以看出，幼儿已经能够综合使用图画、符号和文字等多种形式的书面语言进行表达，且前书写作品体现出有间隔、从左到右的特点、接近“一字一音”的规则，说明这个班级的幼儿具有更丰富的与纸、笔互动的经验，且具备了一定的文字意识，了解汉字结构特点及

① 本节的前书写活动案例及相关照片均由上海市嘉定区东方瑞仕幼儿园余寿娟提供。

组合规则。因而，针对这个班级的幼儿，教师可以将引导幼儿感知“一字一音”的规则、尝试运用“同音”、“同义”和“形似”等替代策略进行创意书写表达作为下一步活动的主要目标。

从“现场观察”的两个例子可以看出，幼儿前书写能力并非完全自然而然地发展的，而是受到外在语言环境、教育资源和教育支持的影响。一方面，幼儿对书面语言感兴趣的经验，如果没有得到教育环境的有力支持和科学引导，可能很快就会湮没在幼儿对其他事物的关注和兴趣之中而失去发展的机会；另一方面，如果没有教师有效的互动与指导，幼儿很难自发地在环境中寻找文字信息，并发现和自觉运用书面语言的构成特点与组合规则。这也说明，在幼儿园开展前书写活动具有非常重要的意义，教师通过创设丰富的前书写环境，提供大量纸、笔等互动材料与机会，以及引导、支持和提升幼儿相关经验，能够有效帮助幼儿建立书写行为习惯、萌发文字意识以及运用多元图符创意表达。

二、融入幼儿园一日生活与游戏的前书写活动

前书写中的“前”，在目标上体现为学习运用纸、笔等书写工具进行书面语言创作与意义表达，在内容上体现为关注生活中常见的符号与文字运用，围绕幼儿的生活、心愿及想法进行表达，在形式上则强调生活化、游戏化、有意义的情境。因而，幼儿园前书写活动的开展，应注重与幼儿一日生活和游戏的融合，通过润物细无声的方式引发幼儿与纸、笔的互动，并使幼儿在丰富、多元、真实的书面语言运用情境中不断积累运用文字符号表达意义的经验。

（一）与环境互动的画画写写

环境是幼儿的第三位老师，教师可以和幼儿一起，在班级里创设充满前书写机会的日常环境，使幼儿浸润于其中，不断通过画画写写与环境产生互动，从而萌发并保持前书写的兴趣。

1. 班级公约“我做主”

班级公约是指幼儿针对班级中的生活、学习等方面共同讨论制定的需要大家共同遵守的约定。班级公约会影响幼儿的日常行为，当它以幼儿前书写作品的形式张贴在班级环境中时（如图 6-3 所示），一方面是对幼儿前书写行为的有效鼓励，会激发幼儿前书写的创作兴趣；另一方面幼儿阅读自己或同伴创作的班级公约也是感知图画、符号和文字表意功能与形式的过程。

2. 照片墙“我诠释”

许多幼儿园班级里都会有照片墙，其内容主要是展示班级全家福，呈现幼儿成长的不同阶段。幼儿非常喜欢观察照片中的自己和同伴，在聊天时还会用特定的词语描绘照片。如图 6-4 所示，教师可以为幼儿提供制作名牌的材料，组织幼儿展开讨论，给每

图 6-3　幼儿的前书写作品：班级公约

张全家福照片取一个专属的名字，然后引导幼儿通过前书写的方式绘制名牌。这样，一来能让幼儿感受到前书写在生活中的用处，二来能极大地激发幼儿前书写的兴趣。

图 6-4　幼儿的前书写作品：全家福名牌

3. 星星榜“我记录”

为正向鼓励幼儿，培养其良好的行为习惯，班级墙面上可以设置星星榜，用于统计和展示幼儿因良好行为获得的“星星”。如图 6-5 所示，在材料提供上，教师可以用大星星代替小星星，以方便幼儿用自己的方式在上面记录获得星星的原因。这样，一来有助于幼儿了解日常行为中自己哪里做得好，从而使良好的行为得到正向强化；二来自然而然地为幼儿创造了前书写机会，有助于幼儿感知文字和符号的表意功能以及前书写在生活中的运用。

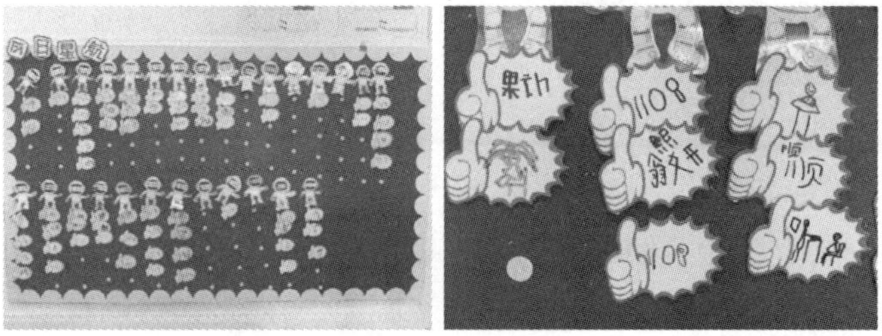

图 6-5　幼儿的前书写作品：星星榜

4. 生活标识“我制作”

生活环节蕴藏着丰富的学习契机，班级环境中的生活标识是支持幼儿在潜移默化中学习生活常规、建立良好生活习惯的重要支架。因此，教师可以通过绘画、图示、思维导图等方式可视化地呈现某一生活环节的流程、内容及操作步骤等，以丰富班级中的各类生活和安全标识。随着中、大班幼儿的自主性和主动性逐渐增强，教师可以提供丰富的材料，引导幼儿一起参与班级生活标识的设计与制作。如图 6-6 所示，教师提供材料，引导幼儿亲自制作了运动之后一系列操作步骤的标识。这样，一方面幼儿有机会将自己对生活常规的理解用图画、符号和文字等形式表达出来，探索不同的表达方式；另一方面幼儿在班级环境中随时都能看见自己的前书写作品，也会进一步提升前书写的兴趣。

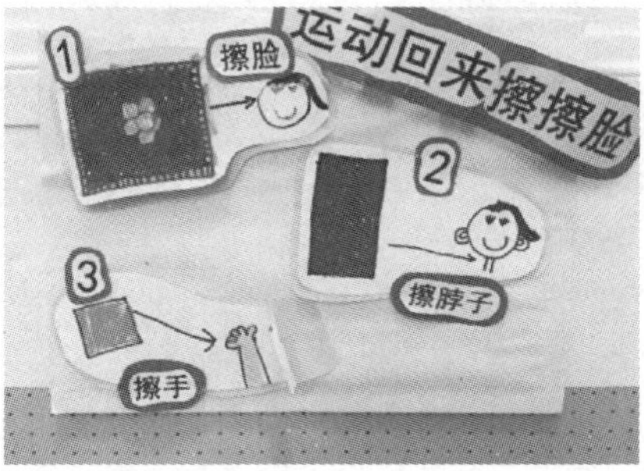

图 6-6　幼儿的前书写作品：班级标识

（二）记录一日生活的多样日记

与环境互动的画画写写内容较为简单，主要目的在于为幼儿提供丰富的、有意义的前书写环境，以引发并保持幼儿前书写的兴趣，并使幼儿随时随地都有机会感知图文表达。为进一步引发幼儿对多元图符的运用，教师还可以鼓励幼儿记多样的日记，如天气日记、植物日记和游戏日记，引导幼儿在一日生活中仔细感知生活，随时记录，探索用不同图符进行较复杂意义表达的方法与策略。

1. 天气日记

如图 6-7 所示，教师可以将天气预报与日历相结合，为幼儿提供空白的记录模板。幼儿每天了解当天的日期和天气情况，再用自己的方式记录在相应的方格里。一个月结束后，幼儿还可以对当月的天气情况进行统计并记录结果。记天气日记，一方面可以引导幼儿关注和表达天气现象、积累科学经验；另一方面因为天气记录除了可以用图画、图形表现天气现象之外，还需要用数字和符号表征日期和温度，以及用符号和简单的文字表征抽象的“变化”，所以有利于幼儿探索不同图符的运用。

2. 植物日记

如图 6-8 所示，教师可以在植物角给每位幼儿提供一本植物记录本，以便幼儿

图 6-7　幼儿记的天气日记

在照顾自己的植物时能记录它们的变化。与记天气日记相似，记植物日记一方面有利于幼儿养成仔细观察、照顾植物的耐心，培养科学经验；另一方面有利于幼儿综合运用图画、图形、数字、符号和文字等进行表达，探索多元图符表征意义的方法。

图 6-8　幼儿记的植物日记

3. 游戏日记

幼儿的很多学习都发生在自主游戏当中。幼儿与教师在游戏分享环节对有关游戏过程、遇到的问题和解决的办法以及游戏的新发现等的讨论，如果没有在班级环境中呈现，第二天再玩游戏时幼儿可能就会忘得一干二净，这会导致幼儿在游戏中各类经验的积累缺乏连续性。如图 6-9 所示，教师可以在班级主题墙上设置游戏日记板块，用于直观呈现幼儿的游戏计划或设计、在游戏过程中遇到的问题及解决的办法，以及通过游戏形成的作品。自主游戏是幼儿最喜爱的活动，因而幼儿会非常乐于记游戏日记，并常常借助游戏日记和同伴回顾、讨论游戏的过程，重温游戏的快乐。游戏日记内容的复杂性又驱使幼儿在创作和阅读前书写作品的过程中不断思考和探索用什么符号、通过什么方法表达具体的或抽象的意义，才能让老师和同伴理解。在这种主动、自主的学习过程中，幼儿的前书写核心经验不断得到丰富。

（三）融入区域游戏的多元表达

在班级区域中，教师可以通过创设游戏环境并提供游戏材料引发幼儿的自主探索，从而帮助幼儿获得各领域最近发展区核心经验。无论是在语言区、美工区、建构区还是在科学区，都能够结合幼儿的探索过程设计与开展不同的前书写活动。教师可

图 6-9 幼儿记的游戏日记

以通过两种形式将前书写活动融入区域游戏：一种是从内容角度引导幼儿在区域游戏中对主题经验进行多元表达；另一种则是从过程角度引导幼儿在区域游戏中对探索过程进行记录。

1. 主题经验的多元表达

在班级主题活动开展的过程中，通过前书写区域游戏支持幼儿对主题经验的学习，既有利于幼儿积累前书写核心经验，又有助于增进幼儿对活动主题相关经验的探究与理解。如在大班“我要上小学”主题背景下，教师可在语言区设计“毕业悄悄话”活动，让幼儿通过写信寄信的方式表达自己对教师和同伴的离别之情；可在美工区设计“毕业纪念册”活动，让幼儿在通过创意表达装饰纪念册的同时回忆三年的幼儿园生活，感受幼儿园生活的美好。

如图 6-10 所示，在语言区的“毕业悄悄话”活动中，教师为幼儿提供了彩色卡片纸、彩笔以及留言箱。幼儿可以设计自己的名片用以装饰留言箱，还可以在卡片纸上记录自己此时的心情，或是写上想对教师或同伴说的话（如图 6-11 所示），然后投递到留言箱中。

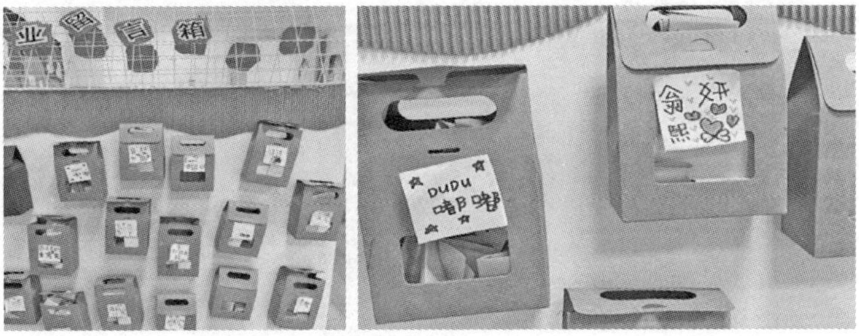

图 6-10 语言区前书写活动：“毕业悄悄话”

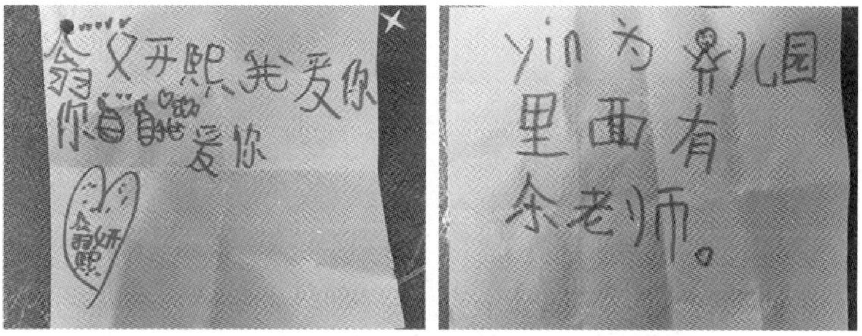

图 6 - 11　幼儿给同伴和教师的留言

如图 6 - 12 所示，在美工区的“毕业纪念册”活动中，教师投放了空白的毕业纪念册，在背景墙上设置了讨论区。幼儿不仅可以在纪念册中贴照片、画画，还可以用创意符号装饰照片或是对照片背后的故事进行解说，进行创意表达。另外，在讨论区幼儿也可以通过创意书写表达自己的想法，说说想做纪念册的原因。

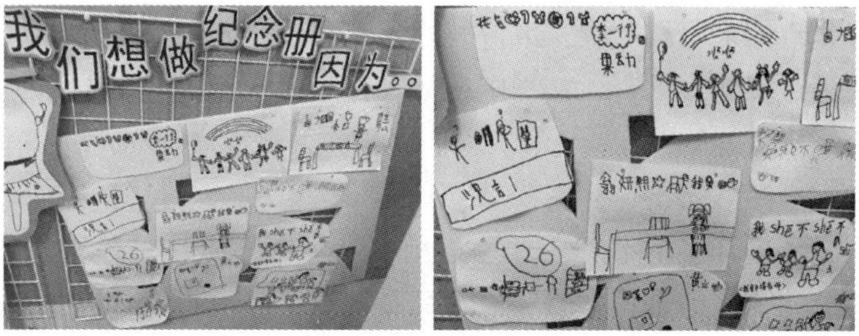

图 6 - 12　美工区前书写活动：“毕业纪念册”

2. 探索过程的记录

幼儿在玩建构游戏时，随着其搭建的目的性和创造的复杂性逐渐增强，教师可以提供记录材料，以培养幼儿规划建构内容和步骤的意识与能力，同时也能引导幼儿呈现建构探索的过程。如在积木建构区，教师提供了纸牌作为建构材料，并投放了设计图底板和搭建记录表，以支持幼儿通过前书写的方式记录自己设计和探索的过程，同时感受前书写的应用给生活带来的方便。如图 6 - 13 所示。

图 6 - 13　幼儿的纸牌设计图和搭建记录

幼儿对身边的现象和新鲜事物有较浓厚的探索兴趣，喜爱做各种科学小实验。如图 6 - 14 所示，教师在科探区提供了记录表和笔，以引导幼儿一边探究一边记录一边思考。记录不仅有助于幼儿加深对实验操作的印象、回顾和反思探究的过程，同时也有利于幼儿探索运用不同符号进行记录的策略，积累多元表达的创意书写经验。

图 6 - 14　幼儿的科学探究记录

三、幼儿园前书写活动的支持性策略

幼儿前书写经验的发展除了需要丰富的与纸、笔互动的机会，还需要教师有目的、有计划的教育支持。围绕建立书写行为习惯、萌发文字意识以及运用多元图符创意表达三方面的学习与发展目标，教师可以在开展前书写活动的过程中采用三种支持性策略，即：多途径阅读，增强对文字符号表意功能的理解；多机会交流，建立书面与口头语言联系；多形式支架，厘清表达的思路与策略。

（一）多途径阅读，增强对文字符号表意功能的理解

1. 图画书阅读

针对幼儿前书写早期较为单一的表达形式，教师可在班级图书角有意识地为幼儿提供一些富于符号与文字或图文表达形式较独特的图画书。如《白鹤日记》呈现了用数字记录日记中的日期的形式，《三十六个字》展现了汉字的象形特征等，如图6 - 15 所示。幼儿在阅读的过程中能够感知到这些图画书中图画、数字、符号与文字等的强大的表意功能与丰富的表达形式。

2. 环境阅读

教师与幼儿共同创设的班级环境中充满了以图文结合形式进行表达的阅读材料，如安全标识、班级公约、常规步骤、各类记录等。在生活活动中融入对这些材料的阅读与讨论，既能结合当时情境加深幼儿对材料内容的理解，又能基于这种理解增进幼儿对文字和图符表意功能的认识。如在“我们的城市”主题活动开展过程中，教师让幼儿搜集城市中的各种标识并呈现在主题墙上；在“舌尖上的云南”自助餐活动中，教师根据自助餐的主题提供了云南美食菜谱（如图 6 - 16 所示）。教师可以引导幼儿

图 6－15　图画书《白鹤日记》（左）与《三十六个字》（右）

共同关注和讨论这些材料是如何清晰地表达和传递信息的以及其中有哪些约定俗成的表达方式，使得幼儿理解更多与生活相关的书写内容与形式，在不知不觉中积累创意书写的有益经验。

图 6－16　云南美食菜谱

3. 作品阅读

如图 6－17 所示，在记录一日生活的多样日记活动中，教师为每位幼儿提供了一本单独的日记本，幼儿可以在自己的日记本上记录，也可以翻阅同伴的日记本。同时，每人都有独立的日记本也有利于教师通过对作品的观察了解幼儿前书写经验发展变化的情况。幼儿的前书写经验发展一般而言会存在个体差异，如有的幼儿在日记中主要以图画形式进行表达；有的幼儿在记录建构游戏中搭建的高楼大厦时，会用很长的向上箭头表示“高”；有的幼儿在表达植物角的花很香时会画一瓶香水，利用“同义”的替代策略进行表征。除了鼓励幼儿相互之间翻阅日记感知同伴不同的表达方法之外，教师还可以选择表达形式较为丰富或是运用了相关替代策略的作品，利用非正式的谈话环节与幼儿一起阅读欣赏，从而帮助幼儿更清晰地理解多元图符表征的形式与策略。

图 6-17 幼儿的日记作品

（二）多机会交流，建立书面与口头语言联系

1. 作品解读

幼儿日常的前书写作品，如果缺少后续的关注，往往会不了了之，时间长了幼儿自己也记不清具体记录的是什么。教师可以利用游戏分享环节或生活环节围绕幼儿当时的记录进行分享交流，让幼儿解读自己或同伴的前书写作品，并对记录的内容及表达形式和策略进行讨论；还可以让幼儿把前书写作品带回家讲给爸爸妈妈听。在解读作品的过程中，幼儿不仅能够及时回顾记录的内容，还能思考和探索自己的口头语言表达与书面语言表达之间的关系。

2. 同伴共读

随着语言能力的发展，幼儿除了能逐渐清楚、连贯地用口头语言表达之外，对书面语言表达也越来越感兴趣。但是，幼儿的口头语言表达和书面语言表达之间往往缺少联系，如在记录同一件事情时，幼儿有时说的和记录的并不一致，有时说得很清楚但记录得却很杂乱而难于理解。在作品解读的分享环节有时无法让所有幼儿都有交流的机会，教师可在展示幼儿作品的区域投放留言板和录音笔（如图 6-18 所示），鼓励幼儿在自由活动或区域活动时，与同伴共读并讨论自己的作品、阅读同伴的作品后用录音笔给同伴留言或是听听同伴阅读自己作品后的留言。在这种口头语言和书面语言理解与表达来回互动的同伴共读交流中，幼儿既学习了用书面语言形式准确表达口头语言的意义，又学习了用口头语言解释书面语言的表达，从而逐渐建立起两者间的密切联系，在发展口头语言的同时也不断发展书面语言理解和表达能力。

图 6-18 区域中投放的留言板和录音笔

（三）多形式支架，厘清表达的思路与策略

1. 书写材料支架：提供多样纸张

在融入幼儿一日生活与游戏的前书写活动中，书写材料是幼儿进行书面表达探索

的重要支架。如图 6－19 所示，教师可依据不同的记录或日记内容为幼儿提供白纸、折痕纸、表格纸、线条纸等多种形式的纸张，以帮助幼儿梳理表达思路、组织表达内容。如在科学类活动中，教师可提供表格纸，方便幼儿记录实验材料、步骤和结果；在阅读活动中，教师可提供折痕纸，方便幼儿在阅读图画书时记录不同页码中的问题；在项目化活动中，教师则可提供线条纸，引导幼儿一条条分开记录探究任务。

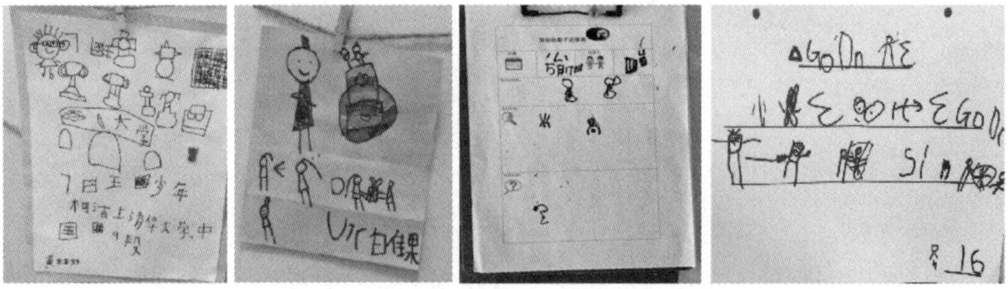

图 6－19　前书写活动中的多样纸张

2. 可视化支架：运用思维导图

在主题活动开展过程中，教师经常会设置一些与主题学习相关的“调查问卷”促进家园互动，让幼儿在家长的协助下了解与主题相关的事物并记录在“调查问卷”上。但幼儿的记录往往缺少条理性，在交流分享时也只是随机挑选部分内容进行介绍，缺乏对语言表达的构思与组织。针对这一问题，教师可利用思维导图帮助幼儿厘清记录与表达的思路。如教师可复印幼儿的调查表，按照记录内容剪成一张张小图片，在分享环节与幼儿交流每张图片的含义并对图片进行分类，最后在一张大纸上以思维导图的形式将这些图片呈现出来，从而帮助幼儿了解可以从哪些方面记录自己的调查结果，如图 6－20（1）所示。又如，在语言区自制图书活动中，幼儿理解了图书制作步骤后将每一步用前书写的方式表达出来贴在黑板板面上，但还是有幼儿在操作时搞不清制作的顺序。于是，教师借助箭头将幼儿所画的制作步骤用流程图的形式呈现出来，从而帮助幼儿厘清步骤顺序，如图 6－20（2）所示。不同思维导图的运用，既培养了幼儿的逻辑思维能力，也丰富了幼儿构思和组织书面语言进行意义表达的经验。

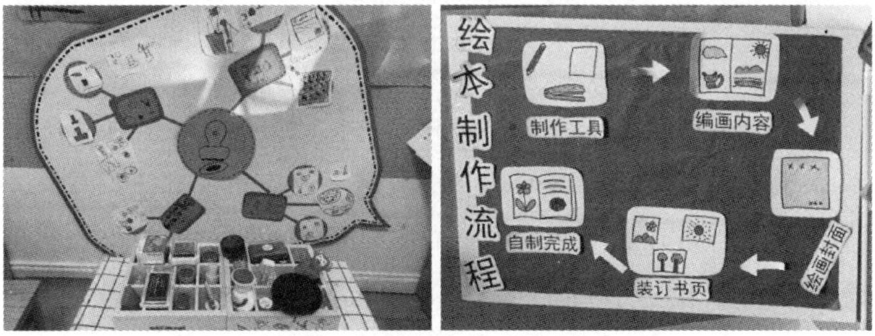

（1）　　　　　　（2）

图 6－20　前书写活动中的思维导图支架

实践小贴士

基于前书写能力发展的幼儿绘画日记探究①

幼儿绘画日记是幼儿以其独特的图画语言，自主、自由地记录下的自己每日所见、所闻、所想、所愿。绘画日记的内容源自幼儿的实际生活，这会让幼儿非常乐于创作。幼儿在绘画中能够逐渐明白书写与现实生活的关系，促进用书面语言进行记录的经验和意识的发展，从而为今后入学的阅读和书写活动打下基础。

基于前书写能力发展的幼儿绘画日记探究

幼儿绘画日记的内容主要包括三类。一是日常生活，如今天在户外玩了“老狼老狼几点钟”的游戏、下午制作了一辆纸盒大坦克等，幼儿都会兴致满满地画进日记里。二是特殊事件，如外出游玩或印象深刻的事情。三是主题记录，即在一段时间内每天针对某一主题进行记录，如每天记录区角中动植物的生长情况。

教师指导幼儿创作绘画日记时，应注意发展幼儿前书写的核心经验，主要包括四方面的策略。

1. 创设环境策略

在宽松的环境中，幼儿思维会比较活跃，也更敢于表现。因此，教师应给幼儿提供一种轻松、自由的环境，无论幼儿画得如何、表达清晰与否，都应给予鼓励和肯定，让不同层次、性格的幼儿都能尽情地在绘画日记中表达自己的真情实感。除了创设宽松的心理环境，还可为幼儿创设专门的绘画日记区角，便于幼儿创作。

2. 谈话策略

谈话策略即通过谈话引导幼儿观察并学习运用图画、符号等方式进行表达。在谈话时一方面要关注幼儿的生活，引导幼儿回忆和联系生活经验；另一方面要关注细节和符号，引导幼儿细思、多想，鼓励幼儿使用符号表达情感等。

3. 榜样示范策略

幼儿前书写的发展水平并不完全一致，教师应关注幼儿的个体差异，让水平较高的幼儿做榜样示范，或对优秀的绘画日记作品进行点评，引导幼儿关注书写形式及书面语言符号形式，这样有助于水平较低的幼儿了解多样化的书写形式，提高前书写能力。

---

① 刘璐．基于前书写能力发展的幼儿绘画日记探究．教育观察，2021，10（12）：53－54，87.

4. 家园共育策略

家园共同开展绘画日记活动，能增强幼儿创作绘画日记的意识，让幼儿进步更快。教师可与家长共同探讨幼儿绘画日记活动的开展和指导方式，并根据幼儿的个体差异，帮助家长指导幼儿创作绘画日记，提高家长指导幼儿发展前书写核心经验的能力。

第三节　幼儿园前书写活动案例与分析①

除了融入一日生活与游戏之外，幼儿园前书写活动还可与主题背景下的项目化学习相结合，或是以集体学习活动的形式开展。

一、主题背景下问题驱动的前书写项目化学习活动案例与分析

（一）主题背景与问题的由来

大班正在开展“我们的城市”主题活动。在“贴邮票”集体学习活动中，幼儿初步了解了信封和寄信，并对写信产生了兴趣。在随后的个别化学习活动中，有幼儿开始尝试写信。在这天的个别化交流环节，佳慧与大家分享自己写的信，她拿起一张纸，纸的四个角向内折叠，上面画着爱心、3 号、小太阳等符号，里面还藏着一张画着图画的小卡片。佳慧说：“这几天我的好朋友请假了，没有见到她好想她啊。上次贴邮票的课上有写信，我想给玟嫣写信，等她来了送给她。”受到佳慧的启发，班上其他幼儿也纷纷开始给好朋友写信。

跟随幼儿的兴趣点，教师在语言区域增加了不同类型的书写材料，如手工纸、白

① 本节的前书写活动案例及相关照片均由上海师范大学闵行实验幼儿园柴慧婷提供。

纸、卡通信纸、彩纸、牛皮纸、明信片、图案和大小不同的信封，以及记号笔、水彩笔、蜡笔、马克笔等。几天过去，幼儿对写信的热情依旧不减，并且在写信的过程中提出了许多问题：信是什么？为什么写信？怎么给朋友写一封信？于是教师引导提出这些问题的幼儿以小组形式围绕“写信”合作展开探究。

（二）探究一：信是什么

首先，教师和幼儿进行了一场关于“信”的谈话活动。玥玥说：“信是写满字的一张纸。”馨馨说：“当你想念你的好朋友时，就可以给他们写信。”萌萌说：“在信里可以说一些不敢和朋友说的话。”挽晴说：“信可以表达爱。”通过这次讨论，幼儿总结出“信是一张纸做成的，是用来传递信息的工具”。

随后，幼儿展开了一场关于“信”的大调查。如图 6－21 所示，幼儿通过 iPad 观察真实的信和信封，了解到：（1）信纸有很多种。有的是格子纸，有的是横线纸，还有带图案的信纸。（2）信封也有不同的样子。有的信封正面印刷了用于填写邮政编码的小方框，有的则没有；有的信封反面是单边封口，有的则是双边封口。（3）信封上贴的邮票有不同的面值。（4）信封上要填写邮政编码和地址才能寄出去。幼儿用前书写的方式记录下了这些调查结果。

图 6－21　幼儿使用 iPad 观察信和信封

（三）探究二：为什么写信

为帮助幼儿进一步了解“信”，教师又在区域中投放了一些与信相关的图画书。如《獴哥的信》能让幼儿感知和了解细节丰富、趣味十足的明信片；《彼得兔信里的秘密》里六封特别的手写信所串联起的小故事能充分调动幼儿对写信的兴趣；《点点和多咪的信》则有助于幼儿从中探索信的基本格式，了解写信时的时间、地点、事情三要素；《不会写信的狮子》能够启发幼儿利用多种方式表达爱；《小熊邮递员的一天》有助于幼儿感知“寄信”—“送信”—“收信”的传递过程，并且理解邮递员的职责及信的重要意义；《森林书店》讲述了猫头鹰与松鼠因信件的沟通从一开始陌生冷淡到后来熟悉友好的故事，幼儿从中可以感受到信用来沟通、带给人关爱和暖意的重要功能。

幼儿在个别化学习时间阅读了这些图画书，了解了信的功能，针对“为什么写信”这一问题使用图文符号表达了自己的想法。如图 6－22 所示，幼儿认为：信可以用来表达爱；信和手机一样可以用来和朋友联系；信可以寄给远方的人；在信里可以说出自己想说的话；在信里可以把不敢说的话写下来……

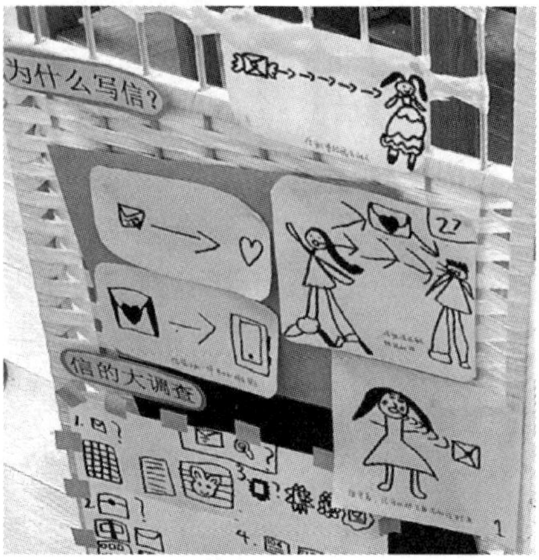

图 6－22　幼儿前书写表达：为什么写信

（四）探究三：怎么给朋友写一封信

在了解了什么是信以及为什么写信后，幼儿想写一封真正的信，于是又出现了新的问题：写信有什么要求吗？信里面可以写些什么呢？

为了解决幼儿的困惑，教师组织幼儿开展了一次关于“写信”的学习活动。在活动中，教师先和幼儿围绕“怎么写信”进行了简短的交流，幼儿各抒己见，有的说“信上要写谁写的和收信的人”，还有的说“信上要写上日期”。接着，教师引导幼儿一起梳理了写信的要求，如一封信的基本构成包括称呼、问候、正文、署名和日期；信封上则要写清楚收信人和寄信人。最后，幼儿合作讨论并记录了“信里面可以写些什么”。如图 6－23 所示，幼儿认为，信里面可以写给朋友的祝福、写开心的事和不开心的事、说说自己的心情、把害羞或不敢说的事说出来、邀请朋友出去玩、说说一天做了些什么、介绍家里有什么，以及把不知道的问题写下来等。

在随后的个别化学习时间，幼儿纷纷开始给自己的朋友写信，如图 6－24 所示。

不过，在写信的过程中，新的问题又产生了。这天，文轩问一边的梓安：“遇见你的‘遇’会写吗？可以帮我写一个‘遇’字吗？”梓安说：“‘遇’字，我想想，有了，你可以画一块玉石，两个都是‘yu’。”文轩说：“对哦，那我就画一块玉石吧。”于是他画了一块“玉石”来代替不会写的“遇”字。一会儿，有幼儿来问：“老师，‘秋千’两个字怎么写呀？”“老师，很多字我不会写，你可以帮我写吗？”“老师，馨馨给

图 6－23　幼儿前书写表达：信里面可以写些什么

图 6－24　幼儿给自己的朋友写信

我写了信，可是有的地方我看不懂。”这说明幼儿在文字意识及运用图符创意表达方面的经验还不够丰富。于是，在当天的交流分享环节，教师把一个幼儿提出的问题抛给了孩子们：“今天溪溪在写信的时候遇到个问题，不知道‘秋千’两个字怎么写，你们有什么好办法可以帮帮她吗?”恺元说：“可以直接画一个秋千呀。”琳琳说：“还可以画一只蚯蚓和一支铅笔。”乐乐则说：“我还想到了可以画一个球和一张钱。”教师总结道：“这几个方法都很好，大家可以讨论一下经常用到的字都可以用哪些图画或符号来表示。”随后，针对幼儿“不会写”和“读不懂”等问题，教师又设计并实施了一次专门的集体学习活动“给弟弟妹妹的一封信”，先引导幼儿共同读信、想办法表达读不懂的符号或字，进而一起梳理“同音”“同义”等替代策略，然后通过给弟弟妹妹写一封信，在实践中实际运用梳理出来的创意表达策略。经过这次学习活动，幼儿更好地理解并掌握了创意表达的方法，写信的兴趣也更加浓厚了。

（五）探究成果

幼儿写的信越来越多，而且开始给不同的人写信，如中班弟弟妹妹、园长妈妈、厨师阿姨、保安叔叔等。幼儿在信里表达了对幼儿园和老师们的感谢与不舍，表达了对弟弟妹妹们的关心与建议，也表达了有关未来小学生活的心愿。幼儿的前书写作品也在不断进步，信的内容更加丰富，符号和文字等书面语言表达形式更加多样，对“一字一音”的规则以及“同音”“同义”等替代策略的运用也更加熟练（如图 6－25 所示）。

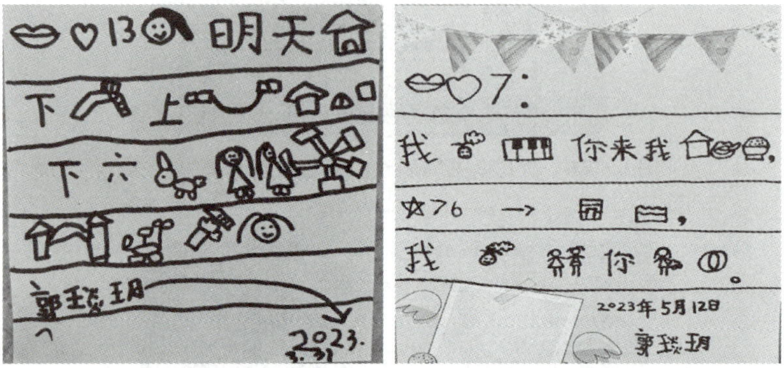

图 6－25　同一位幼儿前书写作品的变化：给朋友的一封信

这天，挽晴又提出了新的问题：“我们写了这么多信，怎样才能让别人收到我们的信呢？”星星说：“可以放到信箱里。”悦悦说：“哪里有信箱呢？”佳慧说：“我们可以自己做一个信箱，把信放到里面。”挽晴又问道：“可是怎样才能知道是谁的信箱呢？”佳慧回答说：“可以在上面画画，然后写上自己的学号和名字就好啦，这样子我们就可以把信送给我们的朋友了。”于是，应幼儿的需求，教师给每个人准备了一个牛皮纸盒。幼儿在自己的纸盒上设计了属于自己的图案并写上了学号和名字，然后将纸盒贴在墙上变成了独特的信箱。每个幼儿都有属于自己的一个信箱，班级的三位老师也设计了自己的信箱。当幼儿想给哪位朋友或老师写信时就把信塞到他的信箱中，幼儿每天也都期待着自己的信箱里塞满朋友们写的信。写信、寄信、收信、读信成为幼儿每天乐此不疲的游戏。

（六）活动分析

1. 驱动性问题与幼儿学习目标分析

项目化学习是学生在一段时间内通过对真实的、有挑战性的问题进行持续研究，实现对核心知识的再建构和思维迁移的学习活动。① 由此可见，驱动性问题是项目化学习发生的前提条件，寻找问题的解决方案则是幼儿探究学习的终极目的，而在探究

① 夏雪梅．项目化学习的实施：学习素养视角下的中国建构［M］．北京：教育科学出版社，2020.

过程中幼儿为了解决问题所建构的新知识则可能涉及不同领域的学习与发展目标。

在“我们的城市”主题背景下，幼儿在“贴邮票”学习活动中对“写信”产生了兴趣。在随后的个别化学习中，幼儿在尝试写信的过程中提出了一系列问题：信是什么？为什么写信？怎么给朋友写一封信？虽然在信息技术发达的今天，电子邮件、微信等已经成为人们之间沟通交流的主要手段，但写信具有独特的价值，如可以整理思绪和观点、可以更仔细地选择和组织语言传达更多的细节、可以反复阅读体会和回忆带来的情感触动、可以保存和珍藏成为永久的纪念等，因而它依然是人们在一些特殊时刻会使用的沟通交流方式。幼儿所提出的一系列有关“信”的问题，既是与生活有关的真实问题，又对幼儿具有挑战性，因而成为非常适宜的项目化学习的驱动性问题。

信是一种用于传递信息、表达思想、交流观点或表达感情的书面语言形式。幼儿围绕“写信”相关问题的解决而展开的探究必然会涉及书面语言相关知识经验的建构。如在对“信是什么”和“为什么写信”两个问题的探究中，幼儿通过讨论、调查、记录与前书写表达等活动建构了有关信的功能与信的构成等知识，涉及前书写“萌发文字意识”维度的学习与发展目标“了解生活中常见的书面语言形式，如信、计划、清单、说明书等”；在对“怎么给朋友写一封信”这一问题的探究中，在教师的支持下，幼儿通过实践写信的过程建构了有关信的格式、信的内容以及结合图画、符号和文字进行创意表达的知识，除涉及“萌发文字意识”维度的学习与发展目标之外，还涉及“运用多元图符创意表达”维度的学习与发展目标“用图画、符号和文字等多种形式表达愿望与想法”、“能用简单的图画、图形、数字、字母等创造符号表达意义”以及“能使用‘同音’‘同义’等策略，用图画或符号代替不会写的字”。

除了建构书面语言相关经验之外，在“写信”项目化学习的过程中，幼儿还建构了其他领域的经验。如幼儿从尝试写信给自己的朋友到后来写信给弟弟妹妹、园长妈妈、厨师阿姨、保安叔叔等，对表达自己的想法产生了深厚的兴趣，这涉及社会领域在“人际交往”子领域的学习与发展目标“有高兴的或有趣的事愿意与大家分享”。幼儿通过调查，了解到信封上要贴邮票，而邮票有不同的面值，寄信的距离越远则邮资越贵等，这涉及科学领域“数学认知”子领域的学习与发展目标“能发现生活中许多问题都可以用数学的方法来解决，体验解决问题的乐趣”。

2. 幼儿的探究行为分析

有关信的一系列问题是幼儿在探究学习中的目标指引，随着探究阶段的推进，幼儿有关信的知识与经验逐渐丰富，前书写水平逐步提升，合作交流的能力也获得了发展。在第一个探究阶段，针对“信是什么”这一问题，幼儿在调查后合作记录了四条经验；在第二个探究阶段，针对“为什么写信”这一问题，幼儿在阅读图画书后用图文表达的方式记录了各自的看法；在第三个探究阶段，针对“怎么给朋友写一封信”这一问题，通过集体学习活动与个别化探究，幼儿了解了信的格式、合作梳理了信的八种内容，并独立实践了运用图文符号和不同的替代策略给朋友写信。整合探究过程中的幼儿前书写作品，在内容上体现出幼儿对信相关知识的理解，在形式上体现出幼儿运用图文符号进行创意表达的水平变化；而探究过程中幼儿的提问、讨论、分工、共同解决问题等行为则体现出其合作能力的不断发展。

在项目化学习中，幼儿的探究行为还体现出较高的学习品质。首先是有较强的好奇心与主动性。在探究的不同阶段，幼儿都表现出对“信”的好奇并主动开展各类探究：向教师和同伴提出问题；在个别化学习中尝试使用各种材料和工具进行书写、合作开展调查；在分享交流环节主动提出问题并热烈讨论；在集体学习中积极参与且大胆交流。其次是体现出较强的专注力与坚持性。幼儿在问题的驱动下，能够耐心阅读与信相关的图画书，集中精力开展调查并认真记录，遇到“不会写”或“读不懂”等问题时仍然坚持尝试并努力解决问题。另外，幼儿还表现出一定的问题解决能力以及社交技能，并且懂得分享。项目化学习本身就是幼儿尝试合作解决一系列问题的过程，不同能力的幼儿在合作中虽然扮演的角色及发挥的作用不同，但都体现出能够利用学习的新经验解决新问题、使用不同的资源寻找问题的答案、愿意挑战有难度的写信任务，以及能够与同伴友好相处、分享书写材料、共用探究工具等学习品质特点。

3. 教师的支持行为分析

教师能够跟随幼儿的学习兴趣并尊重幼儿的自主性。首先，“写信”项目化学习生成于幼儿在集体学习后产生的问题，教师没有忽视幼儿的问题，而是提供了相关的材料方便幼儿在个别化学习中继续探究。其次，教师没有贸然介入幼儿的探究，而是基于观察，通过引导幼儿在分享交流环节进行讨论以及提供相关工具与材料等方法，引发幼儿的思考与调查。

教师为幼儿提供了丰富的探究材料。当教师发现幼儿对写信产生兴趣时，便在语言区域增加了不同类型的书写材料，如手工纸、白纸、卡通信纸、彩纸、牛皮纸、明信片、图案和大小不同的信封，以及记号笔、水彩笔、蜡笔、马克笔等，用以引发幼儿对前书写的多样探究。随后，在幼儿对“信是什么”进行探究的阶段，教师提供了iPad和真实的信、信封等实物照片，以支持幼儿的调查。之后，在幼儿对“为什么写信”进行探究的阶段，教师投放了一系列与信有关的图画书，支持幼儿的自主阅读及对信的功能的探究与表达。

教师能够结合不同形式的活动帮助幼儿梳理提升经验、支持幼儿更有效地进行探究。幼儿在探究中所积累的经验往往较为零散和内隐，经验的梳理与提升能够更好地推动幼儿探究，提高幼儿学习的有效性。在幼儿对写信产生兴趣的初始阶段，教师组织幼儿开展了一场关于“信”的非正式谈话活动，由于幼儿经验不同而在谈话中产生的认知冲突成功地激发了幼儿进一步开展调查研究的兴趣。在幼儿探究“怎么给朋友写一封信”阶段，教师通过两次集体学习活动，引导幼儿梳理了信的格式、信的内容以及结合图文符号进行创意表达的策略等经验，解决了幼儿在个别化探究中遇到的共性问题，顺利推动了幼儿进一步的前书写探究。

4. 活动改进建议

项目化学习是幼儿在问题的驱动下通过逐步深入的探究不断建构知识、经验与能力的过程，对幼儿探究过程与成果的有效记录与梳理能够展现幼儿的学习与进步并发展幼儿思维。建议教师在以下几方面做出改进以更好地记录活动过程。一是通过思维导图引导幼儿建构问题网络。如在活动中幼儿提出了一系列关于“写信”的问题，如“信是什么”“为什么写信”“信有哪些格式要求”“信里可以写哪些内容”“怎么给朋友写一封信”“不会写的字怎么办”等。这些问题在不同的探究阶段产生，相互之间有着或递近或包含的关系。通过思维导图引导幼儿对这些问题进行梳理，根据问题之间的关系建构问题网络，能够更好地锻炼幼儿的逻辑思维，并且培养幼儿一步步解决问题的计划性。二是及时与幼儿交流其前书写作品的内容并用文字在旁边进行标注。在幼儿的前书写作品中，许多图画和符号是幼儿即时的想法与创作，时间一久可能幼儿自己也记不清是什么意思了。因而，在幼儿完成前书写作品后，教师可以及时与幼儿交流，了解作品内容，并用规范的汉字标注在旁边。这样一方面便于其他人阅读和理解幼儿的作品，另一方面便于幼儿在日后时常回顾自己的作品，重温前书写创意表达的经验。三是在项目化学习的最后阶段，可以以自制图画书的形式展示幼儿有关“信”的前书写学习成果。将幼儿针对“信是什么”、“为什么写信”以及“怎么给朋友写一封信”的探究与前书写作品装订起来，就可以成为一本有关“信”的科学知识类图画书。教师还可以鼓励幼儿为这本图画书设计封面、扉页和作者信息等，既能进一步丰富幼儿的读写经验，又有助于幼儿体验合作创造的快乐。

二、幼儿园前书写集体学习活动案例与分析

（一）活动案例

大班前书写活动：给弟弟妹妹的一封信

设计思路：

大班前书写活动：给弟弟妹妹的一封信

在大班“我们的城市”主题下的“贴邮票”学习活动中，幼儿对“信”有着问不完的问题：“信是什么？”“信里可以写哪些内容？”“怎么给朋友写一封信？”跟随幼儿的兴趣点，教师和幼儿讨论并提出了驱动性问题：“怎么给朋友写一封信？”接着，幼儿形成了关于“写信”的项目小组，开展了一系列的调查与实践探究。通过调查、记录与讨论，幼儿对信是什么以及信里有什么内容有了初步的了解，他们渴望与朋友用相互写信的方式沟通、表达心里话，于是幼儿在个别化学习活动中开始尝试给朋友写信。但是新的问题又产生了：“不会写的字怎么办？”“看不懂朋友的信怎么办？”通过对幼儿的这些问题进行分析，教师认识到，幼儿在文字意

识及运用图符创意表达方面的经验还不够丰富。因此，教师设计了本次集体学习活动，将“写信表达情感”作为贯穿整个活动的主线，首先引导幼儿共同读信并发现问题，然后让幼儿想办法表达读不懂的符号或字，一起梳理“同音”“同义”等替代策略，最后通过给弟弟妹妹写一封信，在实践中实际运用梳理出来的创意表达策略。通过这次集体学习活动，希望丰富幼儿对文字特点的感知，提高幼儿运用多元图符创意表达的能力，同时满足幼儿表达情感的需求，体验书信往来的快乐与感动。

活动目标：

（1）综合使用图画、文字与符号，采用“同音”“同义”等替代策略进行创意表达。

（2）愿意读信与写信，体验书信往来的快乐与感动。

活动重难点：

（1）重点：综合使用图画、符号与文字进行创意表达。

（2）难点：采用“同音”“同义”等替代策略进行创意表达。

活动准备：

（1）物质准备：PPT、信纸、记号笔、“同音”标志、“同义”标志、电子白板、白板、轻音乐。

（2）经验准备：了解写信的基本格式；初步有写信的经验；有与弟弟妹妹互动的经验。

活动过程：

（1）看看猜猜——解读信的内容，激发幼儿兴趣。

1）导入：老师今天带来了一封信，我们一起来看看这封信。

2）提问：你看懂了吗，这封信上都写了什么？有哪些内容你没看懂？请把没看懂的图画或符号找出来。

3）幼儿读信，将看不懂的图画或符号移动到电子白板右侧。

4）过渡：我们一起听一听信里到底说了些什么。

5）幼儿一起听录音。

（2）想想画画——梳理创意表达的策略。

1）提问：我们找出了这几个不会写的字，想一想可以用什么图画来表示这几个字。

2）幼儿上前，在白板上书写表达，教师贴上“同音”或“同义”标志。

3）小结：当我们遇到不会写的字时，有两个好办法，一是可以用图画来表示与这个字相似的读音，二是可以用图画来表示与这个字相同的意思。

（3）写写说说——运用多元图符和创意表达策略给弟弟妹妹写信。

1）说说写什么。

• 提问：小朋友们，再过一周，我们就要毕业了，而中班的弟弟妹妹也要升到大班了，作为大班的哥哥姐姐，你有什么想对他们说的吗？

• 小结：有祝福关心的话，还有作为哥哥姐姐的经验，那么请你们用我们刚刚说的好办法把这些话写下来吧。

2）给弟弟妹妹写信。

• 指导语：写信前老师提两个要求，一是注意信的格式，二是信写好后贴在白板上，互相读一读你们的信，音乐停止时坐回座位。

• 幼儿写信，教师巡视，重点观察幼儿对符号和策略的运用。

3）读信分享——体验书信往来的快乐与感动。

• 幼儿互相读信，音乐停止时回到座位。

• 请个别幼儿大胆讲述信的内容。

• 小结：你们都用到了好办法，当遇到不会写的字时，可以用图画来表示与这个字相似的读音，还可以用图画来表示与这个字相同的意思。谢谢你们，相信带着你们的祝福和关心，中班的弟弟妹妹一定能顺利当好大班的哥哥姐姐。

(4) 活动延伸。

回到教室将你们写的信送给弟弟妹妹，可以尝试用同样的方法写给其他朋友，和朋友相互写信。

(二)活动分析

1. 活动目标分析

从活动设计思路中可以看出，前书写集体学习活动“给弟弟妹妹的一封信”生成于“我们的城市”主题下幼儿对“写信”的探究过程。幼儿在个别化学习中尝试给朋友“写信”时遇到困难，继而提出了一系列问题，教师则基于对幼儿问题的分析明确了活动的目标。因而，本活动的目标最大的特点是源于幼儿学习需求，定位于幼儿前书写最近发展区。

目标1“综合使用图画、文字与符号，采用‘同音’‘同义’等替代策略进行创意表达”，指向“运用多元图符创意表达”这一维度的前书写核心经验学习。目标2“愿意读信与写信，体验书信往来的快乐与感动”，既与“我们的城市”这一主题背景下“贴邮票”活动的写信寄信经验的学习有关，又与前书写领域“建立书写行为习惯”经验的学习相关。

如表6-3所示，在“运用多元图符创意表达”这一维度，4～5岁幼儿的学习与发展目标包括“用图画、符号和文字等多种形式表达愿望与想法”以及“能用简单的图画、图形、数字、字母等创造符号表达意义”；5～6岁幼儿的学习与发展目标包括“逐渐以符号和文字为主表达更为复杂的内容”、“能使用‘同音’‘同义’等策略，用图画或符号代替不会写的字”以及“能使用‘同音’‘形似’等策略，用会写的字代替不会写的字”。在幼儿围绕“写信”开展探究的过程中，教师观察到，幼儿前期对

"信是什么""信里可以写哪些内容"等问题进行了调查与记录，然而在活动推进到尝试给朋友写信时，又遇到了"不会写的字怎么办""看不懂朋友的信怎么办"等新的问题。这表明，幼儿有一定的前书写表达经验，能够使用图画、符号记录调查结果以及给朋友写信。但幼儿在表达不会写的字时感到困难，虽然绘制了简单的图符进行表达，但缺乏替代策略的经验导致图符意义不明或是其他幼儿很难读懂。为了顺利推进幼儿的探究活动，非常有必要通过一次集体学习活动引导幼儿感知前书写创意表达中的替代策略。依据表6-3中的描述，可以判断幼儿当前已达到4～5岁幼儿的两个目标所要求的水平，因而教师将本次活动的目标定位于最近发展区——5～6岁幼儿的目标之一"能使用'同音''同义'等策略，用图画或符号代替不会写的字"。

2. 幼儿学习分析

在活动的整个过程中，幼儿的兴趣和参与度都较高，且从幼儿完成前书写活动的效果来看，幼儿大多都能理解和运用"同音""同义"的以图代字策略，个别发展水平较高的幼儿还能运用"同音"的以字代字策略。同时，从幼儿的作品和交流中可以看出，幼儿前书写的经验存在个体差异，个别幼儿还不能熟练运用"同音"替代策略，对信的形式以及汉字"一字一音"规则的感知经验也较弱。

在看看猜猜共同读信的导入环节，可以发现幼儿前书写的前期经验水平具有个体差异。如第一位男孩看不懂第一句话中表示"想"和"请"两个图符，但第二位女孩则能读懂；对于表示"龙湖"的两个图符，第三位女孩理解为"龙湖"和"游泳"，第四位男孩则认为是去"我家"游泳，因为他觉得表示"龙湖"的图符没有这么小；第五位女孩看不懂"和"及"玩"两个图符，而第六位男孩则猜出了这两个图符的意思。这说明，幼儿都知道信中的图画与符号代表一定的意义，但幼儿对"同音""同义"替代策略的感知理解水平不同，水平较高的幼儿能够更准确地依据替代策略猜出图符的意思，水平较低的幼儿则存在困难。

在想想画画环节，针对部分幼儿不会写的字，个别幼儿上前在白板上创作图符进行表达，并且能够较清楚地解释所用策略，说明该幼儿已较好地理解了"同音""同义"的替代策略。如涉及"同音"替代策略的，有画一瓶香水代表"想"字，画一个碗或一条弯曲的线代表"玩"字，画"喝"的动作或一条河代表"和"字；涉及"同义"替代策略的，有画一条龙代表"龙"字，画一个湖代表"湖"字。

在本活动的重点写写说说环节，幼儿都能运用多元图符给弟弟妹妹写信。不过，从作品来看，幼儿对"同音"替代策略的运用熟练程度有差异，另外，幼儿对信的形式以及汉字"一字一音"规则的感知水平也有差异。第一位分享的女孩水平相对较高，其作品基本体现了"一字一音"的特点，且除了能用"同音"策略以图代字之外，还能用"同音"策略以字代字，如她用"四"来代替不会写的"事情"的"事"。第二位分享的女孩水平则相对较低，她虽然能用箭头表示"到"、画斑马表示"班"、画气球瘪了表示"别"，但却不能用较合理的图画或符号表达"主动帮助"。另外，她的信中缺失对弟弟妹妹的称呼，且画了两个人用来表示“主动帮助”四个字，说明其有关“信”这种书面语言形式以及汉字“一字一音”规则的经验发展较弱。

3. 教学支持分析

幼儿学习的分析结果表明，本次活动教师的目标定位准确且达成度较高，这说明教师的教学支持较为充分，具体体现为环节围绕目标层层递进以及支持策略多样且适宜。

（1）环节围绕目标层层递进。活动先以共同读信的形式导入，然后在一起解决问题的过程中梳理引入新经验——“同音”“同义”替代策略，接着结合幼小衔接创设真实的写信情境，引导幼儿给弟弟妹妹写信，以实践运用多元图符、采用替代策略进行创意表达，最后通过延伸活动引导幼儿给不同的人写信以迁移经验。

（2）支持策略多样且适宜。活动的难点是采用“同音”“同义”等替代策略进行创意表达，教师在不同环节采用适宜的策略，逐步破解了这一难点。在看看猜猜环节，真实的问题情境以及在电子白板上拖拽的操作有效激发了幼儿读信的兴趣；在想想画画环节，个别幼儿示范以及可视化的标志梳理强化了幼儿对“同音”“同义”策略的理解；在写写说说环节，谈话交流启发了幼儿对信的内容的构思，横线纸暗示了幼儿从左到右、从上到下进行前书写，交流评价则进一步加深了幼儿对创意表达策略的理解。

4. 活动改进建议

幼儿的学习情况反映出两个问题：一是在给弟弟妹妹写信的实践中，幼儿更倾向于运用“同音”的替代策略，表明教师在活动中对“同义”策略的支持可能不够；二是部分幼儿未按信的格式写上对弟弟妹妹的称呼，或是对“一字一音”的规则感知不足，而教师在活动中并未对这些问题做出回应，说明教师整合幼儿前后学习经验的意识不足。

针对以上问题，建议从两方面着手改进。一是在想想画画环节加强对“同义”策略的引入。教师可以先引导幼儿讨论写信时使用的策略并贴上策略标志，如“想”“和”用的都是“同音”替代策略，“龙”和“湖”用的都是“同义”替代策略；在个别幼儿示范时，教师也可有意识地引导幼儿用不同的策略创作图符；当发现幼儿大多用“同音”策略时，教师可让后面的幼儿尝试或是自己示范对同一个字另外采用“同义”策略进行表征。这样，有利于启发幼儿在创作图符时多思考不同的策略。二是在写写说说环节加强对幼儿前后学习经验的整合。在幼儿开始给弟弟妹妹写信之前，教师通过 PPT 呈现并讲解了两条规则，除此之外，教师还可以提醒幼儿回忆之前学习的信的基本格式，如称呼、正文、署名、日期等。在作品交流评价环节，当幼儿读信时，教师则可以随机引导幼儿关注口头语言与图画、符号及文字的对应性，也可以对做到“一字一音”的幼儿进行表扬，从而加强幼儿对“一字一音”规则的感知。

知识回顾

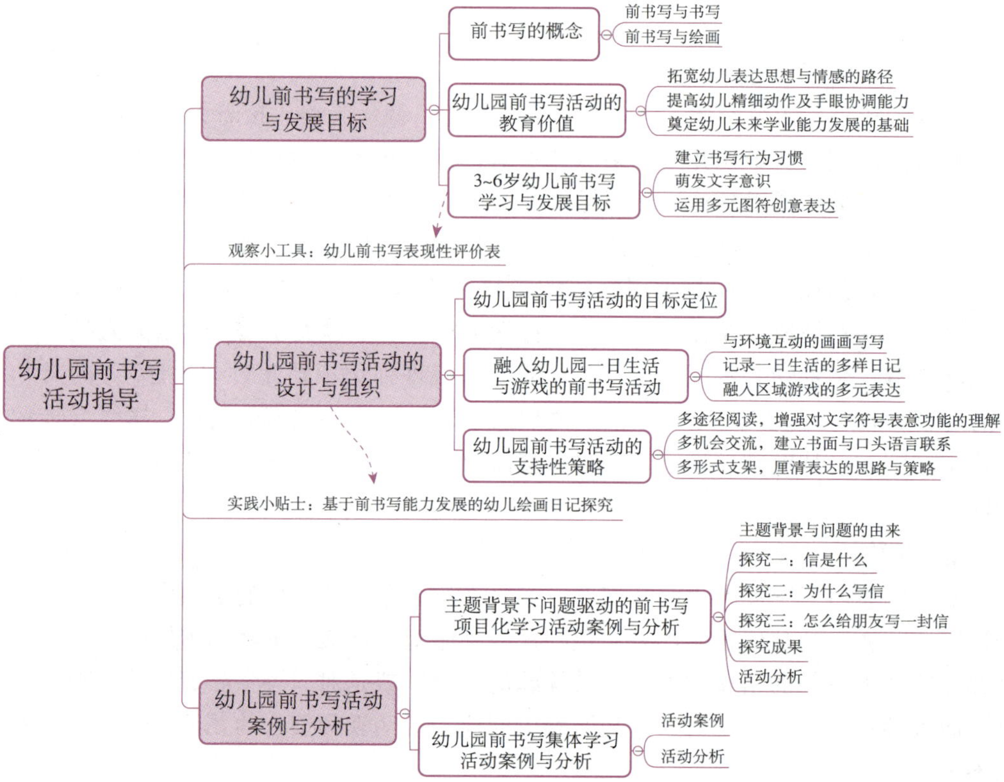

同步练习

1. 收集不同幼儿的前书写作品，用幼儿前书写表现性评价表分析比较幼儿的前书写水平与特点。

2. 在见习中观察、记录幼儿的前书写个别化学习，对个别化学习环境、幼儿的学习情况以及分享交流环节中教师的支持进行反思。

3. 以“我是中国人”为主题，设计一份中班幼儿前书写活动的教学方案。

第七章　幼儿园语言整合教育活动指导

学习目标

1. 掌握幼儿园语言与社会整合的策略
2. 掌握幼儿园语言与科学整合的策略
3. 掌握幼儿园语言与艺术整合的策略
4. 掌握幼儿园语言与健康整合的策略

现场观察

1. 在大（3）班“心情故事”活动区里，幼儿开始用前书写的方式表征自己对小学的感受。铭铭画了一个大书包和一颗爱心，并在爱心上画了一个“山”形。他说：“大人都说小学有很多书本和作业，我感觉压力山大。”玥玥画了两个牵着手的小朋友，说：“我和甜甜在一个学校，我们还可以一起玩。”一旁的晓威羡慕地说：“我要去其他地方上学了，没有一个认识的人，我心里挺害怕的。”

2. 在看了图画书《番茄的旅行》之后，启明很兴奋地对老师说：“番茄酱真是番茄变的！王老师，我们能做番茄酱吗？”“是呀!”其他幼儿也发出了一样的疑问。于是，王老师在班级中投放了蒸发器、瓶子、搅拌器等工具，还下载了制作番茄酱的视频播放给他们看。幼儿开始小心地尝试，慢慢地就得心应手，玩得不亦乐乎了。

3. 在集体阅读图画书《小青花》之后，幼儿对青花瓷非常感兴趣。王老师就将这本书投放到了美工区，并给幼儿提供了很多白纸板。幼儿用剪刀剪出了各种各样的花瓶造型，然后参照《小青花》中的颜色和花纹画出了各式各样的青花瓷花瓶。

4. 茜茜在阅读角看《根本就不脏嘛》这本书，看了一会儿，她忍不住问身边的蜜儿：“你家的狗狗身上有细菌吗?”“没有!”蜜儿肯定地说，“我经常抱着它，如果它有细菌，我早就生病了。”茜茜指着书上的一页说：“你看，这上面说狗狗身上是有细菌的。”她们又一起看了起来。

课前思考

在“现场观察”的四个场景中，幼儿在语言以及社会、科学、艺术和健康等领域的能力发展处于什么阶段？教师应该如何支持幼儿语言和其他领域的发展？

第一节 幼儿园语言与社会整合活动指导

人是社会性的物种，一般而言，人都是要生活在一个社会群体之中的，人类的语言也就诞生在人与人的社会交往之中。因而，对于学前儿童而言，语言能力发展和社会性发展一直是“你中有我，我中有你”的相伴相生关系。教师需要将语言类活动与社会类活动有机地整合在一起，促进幼儿语言能力和社会性的双重发展。

一、幼儿园语言与社会整合的策略

（一）选择适宜的图画书，讨论社会性的话题

幼儿社会领域的学习与发展过程是其社会性不断完善并奠定健全人格基础的过程。自我意识、人际交往和社会适应是幼儿社会学习的主要内容，也是其实现社会性发展的基本途径①，因此，教师可以从这三个方面选择适合的图画书与话题，引导幼儿获得社会性的发展。如在阅读《小猪变形记》时，幼儿会体会到小猪装上了翅膀也不像鸟儿，踩上了高跷也不像长颈鹿，安上了长鼻子也不像大象……小猪、鸟儿、长

① 上海市教育委员会教学研究室．上海市幼儿园办园质量评价指南（试行稿）［M］．上海：上海教育出版社，2020．

颈鹿和大象都有自己的特点，都有自己特殊的本领。在这个过程中，幼儿也认识到世界上没有一模一样的人，每位幼儿都有自己的性格、爱好、学习方式。就这样，通过阅读和讨论《小猪变形记》，幼儿可以更加充分地认识自己，获得自我意识的成长。同样，通过阅读和讨论《狮子与老鼠》《我要上小学》等图画书，幼儿的人际交往和社会适应也会得到发展。

（二）创设适切的教育环境，体验社会性的情景

人生活在各种各样的环境中，社会环境是幼儿社会性发展的重要影响因素。因此，教师可以在教学现场模拟幼儿可能碰到的环境或情景，如互助互爱或矛盾冲突等，让幼儿在模拟的环境或情景中体会人际关系。如阅读了《三只蝴蝶》后，教师在角色扮演区添置了三种颜色的蝴蝶翅膀和画有三朵小花的纸板贴。幼儿们在表演游戏中慢慢体会到了该如何与同伴相处、如何与好朋友互帮互助。又如大班的琪琪是一个非常擅长搭积木的小朋友，每次在户外搭房子她总是充满自信，时不时地指挥别人怎么做。一天，琪琪和菲菲就谁可以拿新积木发生了矛盾，教师组织幼儿讨论了这件事。在讨论过程中，教师引入了幼儿阅读过的图画书《胆小鬼威利》中威利“胜不骄”的情景，在引导幼儿重温故事情节的同时，也帮助幼儿更深刻地认识到即使有过人之处，也应该谦虚礼貌、遵守先来后到的社会交往原则。

（三）培养幼儿的共情能力，感知其他人的情绪

在《评价指南》的“自我与社会性”板块中，表现行为 5 提出“能关注他人的情绪和需要，会在他人难过、有困难时表现出关心，并努力给予适当的帮助”[①]。因此，教师需要培养幼儿共情、感知他人情绪的能力。教师可以通过阅读和角色扮演等方式帮助幼儿习得这些情绪能力。如教师在组织大班幼儿阅读《爸爸，别怕》时，不仅要帮助幼儿理解强壮的熊爸爸因为误食了兔子草而变成了兔子，然后在小熊卡卡的保护下变回原形的故事情节，还可以选择一些重点画面与幼儿讨论，引导幼儿感知、理解故事中角色的情绪变化。故事中，角色互换时和角色恢复时小熊有两次哭泣，教师可以让幼儿说一说两次哭泣的时候小熊的心情分别是怎样的，以帮助幼儿理解角色的情感变化，产生共情。

（四）关注幼儿的行为变化，提升社会交往能力

阅读是一个学习的过程，真正的学习应该给人带来改变。因此，良好的阅读应该能促进幼儿行为的改变，尤其是在社会领域，要引导幼儿改变自己不良的行为，向好的、安全的、对自己和他人有益的方向改变。如在阅读《小兔乖乖》后，幼儿应该知道不能随便给陌生人开门、不能听坏人的话等。又如《咕咚来了》这本图画书讲述了

① 上海市教育委员会教学研究室．上海市幼儿园办园质量评价指南（试行稿）［M］．上海：上海教育出版社，2020.

一群小动物在不清楚事实的情况下，将木瓜掉进水里发出的“咕咚”声误认为是怪物，跟随小白兔害怕得逃跑的故事。该图画书画面生动、情节重复，适合小班幼儿阅读和模仿。在阅读和模仿的过程中，幼儿能慢慢学会遇到事情不惊慌、不盲目跟从，要先了解事情发生的原因，大胆地去观察和判断。

二、幼儿园语言与社会整合集体学习活动案例与分析

（一）活动案例

大班谈话活动：勇气①

设计意图：

小学和幼儿园的生活、学习方式有很多不同的地方。大班幼儿对小学生活非常憧憬，因为进入小学意味着他们长大了。但通过了解我们发现，幼儿对于即将成为一名小学生也有着不同的担心和焦虑。

本次活动聚焦于幼儿最为焦虑的三个问题，即不敢一个人睡觉、找不到朋友、不敢举手发言，借助“奇奇上小学”这条情境主线，引导幼儿通过观察人物肢体、表情等细节，识别、认识情绪，分析情绪产生的原因及解决困难的方式，鼓励幼儿大胆表达自己的经验及想法，提高幼儿的逻辑思维能力。同时，帮助幼儿在为主角解决问题的过程中，增强自己解决困难的勇气，自信、愉快地迎接即将来临的小学生活。

活动目标：

（1）围绕问题的解决发表意见，并能把自己的想法说清楚、讲明白。

（2）乐于在情境中发现并分析问题，有解决困难的勇气。

活动重难点：

（1）重点：在情境中发现问题、分析问题并说清楚。

（2）难点：分析在遇到困难的时候，如何具备解决困难的勇气。

活动准备：

（1）经验准备：通过阅读《我要上小学》、参观小学，了解小学与幼儿园的不同，记录下自己对于上小学所担心的事情。

（2）物质准备：PPT、“我担心的……”展板。

活动过程：

（1）出示展板，调动经验。

1）出示展板，上面贴有活动前幼儿有关上小学所担心或害怕的事情的记录。

2）组织交流：上次参观小学之后，你们发现小学和幼儿园有很多的不同，也说出了一些自己的担心，有……有……，谁来说说你担心的事情是什么？（请几位幼儿

---

① 本案例由上海市长宁区愚园路第五幼儿园范青提供。

说一说展板上的内容。）

3）小结：是的，大家都有自己担心或害怕的事情。

4）过渡：有一个小朋友叫奇奇，他和你们一样马上就要上小学了，他也遇到了一些困难，我们来看一看吧。

（2）情境导入，讨论问题。

1）讨论“不敢一个人睡觉”的问题。

• 情境导入：奇奇是个内向害羞的男孩子，他马上就要上小学了。放暑假的时候，爸爸妈妈对他说：“奇奇，你已经长大了，现在是一个大孩子了。从今天开始你要一个人睡觉了。”到了晚上，奇奇一个人在房间里，可是他怎么也睡不着。

• 提问：奇奇遇到了什么困难？你是怎么知道的？奇奇应该怎么办？

• 追问：你们觉得这个办法怎么样？这个办法哪里好，哪里不好？还有什么办法可以解决奇奇的困难？

• 小结：每个人都会遇到困难，遇到困难时我们会感到紧张、害怕。这时候我们可以寻求别人的帮助，也可以鼓起勇气，勇敢地面对困难，要相信自己可以做到。

2）讨论“找不到朋友”的问题。

• 情境导入：用了你们的办法，奇奇终于鼓起勇气，他可以自己睡觉了。开学了，奇奇来到了学校，学校里有许多同学，大家聚在一起开心地玩着，奇奇站在边上。

• 提问：这次奇奇碰到的是什么问题？

• 追问：他为什么没有朋友？有什么办法可以解决这个问题吗？怎么解决？

• 追问：你们认同他的办法吗？你们觉得他能解决这个困难吗？还有其他好办法解决奇奇的困难吗？

• 小结：进入小学以后，我们会认识不同的人，这时候我们要相信自己，勇敢地试试看，用不同的方法和朋友相处，这样你就能有很多好朋友了。

3）讨论“不敢举手发言”的问题。

• 情境导入：上课了，老师问同学们问题，同学们都举起了手，奇奇也知道答案，可是他皱起了眉头，他不敢举手回答问题。

• 提问：奇奇为什么知道答案还不敢举手回答问题？

• 追问：奇奇应该怎么做？

• 小结：当小朋友遇到困难的时候，我们可以给他一些鼓励，这样说不定他就能更勇敢了。

（3）联系生活，培养勇气。

1）提问：进入小学后可能会碰到许多问题，其实我们在生活中也会遇到许多困难。你们在生活中遇到过什么困难？是怎么解决的？

2）小结：每个人都会在生活中碰到各种各样的困难，无论面对什么困难，我们都要有勇气面对，努力想办法克服，或者寻求他人的帮助，解决方法总是比困难多。

（二）活动分析

1. 选择适切话题，讨论情绪问题

该活动选择了一个非常适切的讨论话题。对于幼儿而言，进入幼儿园是他们的第一个重大情绪体验期，进入小学则是第二个重大情绪体验期。在这样的关键时期，幼儿在适应新环境的过程中会有许多心情和情绪的波动，但这也正是他们的社会性飞速发展的时期。教师敏锐地捕捉到这个关键的教育契机，将其转化为一个话题，以供大班幼儿进行讨论是非常适切的。

找准了幼儿面临的情绪波动所带来的困难，接下来该如何帮助幼儿解决以促进其社会性的发展，是教师需要思考的问题。本活动中教师采用了谈话的方式，通过创设情境并联系生活经验有效地打开幼儿的思绪，再通过一系列的提问与追问，引导幼儿围绕情绪问题的分析与解决进行对话与讨论，最终使幼儿找到适用于他们自己情绪问题的解决办法。

2. 假想角色代入，引发幼儿共情

在整个谈话活动中，为了更好地让幼儿产生代入感，引发幼儿共情，教师还假想了一个叫"奇奇"的角色。奇奇也是一个大班的孩子，也快要上小学了，他遇到了三个困难，即"不敢一个人睡觉"、"找不到朋友"和"不敢举手发言"。这些困难都是大班幼儿会碰到的，教师引入"奇奇"这个角色能让幼儿产生共情，使他们能够感同身受并且很愿意帮助"奇奇"小朋友，从而使他们对这些情感的体验更加真实、更有话可讲。

3. 围绕着勇气进行谈论，借助语言活动促进幼儿社会性发展

在有角色代入的情况下，教师设置了一系列的问题链，引导幼儿紧紧地围绕着该如何帮助奇奇解决"不敢一个人睡觉"、"找不到朋友"和"不敢举手发言"三个问题进行谈论，并从中得出"无论面对什么困难，我们都要有勇气面对，努力想办法克服，或者寻求他人帮助"的结论。这是一个典型的借助语言活动促进幼儿社会性发展的活动。首先，谈论的话题与幼儿的社会情绪发展有关；其次，活动的组织方式以对话互动为主，幼儿自由地说、敞开心扉地说、围绕着问题说，使其对社会性问题的认识与态度在语言表达中得到发展。也就是说，在这个活动中，幼儿语言领域和社会领域的核心经验都得到了很好的发展。

三、幼儿园语言与社会整合个别化学习活动案例与分析①

（一）“赞美海报”个别化学习案例与分析

1. 活动方案

活动名称： 赞美海报。

主题背景： 我要上小学（大班）。

材料：

各类纸、笔，汉字环创材料，摄像机，如图 7－1 所示。

图 7－1 “赞美海报”个别化学习环境

玩法：

根据表达赞美的层次，即外表（造型）→拥有物（不寻常的物件）→本领→品质，采用思维导图，以图文结合的方式制作一张赞美海报送给朋友或自己，并用摄像机录制视频的方式进行记录。

观察重点：

（1）观察幼儿表达赞美的层次，以及收到别人的赞美海报时的情绪。

（2）观察幼儿在完成赞美海报后是否能在摄像机前大胆表达赞美。

（3）观察幼儿对前识字、前书写活动的兴趣，以及是否愿意模仿写汉字。

2. 活动分析

教师在个别化区域投放了“赞美海报”，并提供了气泡图和金字塔模型两种不同的思维导图。从外在形式来看，这个活动能培养幼儿语言领域的很多核心经验，包括讲述、前阅读、前识字和前书写等方面。从内在表达来看，教师让幼儿赞美自己的同伴，发现他们身上的优点，还从外表、拥有物、本领和品质等方面为幼儿提供了表达赞美的思路。每个人都是喜欢被别人赞美的，通过这样的活动，可以很好地增进幼儿

① 本小节案例由上海市长宁区紫云路第一幼儿园周昕懿提供。

之间的友谊，使同伴之间的关系更加融洽。

（二）“我的情绪小日记”个别化学习案例与分析

1. 活动方案

活动名称：我的情绪小日记。

主题背景：我要上小学（大班）。

材料：各类纸、笔，心情日记墙，如图 7－2 所示。

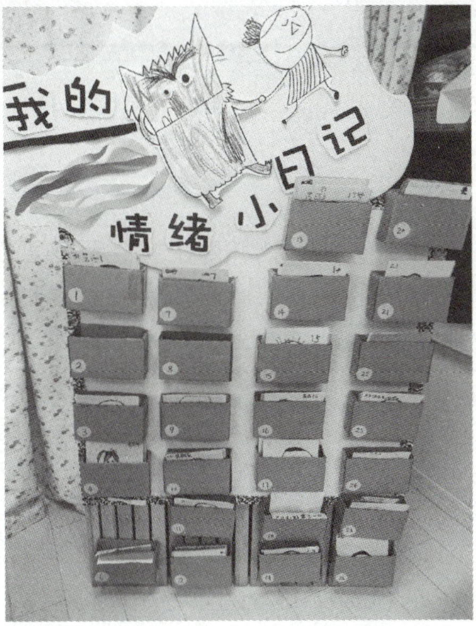

图 7－2 “我的情绪小日记”个别化学习环境

玩法：

（1）幼儿能用恰当的文字与符号表现年、月、日。

（2）用图文的形式记录当天的心情，也可以用拼音替代。

观察重点：

（1）观察幼儿对前书写活动的兴趣，是否愿意用图文的形式来记录自己的心情。

（2）观察幼儿是否愿意大胆分享自己记录的好玩有趣的事情。

2. 活动分析

教师在个别化区域创设了“情绪日记墙”，并提供各类纸、笔供幼儿进行记录。从外在的语言活动形式来看，这个活动能培养幼儿前书写、前阅读和前识字等方面的核心经验；从内在的表达内容来看，幼儿既会记录自己的情绪，也会阅读其他幼儿所记录的情绪。通过这样的活动，幼儿能够学习识别、理解和表达不同的情绪，从而使社会情绪能力得到发展。

第二节　幼儿园语言与科学整合活动指导

幼儿的科学学习是通过探究具体事物和解决实际问题尝试发现事物间的异同和联系的过程。因此，幼儿科学学习的核心经验是激发探究兴趣、体验探究过程、发展初步的探究能力。所以，教师需要帮助幼儿在阅读中发现线索，进行思考和探究；在探究中发现问题，学会通过阅读来寻找新的信息。与此同时，教师还要帮助幼儿学会边探究边表达，边表达边探究。也就是说，应该将语言教育与科学教育整合在一起。

一、幼儿园语言与科学整合的策略

（一）讲述生活场景，激发探究兴趣

在幼儿的一日生活中，有很多有趣、有意思的事情发生、发展。幼儿可能会看到、听到、注意到这些事情。因此，教师可以在班级里设置一个“讲述角”，让幼儿把自己看到的有趣的事情讲给大家听。我们知道，讲述是幼儿习得语言领域核心经验的重要活动类型之一，也是发展幼儿独白语言的活动方式，对幼儿言语的目的性、独立性、创造性和连贯性，以及对幼儿思维、记忆、想象等方面的发展都能起到很好的促进作用。①有的教师在班级里设置了“我发现了一个秘密”讲述角。幼儿每天都会在这里讲述自己发现的好玩、有趣的事情。这天是铭铭当植物角的值日生，他给植物浇水的时候发现班级里的一颗放在玻璃杯里的土豆发芽了，接着，他又发现另一个花盆里什么都没有长出来。他来到讲述角说：“我发现放在玻璃杯里的土豆发芽了，但是养在花盆土里的土豆还没有发芽。我觉得是因为玻璃杯里装的是水，水更能让它发芽。”听了铭铭的“发现”，幼儿都赶紧跑到植物角想看个究竟。讲述角的设置给幼儿表达自己的发现提供了机会和平台，幼儿会越来越敢表达，也越来越喜欢去发现和探

① 祝士媛．学前儿童语言教育［M］．北京：北京师范大学出版社，1995：106.

究。这种讲述与探究的结合，在促进幼儿语言发展的同时，也提升了幼儿科学探究的兴趣，使得幼儿语言发展和科学素养发展融为一体。

（二）甄选阅读资源，培养科学观念

阅读是幼儿获取信息的重要途径之一，而幼儿生活的环境里有很多信息可以阅读。因此，幼儿园可以甄选一些优质的阅读资源，供幼儿阅读和思考，从而培养他们的科学观念。比如，有一本图画书《头发的秘密》，它主要围绕“头发”提出了一系列问题：“为什么人有头发？”“头发有什么作用？”“为什么人们头发的颜色不一样？”“头发可以永远长吗？”幼儿在阅读这本图画书时，会不由得开始认认真真、仔仔细细地思考这些平时很少关注的问题。通过阅读，幼儿初步掌握了关于头发的一些知识。接着，教师可以让幼儿仔细观察同伴的头发，说一说大家的发质、发色和头发长度有什么不同。放学后，教师还可引导幼儿联系实际生活，对家人、邻居、朋友的头发展开探究，感受不同的人头发的不同之处并分析原因，并与家人一起讨论怎样养护我们的头发等问题。

除了图画书以外，教师还可以让幼儿阅读其他的资源，如地图、导览图和海报等，引导他们获取方位、数字等信息，以解决生活中可能碰到的问题。教师可以甄选出优质的阅读资源，让幼儿充分地阅读，并引导幼儿将阅读得到的信息和实际生活关联起来，逐步促使幼儿形成有价值的科学观念。

（三）谈论探究过程，形成科学认知

在一日生活中，幼儿会经历很多学习和探究过程。教师可以让幼儿讨论自己看到了什么、发现了什么、有什么问题、可以怎么解决等。如一天，户外运动回来后，威威说：“刚才在下面跑的时候，突然来了一阵风，好舒服哟！”林林接过话说：“是的，我很喜欢风。特别是在小山坡上骑车往下冲的时候，能感觉到风，很舒服的。”很多幼儿也附和起来。秋之却提出了反对意见：“风太大就不好了，上次刮台风，好可怕哟！我们小区的很多树都被吹倒了。”“嗯，冬天的风也很不好。”幼儿七嘴八舌地表达着自己的想法，老师突然意识到这是一个很好的开展辩论活动的时机。于是，她让幼儿到阅读角、图书馆借一些关于风的书，或者回家和爸爸妈妈一起收集关于风的知识，然后在第二天组织了一次辩论活动“你喜欢风吗”。喜欢风的幼儿说出了很多理由，比如风可以让人感到凉快、可以让国旗飘起来、可以让船动起来、可以让空气流通起来……不喜欢风的幼儿也说了很多理由，比如如果有火灾，风会让它烧得越来越厉害；龙卷风会把房子刮坏……在充分表达的过程中，幼儿对风的认知越来越全面。幼儿接着讨论了如何避免风对人类的危害，如何去保护大自然……这样的讨论让幼儿自然而然地就习得了很多关于风的科学知识，有利于他们形成对大自然的科学认知。

（四）表征探究结果，提升思维能力

除了阅读和讨论探究过程外，教师还可以组织幼儿将自己的探究过程用画画和前

书写的方式呈现出来。如在某幼儿园里，幼儿每天都会去户外活动，他们都很喜欢幼儿园里的一条小溪，但小溪里时不时会掉进几片叶子。幼儿开始思考：怎么才能把树叶捞上来呢？为了解决这个问题，幼儿开展了一系列的讨论。第一次讨论的话题是“如何自制捞树叶的工具”，包括“用什么材料”“由哪些部分组成”等。第二次讨论的话题是“我们自制的工具如何”，幼儿对自制的工具（如图 7－3 所示）进行了自评和他评。有一名幼儿用小箩筐来制作捞树叶的工具，自评时，他说：“我觉得箩筐好，因为它可以漏水。我还想让它可以两用，所以用透明胶给它粘了一根吸管作为手柄，用扭扭棒做了一个可以提起来的手柄。”有两名幼儿分别用纸杯来制作捞树叶的工具，他评时，有一名幼儿说：“这两个纸杯做的工具会被水泡坏的，不行的。”自评和他评实际上都是幼儿在猜测自己制作的工具能否成功把树叶捞上来。在去小溪边操作过后，幼儿又进行了第三次讨论，这次的话题是“经过验证，自制的工具能否成功把树叶捞上来，捞树叶的过程中有什么感受”。比如幼儿对图 7－3 中最右边的工具的使用感受是“不牢固、不漏水”。针对这次讨论，幼儿还运用前书写的方式进行了记录，如图 7－4 所示。有了这些表征，幼儿在表达和讨论的时候就更聚焦、更知道自己要说什么了。

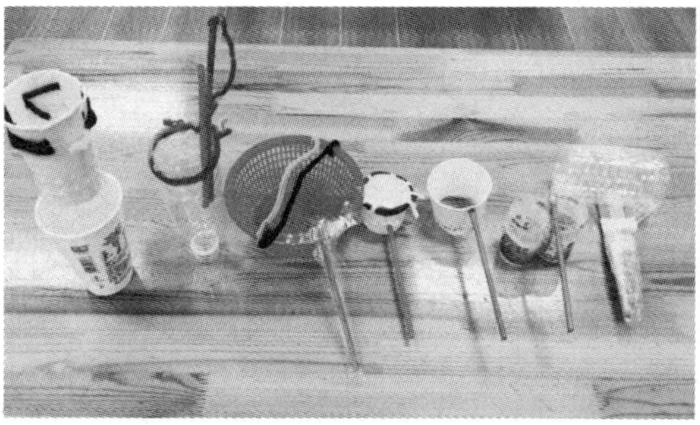

图 7－3　幼儿自制的捞树叶工具

工具图片	主要材料	幼儿使用感受
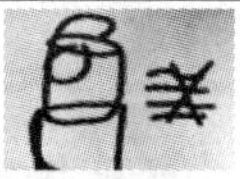	塑料杯、纸杯、扭扭棒	可以过滤，但是纸杯遇到水会坏掉
	塑料杯、扭扭棒、吸管	不牢固，而且不能漏水

图 7－4　幼儿有关捞树叶工具的记录

在这次探究活动中，幼儿有发现问题、讨论问题、解决问题的过程；有预设、验证和表征。对探究结果进行表征，可以帮助幼儿重新梳理自己的整个探究过程，对提升其思维能力有很大的帮助。

二、幼儿园语言与科学整合集体学习活动案例与分析

（一）活动案例

大班讲述活动：番茄的生长①

设计意图：

在日常生活和学习中，幼儿对生活中常见的食物，比如蔬菜、水果、豆制品等产生了浓厚的兴趣。随着春天的来临，幼儿在植物角也开始尝试种植蔬菜和水果，比如番茄、黄瓜、土豆、辣椒、大蒜等。在自由活动时，幼儿会主动地去关心照顾它们，给它们浇水，观察并记录它们的生长变化。在这一过程中，幼儿不仅积累了对各种食物的认知经验，还拓展了一些植物种植经验。

大班幼儿叙事性讲述的能力已经比较强了，但说明性讲述的能力还有待提升。《番茄的旅行》这本图画书中既有优美的散文式语言，又有科学的番茄种植过程。因此，教师想让幼儿在已有经验的基础上，结合番茄的生长过程开展一次说明性讲述活动。

活动目标：

（1）能用简单明了的语言讲述番茄的生长过程。

（2）乐于尝试按流程种植番茄，并连续观察和记录其生长情况。

活动重难点：

（1）重点：能用语言清晰地表达出番茄的生长过程。

（2）难点：通过自主阅读从图画书中梳理出种植番茄的方法与流程。

活动准备：

（1）经验准备：已有的种植经验。

（2）物质准备：图画书《番茄的旅行》幼儿人手 1 本，大书，番茄种子，塑料薄膜，铲子、盆、洒水壶等工具。

活动过程：

（1）谜语导入，激发兴趣。

小朋友们，今天老师请你们猜一个谜语：像柿子，没有盖，好当水果好当菜，打一种植物。（谜底：番茄。）

（2）观看图书，探索过程。

1）过渡：很多人都猜到了，这个谜语的谜底是番茄。

2）提问：你们喜欢吃番茄吗？你们知道番茄是怎么长大的吗？

3）自主阅读：（出示图画书）番茄的生长过程就藏在这本好看的书中，请你们去

---

① 本案例由上海市松江区华亭幼儿园孙焕提供。

找一找，看番茄是怎么生长起来的。（提供图画书，幼儿自主阅读。）

（3）交流讨论，达成共识。

1）帮助幼儿了解番茄的生长过程。

• 提问：番茄是怎么生长起来的？

• 小结：每种植物的生长都有一个过程，番茄也是这样，先播种，后发芽，再成苗，然后开花、结果。

2）帮助幼儿了解番茄生长需要的条件。

• 提问：播种前要做哪些准备工作？

• 提问：什么可以用来松土？如果没有犁地机，我们还可以怎样松土？

• 提问：为什么要铺薄膜？

• 提问：播完种后要做些什么？

• 提问：为什么要浇水？

• 小结：每一种植物的生长都需要一定的条件，番茄在播种前需要松土、铺薄膜，在播种后需要浇水。

（4）种植番茄，体验过程。

1）过渡：我们到种植园去种一棵自己的番茄吧！

2）提问：书上的种子是种在地里的，我们种在哪里？

3）提问：我们用什么松土？

4）提问：怎么播种？

5）提问：用什么浇水？

6）提问：怎么铺薄膜？

（教师观察指导，并关注幼儿的播种过程及情绪体验。）

（5）活动延伸。

1）日常活动：让幼儿对自己种植的番茄进行持续的观察和记录，看看谁的番茄种得好、长得高。教师和幼儿一起讨论如何设计番茄生长观察记录表、要观察和记录哪些内容、隔多长时间观察一次。

2）家园共育：如果有对番茄种植很有经验的家长，可以邀请他们来幼儿园参观幼儿的番茄种植园，和幼儿一起商量改进种植方式，或回答幼儿提出的关于番茄种植的问题。

（二）活动分析

1. 基于幼儿的视角选择教育素材

番茄是幼儿非常熟悉、喜欢食用的一种蔬菜。幼儿经常见、经常吃，也在班级或家里的阳台上种过番茄，所以他们积累了一些盆栽式种植经验。图画书《番茄的旅行》用散文式的语言讲述了一粒番茄种子在土壤里发芽、长出番茄，又在加工厂里变成番茄酱的过程。其中展现的是番茄在田野里的生长过程，选择这样的图画书开展教学，不仅可以丰富幼儿有关番茄生长的经验，也可以帮助幼儿了解现代农业的发展。

2. 基于幼儿的已有水平确立教育目标

大班幼儿不仅喜欢阅读，还开始喜欢把阅读的内容分享给大家，但是他们并不擅长讲述。这是因为阅读是一个输入的过程，而讲述是一个输出的过程。因此，教师需要给幼儿搭建讲述的平台并提供相应的支架。讲述分为叙事性讲述和说明性讲述，对大班幼儿来说，说明性讲述能力的发展是尤为重要的一个发展目标。基于对本班幼儿讲述能力已有水平的分析，教师将活动的第一个目标确定为“能用简单明了的语言讲述番茄的生长过程”，指向幼儿的说明性讲述能力发展。

3. 基于幼儿的学习特点选择教育方式

对于大班幼儿而言，仅提供讲述的机会是不够的，还需要提供一些具体的支持以引导幼儿的构思和语言组织。活动中教师提供了直观的图画书作为幼儿讲述的凭借物，提供了种植的工具和材料方便幼儿实际操作并在种植体验中内化番茄种植流程。在延伸活动中教师引导幼儿观察记录番茄的生长过程，同时通过家园共育吸引家长共同参与种植，从而将幼儿科学与语言的学习有机地融入日常生活中。教师正是基于幼儿在生活中学习、在操作中学习的特点，选择了上述丰富的教育形式，从而更有效地帮助幼儿习得了有关种植的科学经验与有关讲述的核心经验。

三、幼儿园语言与科学整合个别化学习活动案例与分析

（一）“苹果宝宝变色了”个别化学习案例与分析

1. 活动方案

活动名称：苹果宝宝变色了①。

主题背景：苹果和橘子（小班）。

核心经验：

（1）主题核心经验：愿意探索，初步了解苹果切开后会出现氧化现象。

（2）领域核心经验：通过观察，发现酸酸的柠檬汁可以保护苹果，延缓氧化。

材料：

（1）绘本：《好大的红苹果》。

（2）实验材料：苹果3片、清水1杯、柠檬汁1杯、水杯3个（杯子上做好标记1、2、3）。

---

① 本案例由上海市长宁区长宁路第三幼儿园陆静珠提供。

玩法：

（1）1号杯是空杯子、2号杯里是清水、3号杯里是柠檬汁，将苹果片分别放入3个杯子里。

1）在1号杯里放入苹果，让苹果片暴露于空气中。

2）在2号杯里放入苹果，让苹果片完全被清水覆盖。

3）在3号杯里放入苹果，让苹果片完全被柠檬汁覆盖。

（2）静置半小时，观察3片苹果变色的情况。

观察重点：

（1）幼儿能否发现苹果片在空气、清水和柠檬汁里都变了色。

（2）幼儿能否发现暴露在空气中的苹果片颜色最深、清水中的苹果片颜色比较浅、柠檬汁中的苹果片只有一点点变化。

2. 活动分析

《好大的红苹果》是一本有趣的图画故事书，文字很少，画面简单，色彩明丽，但又有故事情节。书中讲述了五个红苹果被小动物摘走吃掉的故事。幼儿通过阅读绘本故事，看到苹果都被小动物吃掉了，有了想要带餐后水果——苹果回家给狗狗吃的想法，由此也引出了幼儿讨论的话题，即苹果为什么会变色。苹果在幼儿的生活中是非常常见的，很多幼儿喜欢吃苹果，不过这种日常生活中对苹果的熟悉仅仅是一种初级的、模糊的感知。小班的幼儿好奇心、想象力和求知欲都十分旺盛，他们对周围的事物感到新奇、神秘，总想问一问、试一试。结合小班幼儿对新鲜的事物具有强烈的好奇心以及其思维方式以具体形象思维为主的年龄特点，教师可以支持幼儿通过看、闻、摸等各种感官通道直观地感知苹果氧化的现象，让幼儿积极探索延缓氧化的秘密，在满足好奇心的同时，自主探索寻求答案，培养科学探索的精神。

实验前，幼儿阅读绘本《好大的红苹果》，引出话题。老师马上能抓住幼儿的兴趣点，并提供实验材料让他们探究，真正诠释了什么是“纸上得来终觉浅，绝知此事要躬行”。实验中，幼儿发现浸在柠檬汁里的苹果氧化速度是最慢的，颜色和刚切开的苹果差不多。这让幼儿体会到了亲自发现科学秘密的成就感。实验后，如果老师能再提供关于水果氧化的绘本，幼儿就能进一步去探索相关的科学原理了。

先通过动手实验让幼儿感知“氧化”这种神奇的化学变化，然后再通过生动有趣的绘本故事揭示这种变化的形成原因，有助于幼儿充分理解其科学原理。结合实验操作与绘本阅读开展活动，幼儿既可以快乐地做科学实验，又可以通过阅读科学知识类图画书获取和巩固知识，这种项目式的学习能激发幼儿的探索欲望，更能让幼儿通过自主学习，一步步地接近科学真相，并充分感受那种“原来如此”的顿悟，从而增强科学学习的兴趣和信心。

（二）"穿救生衣的橘子"个别化学习案例与分析

1. 活动方案

活动名称：穿救生衣的橘子①。

主题背景：苹果和橘子（小班）。

核心经验：

（1）主题核心经验：愿意探索，学习进行简单的实验记录。

（2）领域核心经验：观察橘子在水中的沉浮现象，初步获得有关沉浮的经验。

材料：

（1）绘本：《水先生的奇幻之旅》《我的橘子树》《橘子变形记》。

（2）实验材料：橘子、装了水的透明小箱子。

玩法：

（1）猜测橘子沉浮实验的结果，用粘贴橘子图片的方式表达对橘子沉浮实验结果的猜想。

（2）将橘子放到水里做实验，观察它们在水里的沉浮现象，用粘贴橘子图片的方式表示实验结果。（发现橘子是浮在水面上的。）

（3）猜测橘子去皮后的沉浮实验结果，用粘贴去皮橘子图片的方式表达对橘子沉浮实验结果的猜想。

（4）把橘子去掉皮，放到水里做实验，观察它在水里的沉浮现象，用粘贴去皮橘子图片的方式表示实验结果。（发现去皮后的橘子沉入水底。）

（5）将去皮和没去皮的橘子一起放入水中，对比观察，发现去皮的橘子能够很快沉入水底，没去皮的橘子是浮在水面上的。

（6）阅读绘本，看看书里的实验结果和自己刚刚完成的实验结果是不是一样。

观察重点：

观察幼儿是否能发现橘子在水中沉浮的规律。

2. 活动分析

小班幼儿对周围事物有强烈的好奇心，这种好奇心会促使他们去探索与发现，幼儿在绘本中看到了新奇有趣的现象，就想在现实中试一试。教师应当成为幼儿学习活动的支持者、合作者、引导者，关注幼儿在活动中的表现和反应，敏锐地察觉他们的需要，并及时以适当的方式应答，形成合作探究式的师生互动。

实验前，幼儿分享阅读了科普绘本故事《水先生的奇幻之旅》，故事里的小实验引起了幼儿的关注。老师发现了幼儿的兴趣点后，便提供了可操作的材料，为幼儿运用多种感官、多种方式进行探索提供条件，使幼儿能亲自动手操作感受科学探究的方

---

① 本案例由上海市长宁区长宁路第三幼儿园陆静珠提供。

法与过程，体验科学发现的乐趣。实验中，幼儿通过猜想—记录—实验操作—记录—比较验证的过程，发现了去皮和没去皮的橘子在水中的不同沉浮规律，获得了有关科学现象的知识，且发展了运用图画、符号进行表征的前书写能力。实验后，幼儿又拿起了绘本，对故事进行了回顾。在这个过程中，幼儿不仅回顾了实验的过程，还会因为自己实际操作了绘本里的小实验、发现了科学秘密而感到自豪。这种情感上的满足会进一步激发幼儿阅读科学知识类图画书并动手操作探究科学现象的兴趣。

第三节　幼儿园语言与艺术整合活动指导

一、幼儿园语言与艺术整合的策略

（一）运用图文营造环境中的艺术气息

不同于中小学的环境，幼儿园里的每一面墙、每一条过道、每一个角落都是课程的一部分。因此，幼儿园应该充分运用图画、文字和符号等方式为幼儿创设一个充满美感和艺术气息的环境，让他们能时时感受美、处处感知美，在潜移默化中提高审美素养。比如，幼儿园门厅一般都会有代表园所文化的文字、图片和装饰；有的幼儿园不仅选择以不同的颜色刷涂过道，还用有关“二十四节气”的配图、信息、事物装饰过道，以便幼儿在走过时能获取相关信息，并浸润在中国的优秀传统文化当中；在班级的每一个区角教师都会布置并投放各种材料。这些装饰和材料，教师都要考虑是否和主题相关、是否能促进幼儿核心经验的发展、是否美观、是否能引起幼儿的兴趣等。优美整洁、富于文字符号、融入经验学习且蕴含文化气息，这些都是对审美和教育价值的共同体现，也是对幼儿园环境创设的基本要求。

（二）开展以欣赏画面为主的阅读活动

除了环境布置这种渗透式的教育以外，幼儿园还应开展以欣赏图画书画面为主的阅读活动，以促进语言和艺术的整合。所谓“图画书”，就是有图、有画的书。因此，图画书可以没有文字，但不可以没有图和画。随着社会的发展，人们越来越重视早期教育，对以学前儿童为主要读者的图画书要求也越来越高，尤其是对图画书中的艺术性表达愈加重视。因此，幼儿教师可以专门开展以欣赏画面为主的活动。比如，有一本图画书叫《脸，脸，各种各样的脸》。这本图画书中一共画有 13 种不同表情的脸，画家通过面部轮廓的线条、面部的色彩，以及面部器官的不同呈现形式刻画出不同的表情。如“开心”的脸上，嘴的线条是向上的曲线；而“伤心”的脸上，嘴的线条是向下的曲线。“饼干式”的脸形代表“甜蜜”；“盾牌式”的脸形表示“生气”……教师可以组织幼儿阅读和讨论对画面的感受，让幼儿去体会颜色、形状等图画要素所传递出来的信息，感知如何用艺术的语言表达“各种各样的脸”。

（三）组织阅读与创作相结合的活动

阅读图画书是一种非常重要的语言活动。教师可以为幼儿组织独立阅读、分组阅读或集体阅读等多种形式的阅读活动。幼儿除了可以欣赏画面、了解故事以外，还可以依据画面等信息进行再创作。比如，幼儿阅读《小青花》时，初步了解了中国传统的青花瓷，教师就在美术区里添置了一些白色的纸杯、纸碟等，幼儿可以随意涂抹，以创作出青花瓷风格的各种“艺术品”。除了美术活动以外，还可以开展角色表演等多种形式的活动。比如，在阅读了《三只蝴蝶》之后，教师为大家添置了一些蝴蝶翅膀，幼儿开始很兴奋地扮演故事中的蝴蝶或花瓣。随着扮演次数的增多，幼儿还对这个故事进行了再加工，增加了新的角色和情节，使得这个角色游戏越来越好玩、越来越有趣，这其实就是一个艺术创作过程。教师还可以依据幼儿的绘画和前书写能力，组织幼儿开展故事创编、图画书创作等活动，将叙事性讲述、前书写和艺术创作等活动有机结合起来。

二、幼儿园语言与艺术整合集体学习活动案例与分析

（一）活动案例

中班讲述活动：表情特工队①

中班讲述活动：表情特工队

设计意图：

“表情特工队”活动来源于班级图书漂流活动中幼儿带来的一本图画书《头脑特工队》。班级中的幼儿都非常喜欢翻阅这本有趣的书，书中 5 位性格鲜明的人物和他们之间有趣的故事让幼儿对这本书爱不释手。

进入中班后，幼儿的身体和心智都发生了较大的变化。伴随着这种变化，幼儿会有一种“我长大了”的自豪感。认识自己，是培养中班幼儿良好自

① 本案例由上海市长宁区武夷路幼儿园陈丽君提供。

我意识的心理基础。随着年龄的增长，他们对自己的身体感到既熟悉又陌生，同时也对自己身体的某些部位产生了一系列的疑问，其中就包括脸上的五官。正值开展中班二期课改主题活动“身体的秘密”，于是教师根据幼儿的兴趣热点，基于《头脑特工队》这本书的内容，设计并实施了集体学习活动“表情特工队”。

活动目标：

（1）了解并愿意与同伴分享生活中不同的情绪体验。

（2）尝试运用线条表现自己感兴趣的表情特征，体验大胆作画的快乐。

活动重难点：

（1）重点：幼儿大胆讲述照片中表情背后的有趣故事。

（2）难点：通过观察比较，关注脸部表情特征的不同变化，用线条表达自己想要的表情。

活动准备：

（1）经验准备：看过图画书《头脑特工队》，有根据照片画自己的经验和参与渲染活动的经验。

（2）物质准备：幼儿自己各种表情的照片、五个头脑特工队人物的头像展示板、蒙德里安格子镂空背景 KT 板（如图 7－5 所示）、油性黑色记号笔 10 支、水彩笔 3 套（黑色、红色、绿色、蓝色、黄色、紫色）、小滴管 10 根、小碟子 3 个、抹布 3 块和欢快的轻音乐。

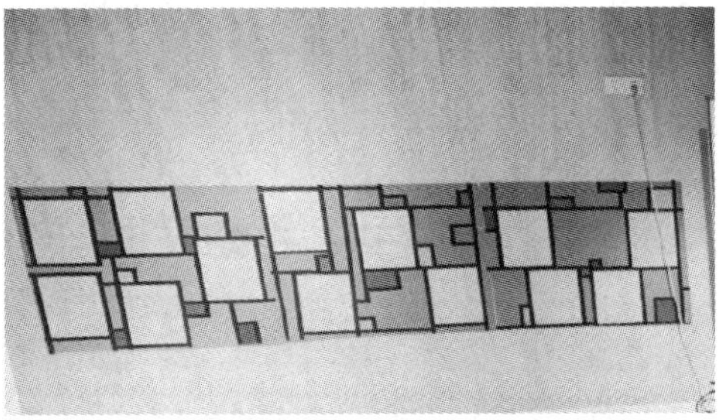

图 7－5　蒙德里安格子镂空背景 KT 板

活动过程：

（1）联系生活，讨论照片（如图 7－6 所示）。

1）提问：（出示头脑特工队的人物头像展示板）你们认识他们吗？他们是谁？为什么他们叫这个名字呢？

2）小结：他们的名字代表着不同的性格或者是发生事情时的不同情绪，因为情绪不同，所以他们脸上的表情也就不同。

3）过渡：现在我们来做个游戏，你们手里都有一张自己的照片，想一想当时发生了什么事情，照片里的你心情是怎样的，表情和哪个特工队队员很像，然后把你的

图 7-6 联系生活讨论照片

照片贴到这个特工队队员的下面。

4）提问：你们觉得哪个表情最有趣，想听哪个表情背后有趣的故事呢？

5）小结：原来每个表情背后都有一个特别的故事，有的发生在家里的，有的发生在幼儿园的，还有的发生在其他地方，是和不同的人发生的不同的事情。今天如果不说，我们还不知道我们的同伴有那么多有趣的故事呢！

（2）选择表情，自由创作（如图 7-7 所示）。

1）过渡：今天请你们为自己画一个属于你自己的表情特工队队员。在你们的椅子下面有个篮子，篮子里有你们带来的不同的表情照片，你可以选一张你喜欢的表情照片，想一想当时发生了什么事情、表情是怎样的，试着把你照片上的表情画下来。

2）介绍要求：

• 拿到照片后，先想一想发生了什么事情，仔细观察脸上的表情是怎样的。

• 选一支记号笔，画出脸上的表情。

• 画好后可以在你的表情特工队队员的四周或者脸上，填上可以代表你当时心情的颜色。

• 完成后，请将表情特工队队员贴到表情墙上。

图 7-7 幼儿创作的表情特工队队员

3）教师播放音乐，巡回指导；幼儿创作表达。观察指导要点：

• 幼儿能否用线条画出自己想要的表情。

• 引导幼儿仔细观察照片上的脸部表情特征。

（3）作品展示，交流分享（如图 7－8 所示）。

1）提问：你觉得哪个表情最有趣？想听听谁的表情背后的故事？

2）提问：我们每个人都有属于我们自己的表情特工队，每支特工队都有特别之处，你最喜欢哪个队员呢？

3）小结：是呀，大部分人都会喜欢乐乐，就像书里的乐乐说的，开心也是一天，不开心也是一天，还不如开开心心过好每一天。如果我们身边有朋友变成了怒怒、厌厌、忧忧或是怕怕，那我们可以去关心一下自己的同伴，看看他是否需要帮助。

图 7－8　幼儿“表情特工队”作品展示

（4）活动延伸。

如果想要变成乐乐，有什么好的办法呢？我们可以回家和爸爸妈妈讨论讨论，也可以到区角中去想一想、画一画。

（二）活动分析

1. 活动生成于幼儿阅读兴趣

教师敏锐地捕捉到了幼儿对《头脑特工队》这本书的阅读兴趣，结合中班幼儿自我意识发展的特点与当前的课程主题背景组织了本次活动。首先，为了帮助幼儿更好地理解表情和表情背后的故事，教师以书中人物作为导入，以激发幼儿的共鸣。从过程来看，幼儿也确实产生了共鸣，能够很快感知到不同的表情所代表的心情。其次，在感知相同心情下的不同表情时，教师采用了观察、对比的方式，使幼儿在有趣的氛围中理解了“相同心情下，表情可以是不同的”，为幼儿开启了一次有趣的“表情特工队”之旅。书中人物乐乐、怒怒、忧忧、厌厌和怕怕夸张的表情，为幼儿打开了想象的大门，使得幼儿能将他们自己的表情和书中人物联系起来，打开话匣子说一说表情背后的故事，从而使阅读故事内容产生的兴趣成功转化成了幼儿讲述的兴趣。

2. 艺术创作与语言表达有机融合

画自己是许多中班幼儿愿意做和喜欢做的事情。一方面，进入中班的幼儿本身就已经开始关注自己的身体；另一方面，用自己的方式呈现出自己的形象并与他人分享，对幼儿来说也是一种非常特别的体验。画表情一定会牵涉到心情，因为表情的背后，一定是与心情相关的故事，而心情是一种内在的情感体验，对于中班的幼儿来说会比较难以理解和表达。为化解这一难点，教师首先在活动的导入部分，利用书中卡通人物的艺术形象为幼儿讲述心情故事提供支架；然后让幼儿在讲述和交流的过程中进一步感知并理解线条、色彩等绘画要素表达情绪的方式；最终幼儿能够大胆地用线条和色彩进行自己的表情特工队队员的创作。在最后的分享交流环节，面对自己的作品，幼儿也会有强烈的分享和讲述的意愿。可以说，整个活动过程充分体现了艺术创作与语言表达的有机融合，有效促进了幼儿两个领域核心经验的发展。

3. 兼具社会情感教育价值

活动中无论是讲述还是创作，其表达、表现的核心内容都是情绪。在活动过程中，幼儿不仅提高了对情绪的识别与理解能力，还发展了对情绪的表达与表现能力。教师还可以继续开展多种多样的活动，帮助幼儿发展社会情绪与社会交往能力。如在日常生活中引导幼儿说说自己的心情、猜猜同伴的心情以及想想帮助同伴心情变好的办法等。这些活动一方面能够帮助幼儿丰富主题经验，为幼儿升入大班后开展与身体、情绪相关的主题活动打下基础；另一方面能够促使幼儿关注自己和同伴的情绪，尝试自我调节、疏导不良情绪，从而发展情绪调节能力及共情能力。

三、幼儿园语言与艺术整合个别化学习活动案例与分析

（一）活动案例

活动名称：狮子王①。

主题背景：学本领（小班）。

核心经验：

（1）主题核心经验：体会每种动物都有各自的本领，有兴趣模仿各种动作。

（2）领域核心经验：基于对《狮子王》故事的理解，通过涂鸦与玩色等游戏展开想象并自由创作。

活动方案：

① 本案例由上海市长宁区武夷路幼儿园陈丽君提供。

（1）材料。

牙刷、一次性餐具、拓印工具、颜料、彩纸、固体胶、自制的狮子面具、毛巾、动物图书、反穿衣等。

（2）玩法。

1）尝试用卷、折、画、拓印等方式装扮狮子的鬃毛。

2）大胆选用自己喜欢的绘画工具和颜色为狮子王装扮。

（3）观察重点。

1）幼儿是否愿意尝试多种不同的方法为狮子添毛。

2）幼儿能否根据狮子鬃毛的特征大胆选用自己喜欢的绘画工具和颜色进行装扮。

（二）活动分析

1. 生活化的材料

小班幼儿对自己熟悉的、平时看到的材料会主动尝试摆弄，因此教师选用了生活中常见的材料牙刷。除了选用贴近幼儿生活经验的材料，还要考虑材料是否便于幼儿操作。牙刷相比生活中的其他材料，幼儿操作起来较容易，还能表现出狮子鬃毛的特征。

2. 种类丰富的材料

单一的美术材料往往会使小班幼儿感觉乏味，无法对美术活动保持长久的兴趣。同时，材料也不能太精细或操作起来太复杂，因为小班幼儿的小肌肉发展尚未完善。教师选择了包括拓印工具在内的一些现成和自制的材料。而且在给幼儿使用之前，教师先进行了尝试，探索每种材料到底能有几种使用方法以及如何使用。这样筛选出合适的材料后，再将材料投放到个别化学习活动中供幼儿使用。

3. 有趣多变的材料

在投放材料时，教师并没有告诉幼儿这些材料的名称。但教师一次无意间发现幼儿给这些材料取了有趣的名字，如螺旋桨、爸爸刮胡刀、小花、太阳、拖把等。除了现成的一些有趣的材料受到了幼儿的喜爱，生活中的一些废旧材料也能变废为宝，如自制的拓印工具水果保护套变成了可以拓印成一丝丝狮子毛的有趣材料，成为幼儿的新宠。幼儿很喜欢这种材料有弹性的手感，而且这种材料的花纹与其他材料有所不同，可塑性也很强，是一种有趣而多变的材料。

4. 活动改进建议

装扮狮子王后，可以迁移经验为其他动物装扮，巩固幼儿对动物特征的认知经验。提供的材料可以根据不同动物进行替换，让幼儿有新鲜感。要注意的是，提供的装饰物如有亮片、绒球、纽扣等则不能太小，以免发生危险，教师要关注幼儿在操作过程中的安全。

第四节 幼儿园语言与健康整合活动指导

一、幼儿园语言与健康整合的策略

（一）结合图文符号运用在一日生活中渗透健康教育

健康关乎学前儿童的终身发展，健康教育是所有教育中最为重要的内容之一。为培养幼儿的健康意识，幼儿园要将健康教育渗透到幼儿的一日生活各个环节当中，而渗透的方式有很多和语言教育有关。比如，幼儿园的洗手池墙上一般都会贴有“七步洗手法”的提示图和文字。这就是借助前书写的方式，帮助幼儿学习如何正确洗手，做好卫生防护。在吃早点的时候，教师会为幼儿竖起一块指示牌，上面画着饼干的形状，并标示相应的数字。这块指示牌是在提醒幼儿某样饼干能吃几块，以保证幼儿吃得多样又健康。这也是采用前书写的方式帮助幼儿明确吃什么、吃多少，保证幼儿合理摄取营养。户外活动的时候，教师还会和幼儿一起创作一些指示牌，提醒幼儿在运动中要注意不能乱跑、不能相撞等。这是通过前书写和前阅读的方式渗透实施安全教育。

（二）以图画书阅读为载体开展健康教育活动

集体教学是幼儿园常用的一种健康教育方式。一般而言，教师会采用和幼儿一起阅读图画书的方式来开展集体教学活动。比如，有本图画书叫《根本就不脏嘛》，书中的小女孩总觉得自己的手根本就不脏，可妈妈却说手上有细菌，那细菌在哪儿呢？她盯着自己的小手看了又看，也看不出个所以然来……图画书以孩子的口吻呈现了其对洗手的态度和想法，以小女孩的视角审视玩泥巴、和小白兔玩、吃饭、玩水、抓鱼等行为后手到底脏不脏，不但真实地呈现了幼儿的想法，也让幼儿很直观地看到了细菌在哪里，从而弄明白自己的小手到底脏不脏。教师可以带着幼儿一起阅读这本图画书，帮助幼儿了解细菌是无处不在的，从而培养他们认真洗手的习惯。这类图画书其实有很多，比如《超级细菌王国》《牙齿大街的新鲜事》《细菌是什么》等。

（三）联合家、园、社践行健康教育

由于幼儿更多的时间是生活在家庭和社区里的，所以除了在幼儿园的一日生活和集体教学中对幼儿进行健康教育外，教师还需要引导家长、社区和幼儿园一起开展健康家、园、社共育。只有家、园、社共同努力，才能真正培养出有健康意识和健康行为的幼儿。比如，教师可以在幼儿园组织一次“垃圾如何分类”集体教学，帮助幼儿学会识别各种垃圾的标识；接着可以带幼儿去社区看一看垃圾站，运用之前的学习经验再次确认各类垃圾的标识，加深认识；然后还可以让幼儿尝试对家里的垃圾进行分类，并自创一本《我是这样分垃圾的》绘本；最后可以让幼儿把自己创作的绘本带到幼儿园和大家分享。

二、幼儿园语言与健康整合集体学习活动案例与分析

（一）活动案例

大班前阅读活动：走开，流感病毒①

设计意图：

流感被称为“感冒之王”，而上海作为一个南方城市，每年的4～6月都是流感的高发期。良好的卫生习惯能帮助幼儿有效抵御流感病毒的侵害，但是教师发现班里的幼儿在卫生习惯方面存在以下问题：出门不爱戴口罩、不爱认真洗手、打喷嚏不爱捂嘴等。

为了帮助幼儿养成良好的卫生习惯，教师精心选择了这本充满童趣的绘本《走开，流感病毒》，设计了本次健康教育活动，让幼儿跟着花园园主一起抵御流感妈妈对我们身体的入侵，阻止流感妈妈在我们的身体里生宝宝。通过沉浸式感知，帮助幼儿进一步了解身体这个精密又奥妙的系统，养成良好的卫生习惯，保卫自己的健康。

活动目标：

（1）初步理解流感病毒在身体内经过的路线以及身体抵御流感病毒的过程。

（2）了解抵御流感病毒的一些好办法，乐于养成良好的卫生习惯。

活动重难点：

（1）重点：理解流感病毒在身体内经过的路线以及身体抵御流感病毒的过程。

（2）难点：了解抵御流感病毒的一些好办法，乐于养成良好的卫生习惯。

活动准备：

（1）经验准备：知道一些生病后恢复健康的方法。

（2）物质准备：绘本《走开，流感病毒》、多媒体课件、抢答器。

活动过程：

（1）回忆经验，引出主题。

1）提问：你们有没有生过病？你们知道人为什么会生病吗？

---

① 本案例由上海市长宁区仙霞路第一幼儿园林燕懿提供。

2）小结：人感染流感病毒后，在咳嗽和打喷嚏时会呼出许许多多的病菌，这些病菌会在我们说话、吃东西、摸鼻子的时候进入我们的身体，让我们的身体非常不舒服，让我们生病。

（2）了解流感病毒的行进路线。

1）提问：老师带来了一本绘本《走开，流感病毒》，你们仔细阅读后告诉老师，当我们被流感病毒入侵时，身体会怎样保护我们，好吗？

2）小结：我们的身体里有一个健康花园，它能抵御流感妈妈在我们的身体里生宝宝，让我们的身体保持健康。

3）提问：如果流感妈妈已经在我们的身体里生了宝宝，我们该怎么办呢？

4）提问：花园园主用了哪些好方法，让我们的身体恢复了健康呢？

5）提问：花园园主是在哪里检查出身体里的流感病毒的？

6）提问：花园园主把我们带到了哪里进行治疗？进行了哪些治疗？

7）提问：我们是在哪里学到这些知识和参加演出的呢？

8）小结：我们可以在花朵产房里舒服入睡、享用美食、学习《流感病毒小百科》、参加“花园园主 PK 病毒妈妈”的演出，还能和朋友们一起运动。

（3）流感病毒知识竞赛。

1）过渡：刚才我们看了绘本，知道了流感病毒的行进路线。老师很想知道你们到底记住没有，接下来我们玩一个抢答游戏吧。

2）游戏玩法：

• 幼儿自由组合，5 人为一组；
• 竞赛开始时，只有在说完“开始”后，幼儿才可以按动抢答器；
• 答对一题得一分，答错或者犯规需要倒扣一分，最终分数最高的小组获胜。

3）小结：今天真是一次有趣又特殊的体验，虽然流感让我们很不舒服，但是我们不仅跟着花园园主一起阻止了流感妈妈在我们的身体里生宝宝，还了解了许多好的卫生习惯，我们在生活中养成这些卫生习惯就能够保护自己的健康。

（4）活动延伸。

幼儿在个别化学习《走开，流感病毒》的过程中继续加深对流感病毒的认识，巩固抵御流感病毒的好方法。

附竞赛题：

（1）你知道流感病毒有哪些种类吗？

（2）你知道流感病毒的流行时间吗？

（3）你知道流感病毒的潜伏期是多久吗？

（4）你知道哪些流感病毒的典型症状？

（5）你知道得了流感需要如何治疗吗？

（6）你知道哪些方法可以抵御流感病毒？

（二）活动分析

将绘本融入幼儿园健康教育活动不仅能帮助幼儿提升认知经验，同时也能使幼儿在潜移默化中逐渐养成良好的卫生习惯，学会保护自己的健康。本次活动结合流感常发季节这一生活背景，选择了绘本《走开，流感病毒》，通过有趣的图画故事，引导幼儿在想象中体验了被流感病毒感染后来到健康花园，跟随花园园主一起抵御流感妈妈的过程。

1. 绘本有助于幼儿理解健康知识

绘本的主要特征是图片多、文字少，这样的呈现方式特别适合幼儿学习。丰富多彩的图片能让幼儿跟随绘本中的角色进入想象的情境，产生沉浸式学习的体验。在阅读和想象的过程中，健康知识不再枯燥乏味，幼儿在边看边学的过程中不仅体会到了绘本中人物角色的情感，也明白了不少健康知识。

2. 绘本有助于幼儿养成健康的行为

学前儿童的自我约束力较弱，容易在无意识的情况下学会许多不好的行为，久而久之就会成为很难改变的习惯。针对幼儿爱模仿的特点，运用绘本开展健康教育活动能对幼儿健康行为的养成起到积极作用。基于对绘本内容的充分理解，幼儿能够将通过阅读所获得的知识迁移到生活当中，用书中角色的行为和态度调控自己的行为，从而有助于幼儿在模仿中逐渐养成正确的行为习惯。

3. 活动改进建议

在阅读环节可以添加绘本中的更多细节图片，引导幼儿细致观察画面，让幼儿联系故事中的各种细节进行综合、比较、分析以及判断等思维加工，从而深入理解流感治愈的过程。

在竞赛游戏环节，可以为每组幼儿设置个性化问题，以提升幼儿参与度，这样有助于幼儿进行健康知识与经验共享，且有利于促进幼儿间的互动。

三、幼儿园语言与健康整合个别化学习活动案例与分析

（一）活动案例

活动名称： 跃入眼帘①。

主题背景： 我自己（大班）。

核心经验：

（1）主题核心经验：了解自己、欣赏自己，调节情绪，喜欢运动，自我保护。

（2）领域核心经验：培养生活自理能力、自我保护能力、情绪管理能力。

---

① 本案例由上海市长宁区仙霞路第一幼儿园林燕懿提供。

活动方案：

（1）材料。

绘本《眼睛宝宝亮晶晶》、眼睛轮廓图若干、眼球画面图若干、KT 板若干、彩色吸管若干、雌雄搭扣若干、彩色勾线笔、彩色铅笔。

（2）玩法。

1）贴一贴、转一转。

幼儿自由选择眼睛轮廓图和眼球画面图，依次将眼睛轮廓图和眼球画面图用雌雄搭扣贴在 KT 板的正反面，插上吸管，按顺时针或逆时针方向揉搓吸管，让画面转动起来，观察眼睛轮廓图与眼球画面图的变化。如眼球画面图跃入眼睛轮廓图则挑战成功，可继续挑战不同画面。如失败，则需调整眼球画面图或眼睛轮廓图的粘贴位置，再次尝试完成挑战。

2）画一画、试一试。

幼儿自由选择彩色勾线笔或彩色铅笔进行眼球的绘制，绘制完成后，将眼睛轮廓图和眼球画面图用雌雄搭扣贴在 KT 板的正反面，按上一步的方法进行挑战。

（3）观察重点。

1）观察幼儿在“跃入眼帘”游戏中的兴趣（是否愿意调整旋转动作、图片位置等）。

2）观察幼儿与同伴是否有比较、讨论不同玩法的兴趣（是否愿意尝试不同的操作方法、粘贴方式等）。

3）观察幼儿对比、粘贴眼睛轮廓图和眼球画面图的方法（如何确定位置、是否使用测量物等）。

（二）活动分析

结合绘本《眼睛宝宝亮晶晶》创设的“跃入眼帘”个别化学习，是绘本阅读和集体教学活动后的延伸活动。教师将绘本中与眼睛相关的小知识融入挑战游戏中，使幼儿在游戏挑战过程中不断加深对眼睛相关知识的理解。

1. 将健康绘本融入实验挑战游戏，提升幼儿学习兴趣

大班幼儿喜欢动手操作，更喜欢实验挑战。基于绘本中的健康知识设计挑战游戏，大大提升了幼儿学习健康知识的兴趣，能够使幼儿边玩边学，不知不觉就理解和内化了更多保护眼睛的健康知识。

2. 迁移阅读经验绘画创作，激发幼儿健康意识

健康的眼睛才能亮晶晶的，才能看到美丽的世界。游戏中，幼儿用画笔描绘眼球，这不仅是一个艺术表现过程，更能在潜移默化中激发幼儿保护眼睛的健康意识。

3. 活动改进建议

本次活动选择了 KT 板作为将两幅画面合二为一的媒介，后续阶段可提供更多不同材质、厚度的低结构材料，方便幼儿进行组合游戏。

每一双眼睛都是独一无二的，可以在材料区中添加空白纸张，让幼儿进行个性化绘制，画出他们的眼睛看到的不同事物，提升幼儿的体验感。

知识回顾

- 幼儿园语言整合教育活动指导
  - 幼儿园语言与社会整合活动指导
    - 幼儿园语言与社会整合的策略
      - 选择适宜的图画书，讨论社会性的话题
      - 创设适切的教育环境，体验社会性的情景
      - 培养幼儿的共情能力，感知其他人的情绪
      - 关注幼儿的行为变化，提升社会交往能力
    - 幼儿园语言与社会整合集体学习活动案例与分析
      - 活动案例
      - 活动分析
    - 幼儿园语言与社会整合个别化学习活动案例与分析
      - “赞美海报”个别化学习案例与分析
      - “我的情绪小日记”个别化学习案例与分析
  - 幼儿园语言与科学整合活动指导
    - 幼儿园语言与科学整合的策略
      - 讲述生活场景，激发探究兴趣
      - 甄选阅读资源，培养科学观念
      - 谈论探究过程，形成科学认知
      - 表征探究结果，提升思维能力
    - 幼儿园语言与科学整合集体学习活动案例与分析
      - 活动案例
      - 活动分析
    - 幼儿园语言与科学整合个别化学习活动案例与分析
      - “苹果宝宝变色了”个别化学习案例与分析
      - “穿救生衣的橘子”个别化学习案例与分析
  - 幼儿园语言与艺术整合活动指导
    - 幼儿园语言与艺术整合的策略
      - 运用图文营造环境中的艺术气息
      - 开展以欣赏画面为主的阅读活动
      - 组织阅读与创作相结合的活动
    - 幼儿园语言与艺术整合集体学习活动案例与分析
      - 活动案例
      - 活动分析
    - 幼儿园语言与艺术整合个别化学习活动案例与分析
      - 活动案例
      - 活动分析
  - 幼儿园语言与健康整合活动指导
    - 幼儿园语言与健康整合的策略
      - 结合图文符号运用在一日生活中渗透健康教育
      - 以图画书阅读为载体开展健康教育活动
      - 联合家、园、社践行健康教育
    - 幼儿园语言与健康整合集体学习活动案例与分析
      - 活动案例
      - 活动分析
    - 幼儿园语言与健康整合个别化学习活动案例与分析
      - 活动案例
      - 活动分析

同步练习

1. 在见习时，围绕“情绪安定愉快”这一维度观察和记录某一个幼儿在情绪方面的具体语言表现。

2. 以“交通工具”为主题，设计一份中班幼儿安全出行的语言活动方案。

第八章　幼儿家庭亲子阅读指导

学习目标

1. 理解亲子阅读对幼儿语言发展的重要影响
2. 掌握游戏式亲子阅读的指导方法
3. 掌握对话式亲子阅读的指导方法
4. 掌握多元化亲子阅读的指导方法

现场观察

以下是两对母子分别在亲子阅读中的对话：

对话一：

母亲：这是什么呀？
孩子：一些东西呀。
母亲：这是什么？
孩子：我很喜欢这个果实。
母亲：这是什么？告诉妈妈这是什么。
孩子：树。
母亲：树上有什么？
孩子：果实。

对话二：

母亲：他的妈妈出去了，这个时候家里的大妖怪怎么样了啊？
孩子：都出来了。
母亲：小男孩是怎样的？
孩子：嗯……
母亲：他的表情是怎样的？
孩子：很害怕。

课前思考

在“现场观察”的亲子阅读对话中，两位母亲的提问有何不同？对孩子语言表达的支持程度如何？

第一节　亲子阅读营造良好家庭语言环境

家庭语言环境在幼儿早期语言与读写能力的发展中发挥着重要作用，而亲子阅读则是营造良好家庭语言环境的有效途径。本节将首先厘清家庭语言环境的概念与构成，然后阐述家庭语言环境对幼儿语言与读写能力发展的影响，最后指出亲子阅读是创设良好家庭语言环境的重要途径。

一、家庭语言环境的概念与构成

对于什么是家庭语言环境，国内外学者主要通过两种形式进行阐述，一种是列举家庭语言环境所包含的内容，另一种则是从不同的维度划分家庭语言环境的构成并列出相应维度的构成要素。

有不少学者列举了家庭语言环境所包含的内容。对不同学者所列举的内容进行梳理可知，家庭语言环境主要包括儿童家庭经济状况、父母的职业特点及教育背景、家庭孩子数量、居住地的社区环境、家庭拥有的书籍数量、儿童能获得的书籍数量、儿童玩具的种类和数量、父母在儿童阅读能力培养中的经济投入、家庭外刺激资源（如图书馆）的获得等，以及亲子共读、家长自身阅读行为、儿童阅读故事书的习惯和兴趣、家长开始教孩子认字的时间、亲子言语互动机会、家长的语言教导观和语言学习观、父母与孩子的交流方式、父母参与促进儿童语言发展的活动（如看电影、观看木偶剧以及去图书馆）等。①

另外一些学者从不同维度划分了家庭语言环境的构成要素。Ljubica 等认为家庭语言环境包括三方面内容：一是家庭活动的质量，如亲子活动的多样性和成人参与儿童活动的频率等；二是家庭的物质条件，如书籍和玩具的数量与多样性等；三是家庭的社会人口统计学信息。② Fish 和 Pinkerman 认为家庭语言环境包括三方面内容：一是背景变量，如人口统计资料、社会支持和家庭文化等；二是儿童的特征，如儿童的气质、主动性和持久性等；三是亲子互动，如及时反馈等。③ 国内学者尹静认为家庭语言环境是指家庭内部的硬件与软件两方面的环境：所谓硬件，即语言学习资源与学习条件；所谓软件，即父母提供的语言榜样，或他们语言输出的数量与质量等。④ 阮福金等认为家庭语言环境包括两方面内容：一是家庭语言资源，指书籍、文具和电脑等读写工具；二是家庭语言活动，指幼儿与家庭主要成员一起进行的读写活动，包含他们所有的家庭读写经验。⑤ 舒华等认为家庭语言环境包括四方面内容：一是家庭文化资源，如家中拥有的成人和儿童杂志、书籍和学习工具；二是亲子文化活动，如父母每天的阅读时间、父母带孩子去书店和图书馆的频率、家长给孩子读书和教孩子认字的时间；三是儿童独立的文化行为，如儿童在家中独立阅读的频率、每天看电视的时间；四是父母的受教育程度。⑥ 梁入文认为家庭语言环境包括两个维度：一是结构性环境，包括家庭社会经济地位水平、家庭养育模式、家庭教育物质资源三方面因素；二是过程性环境，包括家庭亲子互动和家庭教养方式两方面因素。⑦

综合上述学者的观点，我们认为，家庭语言环境是指家庭中能够影响儿童语言发展的所有因素，可分为结构性因素如家庭社会经济地位和家庭语言文化资源，以及过程性因素如亲子对话交流、亲子阅读及亲子参与语言文化活动，具体如图 8－1 所示。在家庭语言环境的结构性因素中，家庭社会经济地位包括父母学历、职业和家庭收入等；家庭语言文化资源包括家长读物、幼儿读物以及适合幼儿使用的语音类教玩具和

---

① 张惠．家庭文化资本与幼儿语言发展水平的关系研究［D］．北京：首都师范大学，2013；朱小雨．上海流动学前儿童家庭语言环境现状及其对词汇发展的影响研究［D］．上海：上海师范大学，2020.

② LJUBICA M U，et al. Assessing the home literacy environment［J］．European Journal of Psychological Assessment，2005，21（4）：271－281.

③ FISH M，PINKERMAN B. Language skills in low-SES rural Appalachian children：normative development and individual differences，infancy to preschool［J］．Journal of Applied Developmental Psychology，2003，23（5）：539－565.

④ 尹静．家庭社会经济地位对儿童语言发展的影响［J］．学前教育研究，2019（4）：66－80.

⑤ 阮福金，周晖，李峰．家庭文化环境对幼儿语音意识的作用［J］．心理发展与教育，2006（1）：13－17.

⑥ 舒华，李文玲，辜玉旻，等．家庭文化背景在儿童阅读发展中的作用［J］．心理科学，2002，25（2）：136－139，252.

⑦ 梁入文．上海市郊区幼儿园流动儿童发展及家庭影响因素分析［D］．上海：华东师范大学，2019.

语言教育类软件。在家庭语言环境的过程性因素中，亲子对话交流包括家长与幼儿的日常谈话与聊天以及家长对幼儿的语言输入；亲子阅读包括家长阅读、幼儿自主阅读、亲子共读、幼儿使用语音类教玩具、幼儿使用语言教育类软件以及在这些不同类型的亲子阅读过程中家长为幼儿所提供的指导；亲子参与语言文化活动包括父母带孩子去图书馆阅读或借书、去书店选书和买书，父母和孩子一起观看电视、电影、木偶剧等，以及父母和孩子一起参与社区语言文化活动或讲座等。

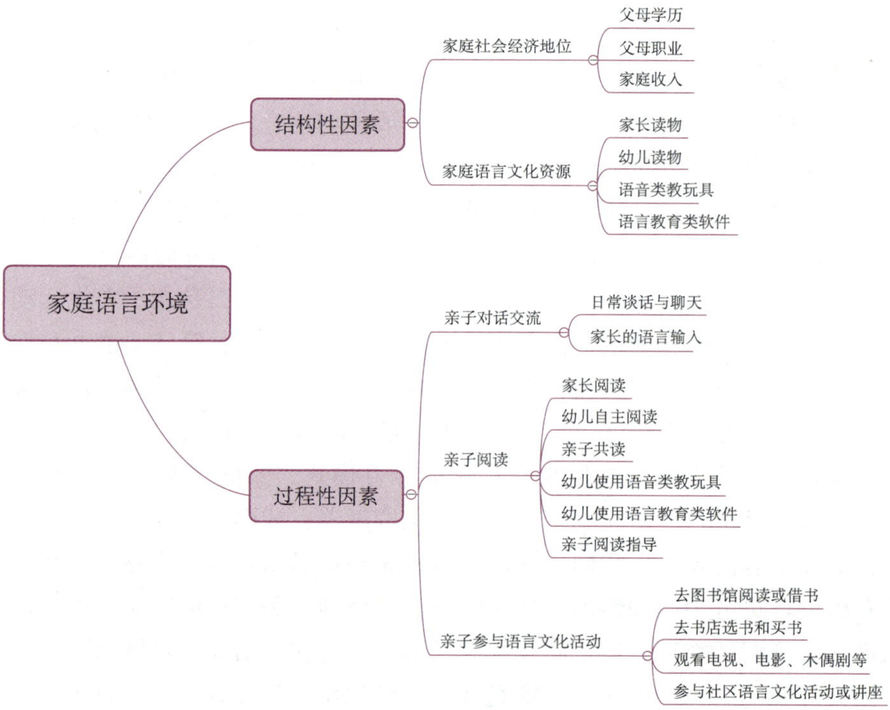

图 8－1　家庭语言环境构成

二、家庭语言环境对幼儿语言与读写能力发展的影响

幼儿期是语言能力发展的关键时期，好的语言环境能使幼儿在对语言最敏感的时期感知和理解语言的内容、形式与运用方法，能促使幼儿产生语言学习以及读写学习的兴趣，从而对幼儿语言与读写能力的发展起到积极的促进作用。研究表明，家庭语言环境的结构性因素和过程性因素都会对幼儿词汇、叙事及读写能力等方面的发展产生重要影响。

（一）家庭语言环境对幼儿词汇水平的影响

词汇是语言的基础，也是幼儿最早发展起来的基本语言能力。一般而言，词汇水平在内容维度上可分为理解性词汇水平和表达性词汇水平；在属性维度上可分为量性的词汇广度水平和质性的词汇深度水平。

国内外已有不少研究表明，父母受教育水平、家庭社会经济地位、家庭图书量、父母培养幼儿阅读能力时的经济投入以及家庭阅读时间和频率等家庭语言环境因素都会影响幼儿词汇水平的发展①，不过，各因素对不同年龄幼儿词汇水平的影响程度有所不同。值得注意的是，电子媒体阅读可能会对幼儿词汇水平的发展产生抑制作用。如张世姝调查了南京市 233 名 3～6 岁幼儿的家庭语言环境，并分析了家庭语言经验（语言数量和语言质量）和读写体验（读写活动和读写材料）等因素对幼儿理解性和表达性词汇水平的影响。结果发现，家庭语言环境中语言经验维度的语言数量、读写体验维度的阅读和故事叙述活动以及家庭书籍数量三个因素对幼儿词汇水平有直接显著的积极影响，而语言经验维度的语言质量以及读写体验维度的亲子对话、歌唱活动和图书馆活动对幼儿词汇水平有间接显著的积极影响，但读写体验维度的使用电子媒体频率对幼儿词汇水平有间接的负向影响。② 程秀兰等人也有相似的发现，他们调查了西安市 432 名 3～6 岁幼儿的家庭语言环境，并分析了父母受教育水平、家庭适合幼儿阅读的图书数量、家庭语言使用类型、家庭阅读活动频率及幼儿观看电子媒体的频率等因素对幼儿理解性词汇发展的影响。结果表明，父母受教育水平高、家庭中适合幼儿的图书多于 30 本、家庭中主要使用普通话、家庭阅读活动频率每周多于 3 次、幼儿一周观看电子媒体的频率少于 3 次，则幼儿的理解性词汇水平更高。③ 又如，朱小雨考察了上海市 227 名 4～6 岁幼儿的家庭语言环境对其理解性和表达性词汇水平的影响。结果发现，结构性因素中的父母学历、家庭中的成人书籍数量和幼儿语言教育类软件的种类，以及过程性因素中的亲子共读频率、亲子共读指导方式、亲子谈话内容、亲子谈话时家长的语言支持、家长与幼儿针对电视进行讨论、家长带幼儿去图书馆、家长鼓励幼儿学习汉字、家长陪伴幼儿游戏等因素都会对幼儿的词汇发展产生积极影响，但影响的程度随幼儿年龄差异而有所不同。④

（二）家庭语言环境对幼儿叙事水平的影响

叙事（Narrative），又称讲故事，是一种脱离语境进行有组织、有条理的表达的综合语言运用能力。儿童学前阶段的叙事能力发展对其在小学阶段的读写能力及学业表现有积极影响，即早期叙事能力强的幼儿，在小学时读写能力多半表现也较好，反

---

① LIEBESKIND K G，PIOTROWSKI J T，LAPIERRE M A，et al. The home literacy environment：exploring how media and parent-child interactions are associated with children's language production [J]. Journal of Early Childhood Literacy，2014，14（4）：483－484；尹静．家庭社会经济地位对儿童语言发展的影响 [J]. 学前教育研究，2019（4）：66－80.

② 张世姝．语言环境对 3～6 岁幼儿词汇水平的影响研究 [D]. 南京：南京师范大学，2019.

③ 程秀兰，马艳，曹金金，等．家庭语言环境对 3～6 岁幼儿理解性词汇发展的影响 [J]. 教育导刊（下半月），2021（5）：76－82.

④ 朱小雨．上海流动学前儿童家庭语言环境现状及其对词汇发展的影响研究 [D]. 上海：上海师范大学，2020.

之则表现较差。① 因而，在学前阶段培养幼儿的叙事能力非常重要。

影响幼儿叙事能力发展的家庭语言环境因素主要包括家庭社会经济地位、家庭图书资源、亲子读写和语言活动等。有关处境不利儿童语言发展的研究发现，低社会经济地位的家庭，往往存在父母受教育程度不高，缺少书籍、音像资料和益智玩具等教育资源，亲子互动数量不足、质量欠佳等问题②，会对包括叙事在内的幼儿语言能力发展产生负面影响③。研究者认为，家庭中图书的可获得性会影响儿童叙事能力的发展，拥有大量书籍的儿童更有可能接触到文学作品中广泛的故事宏观结构与微观结构元素，从而有利于其发展叙事能力；而亲子共读以及母亲与幼儿谈论个人经历都有助于幼儿的叙事语言产出。④ 还有研究表明，增加家庭图书资源、引导母亲形成详尽型亲子叙说交往风格能够显著提升幼儿的叙事能力与表现⑤，而母亲在与幼儿的交流中引起对话意图、延伸扩展对话、灵活拓展幼儿语言表达、增加讨论主题的信息、就主题进行提问以及鼓励幼儿对自己的回答进行延展和推测等，都是促进幼儿叙事能力发展的有效语言支持方式⑥。

家庭语言环境中对幼儿叙事能力发展影响最大的是亲子读写和语言活动。如马雨探讨了 92 名 5～6 岁幼儿家庭读写环境中家长的读写态度、家庭读写资源以及家庭读写活动等因素对幼儿叙事水平的影响。结果发现，家庭读写环境整体以及上述三个维度的良好状况都对幼儿的叙事结构水平和叙事语言水平起着积极作用，但其中“家庭读写活动”的积极作用最为显著，能分别解释幼儿叙事结构水平 49.9%的差异以及幼儿叙事语言水平 53.7%的差异。另外，家庭积极的读写氛围和亲子对话活动对幼儿叙事结构水平起积极作用；家庭阅读材料、音韵活动和亲子对话对幼儿叙事语言水平起积极作用。⑦吴燕分析了 73 名 4～6 岁幼儿家庭亲子阅读互动模式对幼儿叙事能力发展的影响。结果表明，在互动式分享阅读模式中，母亲会针对图画书内容进行提问，让幼儿回答，然后母亲会对幼儿的回答给予反馈，并且母亲能结合孩子的现实生活经验进行提问或讨论。相比其他阅读模式，这种互动式分享阅读能够有效促进幼儿叙事结构、叙事主题、叙事长度以及叙事语言等方面的发展。⑧

---

① 张鑑如．汉语儿童叙事语言发展研究［M］//周兢，张鑑如．汉语儿童语言发展研究．北京：教育科学出版社，2009：127-147.

② 徐微．流动学前儿童家庭教育问题的研究：基于 25 户流动家庭的访谈调查［J］．襄樊学院学报，2010，31（7）：74-78.

③ 周露．城乡接合部幼儿园 5～6 岁儿童叙事能力及影响因素研究［D］．成都：四川师范大学，2018；梁入文．上海市郊区幼儿园流动儿童发展及家庭影响因素分析［D］．上海：华东师范大学，2019.

④⑦ 马雨．家庭读写环境与 5～6 岁幼儿叙事能力的关系研究［D］．南京：南京师范大学，2021.

⑤ 高小丽．3～5 岁幼儿故事叙说能力研究［D］．西安：陕西师范大学，2013.

⑥ 杨帆，代利玲，李传江．早期儿童叙事发展研究述评［J］．东北师大学报（哲学社会科学版），2020（3）：113-121，135.

⑧ 吴燕．互动式分享阅读对 4～6 岁幼儿阅读兴趣、叙事能力的影响［D］．上海：上海师范大学，2014.

（三）家庭语言环境对幼儿读写能力的影响

读写能力是指幼儿在口头语言获得充分发展的基础上，通过前阅读、前书写等活动逐渐发展起来的书面语言意识以及运用书面语言进行理解与表达等意义建构的行为与能力。具体而言，幼儿读写能力包括阅读习惯与行为、理解阅读内容并掌握阅读策略以及表达与评判阅读内容等前阅读能力，以及书写行为习惯、文字意识和运用多元图符创意表达等前书写能力。

已有研究较多探讨了家庭语言环境对幼儿阅读行为与习惯和阅读理解能力的影响，有关家庭语言环境对幼儿前书写能力影响的研究则比较匮乏。从已有研究结论来看，虽然家庭社会经济地位和阅读资源等结构性变量对幼儿读写能力的发展有显著影响，但相比较而言，父母阅读习惯和亲子阅读互动等过程性因素对幼儿读写能力发展的影响更大。如韦积华考察了 W 市 76 名大班幼儿的家庭阅读环境对其阅读态度和阅读理解能力的影响。结果发现，家庭社会经济地位越高的幼儿，其阅读态度越好且阅读理解水平越高；家庭语言环境中的阅读资源、父母阅读习惯和亲子阅读互动等各因素都与幼儿阅读理解水平显著相关，而亲子阅读互动与幼儿阅读理解水平的相关性最高。① 吴婷婷考察了杭州市 83 名 5～6 岁幼儿的家庭阅读环境对幼儿阅读理解能力的影响。结果同样发现，家庭社会经济地位高的幼儿，其阅读理解能力显著高于家庭社会经济地位低的幼儿；家庭语言环境中的阅读资源、父母阅读习惯和亲子阅读互动等因素都能正向预测幼儿的阅读理解能力，且父母阅读习惯和亲子阅读互动两个因素的影响力更大。② 王道越等人对上海市 235 名 4～6 岁幼儿的家庭语言环境与阅读理解能力关系的分析也表明，家庭社会经济地位、语言教育类软件数量和语音类玩具数量等结构性因素以及语言教育类软件使用频率、语音类玩具使用频率和亲子互动时长等过程性因素都与幼儿阅读理解能力显著相关，不过，利用语音类玩具使用频率、亲子互动时长以及语言教育类软件使用频率等过程性因素更能预测幼儿的阅读理解水平。③ 冯瑞华以 3 名大班幼儿为研究对象，通过访谈和观察等方法对幼儿的早期阅读习惯及家庭支持性因素进行质性分析并指出，父母的早期阅读观念、早期阅读习惯培养意识、参与和陪伴、阅读指导策略、榜样行为、阅读材料等文化资源的提供与变换、舒适家庭阅读环境的创设、家庭文化活动的组织，以及家庭藏书数量和种类等都是影响幼儿早期阅读习惯养成的因素。④ 梁入文对上海市郊区 203 名流动幼儿家庭因素对其语言发展影响的分析发现，家庭社会经济地位和图画书数量与幼儿前识字能力发

---

① 韦积华．大班幼儿阅读理解能力、阅读态度及家庭阅读环境关系的研究［D］．上海：华东师范大学，2016.

② 吴婷婷．家庭阅读环境对 5～6 岁幼儿阅读理解能力的影响研究［D］．杭州：杭州师范大学，2019.

③ 王道越，李林慧．4～6 岁幼儿阅读理解能力的发展特点及其与家庭语言环境的关系［J］．幼儿教育（教育科学），2022（10）：30－35.

④ 冯瑞华．家庭文化资本视角下幼儿早期阅读习惯养成的个案研究［D］．信阳：信阳师范学院，2022.

展有显著的正向关系。①

三、亲子阅读是创设良好家庭语言环境的重要途径

亲子阅读，又称亲子共读，是指在轻松愉快的氛围中，父母与幼儿围绕图画书进行讨论与交流的一种分享性及个别化的阅读活动，其目的在于激发幼儿阅读的兴趣、促进幼儿阅读习惯的养成以及语言和阅读能力的发展。从家庭语言环境对幼儿语言和读写能力发展的影响来看，亲子阅读作为过程性因素在其中扮演着重要的角色，可以说，亲子阅读是创设良好家庭语言环境的重要途径。

（一）亲子阅读为幼儿提供了内容丰富的语言交往机会

学前阶段的亲子阅读以图画书为主要阅读材料。我国著名儿童文学作家彭懿在《图画书应该这样读》中说道："阅读图画书，可以推开一扇窗，帮助孩子了解我们的世界。"② 的确，图画书的体裁多样，有故事、儿歌、散文等；图画书的主题也非常广泛，涉及家庭生活、社会活动、自然科学、想象世界等，其内容可以说涉及与儿童成长相关的方方面面，如生活知识、生活习惯、亲子关系、自我认知、社会认知、友谊与交往、植物与动物、生命成长等。相比日常的亲子对话，父母与幼儿在亲子阅读中围绕图画书内容所进行的讨论与交流可以涉及更广泛的主题与内容，不仅为幼儿提供了内容丰富的语言交往机会，还有利于拓展幼儿的生活经验，帮助幼儿理解与这些主题相关的知识概念与语言表达形式。

随着信息技术的发展，现代家庭中逐渐有了电视机、电脑、手机、平板电脑等多媒体设备，可以播放各种动画片、儿童节目，运行各种学习和游戏软件，可能会有家长由于工作较忙等原因让孩子长时间接触电视机或手机、电脑，而忽略与孩子进行图画书亲子阅读。然而，一方面，长时间看电视或玩手机、电脑可能会导致儿童总是被动地接收信息，不利于左脑的开发和成长；另一方面，电视节目或游戏中的语言在词汇的丰富性、书面语言的数量与质量上都不如图画书，看电视或玩手机、电脑缺乏对话互动过程，因而并不利于儿童的语言发展。

更重要的是，电视机、电脑、手机和平板电脑的陪伴永远无法替代父母的陪伴。在学前阶段，与父母的依恋关系对儿童以后乃至一生的发展都有重要的影响，科学研究表明，形成安全型依恋关系的儿童更加好奇、更愿意主动探索、更自信，社会性发展也更好。而儿童与父母之间建立安全型依恋关系的重要因素之一，就是父母与儿童进行的温馨的、适时的高质量互动。如果父母掌握合适的对话互动方法，养成与孩子定期进行亲子阅读的习惯，那么就能与孩子在阅读中度过温馨的亲子互动时光，有助于和孩子建立起安全型依恋关系，既有益于孩子的语言发展，也有益于孩子长期的全面发展。

---

① 梁入文．上海市郊区幼儿园流动儿童发展及家庭影响因素分析［D］．上海：华东师范大学，2019.

② 彭懿．图画书应该这样读［M］．南宁：接力出版社，2012.

（二）亲子阅读为幼儿提供了与多元语言符号互动的机会

图画书由图画和文字构成，而图画与文字之间存在着对称、增强、互补、合奏和相对等复杂的互动关系。① 对称关系指图画和文字以不同的形式提供相同的信息；增强关系指图画更充分地表达文字提供的信息，或者文字拓展了图画的信息，这样两种模式的信息之间产生了复杂的动态关系；当增强关系非常显著时，图画和文字在信息的表达上则形成互补关系；合奏关系指图画和文字叙述不同的信息，两种信息的组合构成整个内容，而这个内容由图画和文字综合而成，与图画或文字单独表达的内容都不同；合奏关系的一种极端表现便是相对关系，即图画和文字叙述的内容之间存在着反差。

人们在阅读时从图画和文字两种符号系统中获取信息、建构意义是一个动态的过程，即可能先读图画获得视觉信息，再读文字获得语言信息，然后用语言信息进一步解释之前所获得的视觉信息从而产生新的理解；也可能先读文字获得语言信息，再读图画获得视觉信息，然后用视觉信息进一步解释之前所获得的语言信息从而产生新的理解。这种图画和文字的相互解释在阅读的过程中是循环往复地发生着的。由于学前儿童阅读能力的发展遵循由图画到文字的规律②，因此，对于不识字或识字很少的幼儿而言，无论是自主阅读还是亲子共读，他们都是主要看图画而不是文字，随着阅读经验的丰富，儿童才逐渐注意到图画书中的文字符号，开始通过图文对照产生理解③。亲子阅读时，父母口头语言的加入与有意的引导，能够有效地帮助幼儿准确观察与理解图画，并对文字符号产生兴趣与注意，在探索口语、图画、文字三种符号互动的过程中读懂图画书内容，并建立起多元语言符号之间的对应关系，逐步发展书面语言能力。

拓展小知识

4～6岁幼儿阅读理解能力的发展特点及其与家庭语言环境的关系④

一、问题提出

《3～6岁儿童学习与发展指南》指出，幼儿需要“具有初步的阅读理解能力”。

① NIKOLAJEVA M，SCOTT C. The dynamics of picturebook communication [J]. Children's Literature in Education，2000，31 (4)：225-239.

② 周兢，刘宝根．汉语儿童从图像到文字的早期阅读与读写发展过程：来自早期阅读眼动及相关研究的初步证据［J］．中国特殊教育，2010（12）：64-71.

③ 高晓妹．汉语儿童图画书阅读眼动研究［D］．上海：华东师范大学，2009；刘宝根，等．文字是幼儿图画书自主阅读中的关键信息吗？［J］．中国特殊教育，2011（1）：80-86.

④ 王道越，李林慧．4～6岁幼儿阅读理解能力的发展特点及其与家庭语言环境的关系．幼儿教育（教育科学），2022（10）：30-35.

4～6岁幼儿阅读理解能力的发展特点及其与家庭语言环境的关系

本研究基于多元读写理论意义建构的视角，一方面考察上海市235名4～6岁幼儿的阅读理解能力；另一方面分析家庭语言环境因素对幼儿阅读理解能力发展的影响，从而为早期阅读实践提供参考。

二、研究方法

以上海市不同辖区5所幼儿园64名4岁幼儿、86名5岁幼儿及85名6岁幼儿为研究对象，采用埃德蒙顿叙事规范测试工具（ENNI）测查其阅读理解能力，同时向其家长发放自拟的“家庭语言环境调查问卷”。采用相关性分析和回归分析探讨家庭语言环境各因素对幼儿阅读理解能力发展的影响。

三、主要研究发现

（一）4～6岁幼儿阅读理解能力发展特点

一是整体水平不高且个体差异较大；二是表层内容识别能力稍强，简单情节推理能力和综合主旨推理能力较弱；三是表层内容识别能力在4～6岁随年龄增长显著提升，简单情节推理能力和综合主旨推理能力在4～5岁有显著提升，在5～6岁发展缓慢。

（二）幼儿家庭语言环境现状

结构性因素方面，幼儿家庭社会经济地位差异较大，大多数幼儿家庭拥有的家长读物和幼儿读物不超过50本，教玩具持有量总体较低。过程性因素方面，幼儿自主阅读情况好于家长阅读，幼儿家庭更倾向于使用语音类教玩具，大部分家庭会开展亲子共读。

（三）家庭语言环境因素对幼儿阅读理解能力发展的影响

结构性因素中，家庭社会经济地位、语言教育类软件数量和语音类教玩具数量与幼儿阅读理解能力显著相关；过程性因素中，语言教育类软件使用频率和时长、语音类教玩具使用频率和时长以及亲子互动时长与幼儿阅读理解能力显著相关。其中，语言教育类软件数量和使用频率、语音类教玩具使用频率、家庭社会经济地位和亲子互动时长能有效预测幼儿阅读理解能力。

四、教育建议

一是创设良好的家庭阅读环境，如在家庭中为幼儿提供丰富的阅读资源，开展多样的阅读活动；二是提高亲子共读的互动质量，如根据幼儿的年龄发展特点进行适宜的提问，针对幼儿的语言与行为反应给予幼儿具体的反馈，并适时追问和拓展幼儿回答，激发幼儿高阶思维等。

第二节　游戏式亲子阅读指导

游戏是儿童的天性，是儿童学习的重要途径。游戏式亲子阅读，是指利用幼儿喜欢游戏的特点，通过感觉运动游戏与象征性游戏将阅读与游戏结合起来，一方面将图画书阅读变成幼儿喜欢的游戏，让幼儿喜欢阅读；另一方面利用游戏或游戏情境吸引幼儿阅读并培养幼儿的阅读习惯、行为与能力。通过游戏式亲子阅读，幼儿能逐渐了解什么是图画书、图画书与玩具有什么不同，也能逐渐习得翻阅图画书、理解图画书中的内容等早期读写能力。在这个过程中，家长等成人既是幼儿游戏式阅读材料、环境的提供者，又是与幼儿一起进行游戏式阅读的玩伴，还是幼儿阅读经验、读写能力发展的支持者。

游戏式亲子阅读包含两种类型。第一种类型是玩中有读，即图画书发挥玩具的功能，家长引导幼儿通过摆弄、操作游戏书以及相关的玩具将阅读本身变成游戏。第二种类型是读中有玩，即家长在阅读的过程中引导幼儿展开想象，融入游戏情境，将自己当作图画书中的角色边阅读边游戏，或是在阅读后依据图画书的内容或基于对图画书内容的理解引导幼儿开展各类游戏。

一、玩中有读

玩中有读，首先是玩图画书。目前市场上有很多图画书属于游戏书，如布画书、洗澡书、触摸书、声响书、嗅觉书、立体书等。这些图画书本身就带有游戏的功能，主要是为低龄幼儿设计的，便于引发儿童阅读的兴趣。针对3～6岁幼儿，家长可主要提供洗澡书、声响书和立体书，满足幼儿游戏与探索的需要。玩中有读，其次是玩与图画书相关的玩具。普通图画书本身不具有较强的游戏功能，家长可提供与图画书有关的玩具，如实物模型、布偶和指偶等，以增强阅读的游戏性。

（一）洗澡书

洗澡书是专门为儿童洗澡时能够玩耍而设计的，可供儿童边洗澡边阅读的特殊图画书。近年来，它已成为备受低龄儿童家庭欢迎的一种图画书类型。洗澡书一般采用乙烯-醋酸乙烯共聚物材料，在页与页之间填充海绵。高质量的洗澡书因材料的特质，可以漂浮在浴缸、浴盆的水面上，让幼儿边洗澡边玩边看。在选择洗澡书时，可将材料安全可靠、色彩明亮鲜艳、图画清晰可爱等作为重点考虑的标准。阅读洗澡书时，针对年龄较小的幼儿，家长可以指导幼儿观察漂浮在水面上的图画书，引导其认识书中的内容，多与幼儿进行互动游戏，让幼儿爱上洗澡也爱上阅读；针对年龄稍大的幼儿，家长可以在水中增加一些玩水玩具，以拓展幼儿的游戏范畴，加深其对阅读内容的理解。

（二）声响书

声响书是指嵌入了一些声响小设备的图画书，幼儿在阅读的过程中按压对应的位置，图画书就会发出相应的声响。家长带着幼儿玩声响书时，可以引导幼儿按按图书、听听声响，并与自己的生活经验联系起来，从而增强其阅读的兴趣，促进其对阅读内容的理解。如图画书《消防车快快》就是一本声响书，书的封面有一个按钮。幼儿在阅读时，只要按一下按钮，图画书便会发出消防车的声音。这不仅可以吸引幼儿继续阅读，还有利于引发幼儿对生活中所听过的车的声音的回忆，从而帮助其理解。

（三）立体书

立体书是指打破了普通图画书平面显示的特征，整合了不同空间立体造型的一类图画书，可以说是最具有游戏玩具特色的一类图画书。立体书主要有三种类型：第一种是立体造型图画书，即在平面图画书上呈现立体构造的人物、风景图像，为幼儿创造一个 3D 的互动式阅读环境。第二种是洞洞造型图画书，即在平面图画书上，依据图画书内容设计了一些洞洞，并从洞洞中巧妙地透露出下一页的部分内容，让幼儿在阅读的过程中积累猜测、推断的学习经验。第三种是玩偶造型图画书，即在平面图画书上增添了玩偶造型，从而为幼儿的阅读增添了表演的趣味。

（四）普通图画书

在阅读普通图画书时，家长可以依据幼儿的年龄特点提供不同的玩具，以增强阅读的游戏性。对于年龄较小的幼儿，可以提供仿真的模型玩具。如 3 岁幼儿已经具有一定的生活经验，并且能够在游戏中通过仿真的模型玩具将生活经验中相关的人、事、物联系起来。在阅读时为他们提供具体形象的仿真玩具，可以使他们非常容易理解与接受。除了直接提供仿真模型玩具之外，还可以提供布偶或指偶玩具，引导幼儿一边阅读一边表演，将阅读变成角色游戏。对于年龄较大的幼儿，父母则可以提供各类积木、卡片、纽扣等低结构的替代品玩具。如 5～6 岁的幼儿已经具有一定的抽象替代能力，父母可以提供积木、橡皮泥等玩具，引导幼儿搭建图画书中的人、事、物模型，将阅读变成建构游戏。

二、读中有玩

阅读最重要的目的是理解，包括理解图画书中的图画形象、理解故事中人物的行动以及理解故事中人物的心理状态与变化。① 图画书中的故事描述的往往不是此时此地正在发生的事情，理解图画书中的内容需要儿童具有脱离语境的语言理解与表达能力，这对于学前阶段的儿童来说具有一定的挑战性。家长可以引导幼儿通过角色代入以及动作表现等方式进入故事情境，在想象的游戏情境中阅读；也可以基于阅读内容激发幼儿想象、鼓励幼儿创造，引导幼儿开展手指游戏、绘画游戏以及表演游戏等。

（一）激发想象，营造阅读的游戏情境

学前儿童在生活中经常展开想象，进入想象的世界，这种情况也经常发生在阅读的过程中。家长可以根据幼儿的这一特点，引导其代入图画书中的角色，在想象游戏的过程中完成阅读。这主要有两种方式：一种方式是鼓励幼儿将自己想象成图画书中的主角，随着故事的发生与发展体会主角的经历与情感。如在阅读《好饿的小蛇》这本图画书时，可以把故事中的小蛇换成幼儿的名字，随着成人朗读“好饿的宝宝扭来扭去在散步，她发现了一个圆圆的苹果……”，幼儿更容易从第一人称视角体验小蛇扭来扭去散步、发现苹果、吃苹果的过程，增进对故事内容的理解。另一种方式是家长和幼儿一起扮演图画书中的角色，边读边演，这不仅有助于幼儿理解故事内容，更有助于幼儿体会角色的情感与态度。如在阅读《猜猜我有多爱你》这本图画书时，妈妈不妨和幼儿各自扮演书中的大兔子和小兔子，这种共读的过程不仅能促进幼儿对故事内容的理解，也能为幼儿创造理解与表达亲子感情的机会。

除了角色代入之外，激发幼儿想象、引入游戏情境的一种更简单易行的方法，是鼓励幼儿在阅读的过程中通过动作或语言进行模仿或表达。3～6 岁幼儿的认知发展主要处于前运算阶段，即通过动作与周围的世界产生互动，借助具体的形象进行思维和认知。阅读时，家长可以鼓励幼儿模仿角色的动作与语言，或是与幼儿一起用动作、语言进行表达，帮助幼儿通过动作与形象进行思维，从而形成更准确的认知与理解。如前面提到的《猜猜我有多爱你》这本图画书，在阅读时妈妈可以和幼儿一起，伸出双手、举起手臂、跳一跳，在这个过程中，通过和妈妈动作的对比，幼儿能更充分地感受到图画书中大小兔子之间的爱。

（二）鼓励创造，围绕阅读内容开展游戏

家长还可以鼓励幼儿围绕阅读内容开展创造性活动，如手指游戏、绘画游戏以及表演游戏等，这样不仅有助于增进幼儿对阅读内容的理解，还有助于幼儿迁移阅读经验及发展创造性思维。

---

① 李林慧．学前儿童图画故事书阅读理解发展研究［D］．上海：华东师范大学，2011.

手指游戏是指利用手指进行的游戏，需要协调双手的动作变化，一边用嘴巴念，一边用眼睛看，既能增强阅读的趣味性，又能锻炼幼儿的手部小肌肉动作、培养幼儿的专注力。有不少儿歌类的图画书适合一边诵读一边玩手指游戏。比如儿歌《手指宝宝做运动》，其内容描述了手指的不同动作，家长和幼儿一边念儿歌一边用手指做相应的动作，既能使幼儿体验游戏的乐趣，又能帮助幼儿在做动作的过程中更好地感知与理解儿歌的内容。手指游戏不仅可以在阅读的时候开展，还可以在幼儿对儿歌内容熟悉之后，随时随地玩起来，为亲子互动创造良好的时机。

绘画游戏是指基于绘画开展的游戏。高质量的图画书，一方面图画和文字共同讲述故事，另一方面不仅故事有趣，图画也极具欣赏价值。亲子阅读图画书之后，家长可以鼓励幼儿在游戏中画一画、涂一涂，这样不仅有利于幼儿回顾故事的内容，也有利于培养幼儿欣赏美和表达美的能力。如图画书《白羊村的美容院》在正文之后提供了亲子共玩的活动设计，其中一项活动“选美大赛”就是让家长和孩子通过涂色帮几位白羊小姐装扮，然后再比一比谁是选美冠军。这样，在涂涂画画玩色的过程中，幼儿进一步熟悉了图画书中的角色和故事情节。另外，还可以结合手指游戏，先在手指上画画，或是给手指做装饰，然后再玩。比如，阅读《五只小猴床上跳》时，可以在五个手指上都画上小猴的样子，然后用手指玩小猴床上跳的游戏。

表演游戏是指以图画书内容为剧本而进行表演的一种游戏。家长可以和幼儿一起，综合运用图画、符号以及文字进行剧本创作，还可以通过协商分配角色，然后用自己的语言与动作再现图画书中的故事情节。在阅读图画书之后玩一玩表演游戏，不仅有助于幼儿更深入地理解故事情节，更有助于激发幼儿的想象，培养幼儿的创造力。

三、游戏式亲子阅读的指导策略

游戏式阅读虽然形式上是游戏，但并不是幼儿无目的的自主游戏。游戏式阅读是以游戏为学习方式，其目的在于发展幼儿的阅读能力。因而，在游戏式亲子阅读中，家长为幼儿阅读能力的发展提供必要的支持非常重要。无论是玩中有读还是读中有玩，家长的指导都可以采用两种策略，即环境支持策略和追随儿童策略。

（一）环境支持策略

游戏式亲子阅读的环境支持策略是指家长既要为幼儿提供利于开展游戏式阅读的物质环境，又要为幼儿营造自由自主的游戏式阅读情感氛围。

在物质环境上，首先，要为幼儿提供开展游戏式阅读所需的材料，如各类游戏书，与图画书相关的模型玩具，积木、卡片等低结构玩具，纸、笔、布、绳子等创作工具，以及衣服、帽子、纱巾等装扮材料。这些材料可以用专门的架子或储物柜分类存放，也可以与其他游戏材料统一分类存放。需要注意的是，这些材料应该不仅便于家长取放，还要便于幼儿自主取放。其次，要为幼儿提供开展游戏式阅读所需的空间。一方面，阅读需要相对明亮、安静的空间，以便于观察画面、符号和文字，保证在阅读的过程中免受打扰；另一方面，每次都在相对固定的地点阅读，有助于幼儿秩序感和阅读习惯的养成。空间充足的家庭可以设置专门的游戏式阅读区域，在该区域中提供开展游戏式阅读所需的各类材料，以及开展游戏所需的桌椅等家具、小舞台和道具，以及电脑、显示屏和话筒等电子设备。空间相对较小的家庭则可使阅读活动与其他活动共享空间，重在帮助幼儿养成在固定时间、固定地点开展游戏式阅读的习惯。最后，要保证幼儿游戏式阅读的时间。游戏式亲子阅读可以融合在一日生活的环节当中，如洗澡时玩洗澡书，睡醒后玩声响书、立体书等。只要游戏书和相关的玩具随手可取，那么游戏式亲子阅读就可以随时开展。随着幼儿年龄的增长和活动能力的增强，家长最好每天都能安排专门的时间与幼儿一起进行游戏式亲子阅读，以培养幼儿良好的阅读习惯。

除了物质环境以外，游戏式亲子阅读的顺利开展还需要自由自主的情感氛围。首先，家长应基于幼儿注意力发展的特点，给予其开始或结束阅读的自由。幼儿注意力维持时间较短且很容易转移，在阅读的过程中当幼儿对图画书、玩具或是游戏失去兴趣，家长不宜强行让幼儿坚持，应给予幼儿选择活动的自由。这次没读完的图画书、没完成的游戏，当孩子再次有兴趣时还可以接着读、接着玩。其次，家长应基于幼儿自主性发展的特点，鼓励幼儿自主选择图书、玩具和游戏，以促进其自我服务、自我判断、独立性以及自信心等方面的良好发展。在自由自主的氛围当中，幼儿能够更充分地感受到游戏和阅读的快乐。

（二）追随儿童策略

任何教育都要有“儿童视角”，应相信每位儿童都有能力积极建构自己的生活。游戏式亲子阅读的追随儿童策略，是指阅读的过程应以幼儿为主导，家长应追随幼儿的兴趣、表达以及计划。

儿童从出生之日起，就对周围的世界充满了好奇，而这种好奇与探索的兴趣是帮助他们成长与发展的最好的老师。因而，在游戏式亲子阅读中，家长首先应追随幼儿的兴趣。家长可以通过提供多种多样的图画书、玩具和材料，并观察幼儿的操作、摆弄等行为，了解其对哪些图画书、玩具和材料有兴趣，对哪些游戏有兴趣，从而调整自己与幼儿的互动。家长还可以多与幼儿沟通，了解幼儿的喜好，并给予幼儿按自己的兴趣进行选择的机会。另外，幼儿的兴趣会经常发生变化，有可能这一阵子感兴趣，下一阵子没兴趣，过一段时间后又有兴趣了。家长可以有目的地引导幼儿的兴趣，但是不应强求，有时静静等待幼儿的兴趣发生变化可能是更好的办法。

在游戏式亲子阅读的过程中，幼儿往往会通过语言或动作来表达自己的理解，与家长进行互动，家长应追随幼儿的表达。首先，家长不宜以正确与否为标准对幼儿的语言或动作进行评价。因为一方面阅读中的理解是一种个性化的意义建构，不能完全用对与错来衡量；另一方面这样做往往会减少幼儿的语言或动作回应，打击幼儿表达的兴趣。家长的评价应聚焦于幼儿语言或动作表达的闪光点，同时针对其不足提出具体的建议或进行示范。其次，家长应鼓励幼儿的表达，并适时回应与互动。当游戏式亲子阅读处于自由自主的氛围之中时，幼儿大多乐于表达，家长只需要积极回应、反馈或是评价即可。对于不爱表达或不善于表达的幼儿，家长可以适当提问，鼓励其进行表达，但不宜总是通过提问、要求等方式支配幼儿的语言与动作表达，控制互动的过程，因为这样往往会适得其反。

随着幼儿自主性的发展，除了给予幼儿自由选择图画书、玩具、材料的机会以外，家长还应鼓励幼儿自主计划游戏的情节，而家长则要跟随孩子的计划。比如，在游戏情境中阅读时，可以让幼儿决定自己扮演哪个角色，家长扮演哪个角色，如何用语言和动作进行表达、互动；在基于阅读内容开展游戏时，可以让幼儿自己决定玩什么游戏、怎么玩等。此时，家长最重要的是做好玩伴，在游戏时陪伴幼儿，或是加入游戏和幼儿一起玩。

第三节　对话式亲子阅读指导

美国心理学家怀特赫斯特（Whitehurst）于 1988 年提出了“对话式阅读”这一阅读指导方法。[①] 这种方法的关键是成人与儿童共同阅读，通过对话相互分享阅读获得的经验。这个过程中的对话包括：成人提醒儿童说出书中的内容；成人通过补充儿童的回答、对儿童的回答进行评价等方式提供反馈意见；有时，成人会增加一些与书中内容相关的信息或用更清晰的方式对图画书的内容进行描述。对话式阅读的主要目的在于通过对话建立图画书内容与儿童个人已有经验之间的联系，并帮助儿童从图画

① WHITEHURST G J，FALCO F L，LONIGAN C J，et al. Accelerating language development through picture book reading [J]. Developmental Psychology，1988，24（4）：552－559.

书中获得更多的新信息与新经验。

一、对话式亲子阅读的原则

相比于游戏式亲子阅读，家长在对话式亲子阅读中的参与程度更高，引导幼儿通过阅读进行学习的目的性也更强。然而，这种学习应该是潜移默化的，是在家长与幼儿的对话互动中自然而然地发生的。对话是因共同的阅读兴趣而产生，因亲密的关系而产生，因不同的经验而产生，而不是为了学习、为了完成任务而产生。因而，对话式亲子阅读的原则应该是基于兴趣愉快对话、缘于关系平等对话以及从于经验反复对话。

（一）基于兴趣愉快对话

阅读中的对话应该是愉快的，只有家长和幼儿双方都感受到对话互动过程中的喜悦，对话式亲子阅读才能持续下去。

首先，在阅读之前做好情绪上的准备。家长可以先观察一下幼儿的状态如何，如果幼儿此时一切正常、情绪稳定，就可以如常进行阅读活动。如果幼儿正身体不舒服、情绪低落，或正在闹脾气，那么千万不要勉强幼儿开始阅读，而应该先安抚幼儿的情绪。家长自己在阅读时的情绪状态也非常重要，在与幼儿开始对话式亲子阅读之前，家长一定要调整好自己的情绪，尽量避免在阅读的过程中出现发泄自己不良情绪的行为。

其次，要选择幼儿感兴趣的书阅读。3岁以后的幼儿如果前期有一些阅读经验，那么应该已经会自己挑选图画书了，所以家长不妨把这个任务交给幼儿。如果由家长自己挑选图画书，那么请挑一本生动有趣的书。有时候，家长认为与幼儿共读是希望通过故事帮助幼儿明白一些道理，因此总会挑一些不太有趣但具有教育意义的书，然而这样的书往往无法引起幼儿的兴趣。好的图画书能在简单、有趣、幽默的故事中蕴含深刻的道理，家长如果用心，一定能找到既有趣又有教育意义的图画书与幼儿共读。

最后，要绘声绘色地对话。不少家长很关心阅读时是照着书读好还是用自己的语言讲好这个问题，其实无论怎样读，只要做到绘声绘色，就能吸引幼儿的注意力，从而引发与幼儿的对话。家长可以根据个人习惯、图画书特点以及幼儿特点灵活选择读故事的方式。比如，阅读《野兽国》这本图画书时，可以和幼儿分别扮演书中的迈克斯、妈妈，或是野兽，增加一些惟妙惟肖的语言、表情和动作，充分地调动幼儿的兴趣与想象，带动幼儿一边阅读一边对话一边表演，这样的对话式亲子阅读过程一定是充满欢乐的。

（二）缘于关系平等对话

由于幼儿的生活经验、认知水平以及语言水平有限，因此，在对话式亲子阅读中，家长往往会占据主导地位，从而出现家长问、幼儿答或是家长持续自问自答的现象。这不利于对话式亲子阅读的持续进行，也容易降低幼儿参与的兴趣与积极性。对话式亲子阅读中的对话应该是平等的，幼儿也应该有发起对话的权利与机会，家长应认真倾听、积极回应，并持续鼓励幼儿主动开启对话。

平等对话有两种基本的方式。一种是基于图画书文本的表演式对话，即结合图画书的文本语言特点，家长与幼儿你一句我一句进行朗读对话；或是结合游戏情境，家长与幼儿饰演故事中的不同角色，通过旁白以及不同角色的语言进行对话。另一种则是基于图画书阅读经验的讨论式对话，即家长与幼儿围绕图画书的特点、内容、图画、语言以及文字等进行对话，主要目的在于通过链接幼儿个人的生活、阅读、认知经验以及语言经验在阅读中建构意义，发展早期读写核心经验。

家长在与幼儿进行讨论式对话时，首先要考虑当时幼儿的状态。如果成人向幼儿提问，幼儿不回答或没反应，那么就要考虑到或许幼儿更感兴趣的是听故事，不希望这个过程中断；或许问题对于幼儿来说过于简单，幼儿没兴趣回答；或许问题太难，幼儿不知道怎么回答。这时家长就要减少提问或暂时不要提问，等读完图画书后，家长可以再尝试提出一些问题，如果幼儿愿意回答，那么便可与幼儿继续讨论下去，如果幼儿不愿意也不必勉强。其次，讨论式对话应该是双向的对话。家长在提问后，需要耐心等待幼儿做出反应，给幼儿充足的时间来回顾阅读的内容、思考问题并组织语言进行表达，千万不要急着自问自答。如果幼儿回答不出来或是回答得不准确，家长可以通过追问或者给予一些提示引导幼儿进一步思考。同时，家长还可以鼓励幼儿提出自己的问题，并引导幼儿通过不同的方法寻找答案。虽然讨论式对话能够帮助幼儿理解阅读的内容、发展幼儿的思维以及培养幼儿的语言运用能力，但并不代表每次和幼儿读完图画书后都必须深入地讨论一番，如果幼儿每次阅读图画书后都需要回答一大堆问题，那么很可能会失去持续阅读的兴趣。

（三）从于经验反复对话

幼儿往往喜欢反复阅读同一本图画书。当幼儿总是阅读同一本图画书时，这本书里一定有什么吸引着幼儿，或许是跌宕起伏的故事情节，或许是与自己有相似遭遇的主角，或许是丰富多彩的图画，或许是生动有趣的语言，每读一遍幼儿可能都会从书中获得新的发现。因此，当幼儿要求重复阅读同一本图画书时，家长千万不要因为自己觉得太枯燥而拒绝幼儿，可以尝试着和幼儿一起，通过一次次的阅读不断从书中寻找新的发现并展开对话。

幼儿对故事情节与内容已非常熟悉后，再次阅读时，可能会更多地注意图画中的一些小细节。比如，在阅读《野兽国》时，幼儿会发现图画中表现迈克斯情绪变化的一些细节：一开始往墙上钉钉子的愤怒，被妈妈关到房间后的不满，接下来的无聊，离家出走后的窃喜，征服野兽国时的心满意足，狂欢后的落寞，最后原谅妈妈后的开心。同时，幼儿还有可能发现，这本书的图文排版非常特别，一开始页面不断扩大，后面又逐渐缩小。为什么会这样呢？这时，家长就可以围绕幼儿的新发现与幼儿进行对话，和幼儿聊一聊这些细节，问一问为什么。在不断的对话中，幼儿会逐渐理解，原来图画书的排版也在表现迈克斯的情绪变化。

一本好的图画书，绝对是值得成人与幼儿一遍又一遍地阅读的，封面、环衬、扉页、图画、文字、构图、色彩、线条、风格、技法、前后的联系，每个地方都可能成为幼儿的新发现。在反反复复地阅读、不断围绕幼儿感兴趣的话题进行对话的过程中，幼儿也会不断获得有关图画书的经验、获得有关阅读策略的经验、获得有关阅读内容的表达与评判的经验。

二、对话式亲子阅读中的提问策略

提问是在亲子阅读过程中开启并维持对话互动的主要方式，也是家长在亲子阅读对话互动中使用较多的一种语言形式。在对话式亲子阅读中，家长提哪些问题、如何提问，可以从两方面考虑，一是针对不同的内容提问，二是针对不同的思维过程提问。

（一）针对不同的内容提问

提出的问题可与图画书内容、图画书知识、幼儿的感受、幼儿的阅读或生活经验等相关。

1. 关于图画书内容的问题

如主角是谁、有哪些角色、发生了什么事、原因是什么、结果是什么、告诉了我们什么道理、你从哪里看出来的等。

2. 关于图画书知识的问题

如这本书的作者和画家是谁、环衬上的图案是什么、在这本书里你有没有发现什么小秘密等。

3. 关于幼儿感受的问题

如你喜欢书中的哪个角色、如果你是这个角色你会怎么做、你是否喜欢这本书以及为什么、书中哪个地方让你感动了等。

4. 关于幼儿阅读或生活经验的问题

如以前是不是也读过关于书中某个角色的图画书、那本书里讲了些什么、那本书和这本书有什么不同、书中的事情如果在现实生活中发生应该怎么做等。

家长可以在阅读的过程中或是阅读之后针对具体的图画书围绕上述四个方面的内容与幼儿进行讨论。比如在读完《迟到的理由》这本图画书后，可与幼儿讨论下面这些问题：

关于图画书内容：小猪怎么了？小猪编了些什么理由，它为什么要编这些理由？它最后是怎么告诉老师的？老师批评它了吗，为什么？

关于图画书知识：这本书的环衬上怎么有这么多小闹钟，你发现什么秘密了吗？这些小闹钟的形状像什么？

关于幼儿的感受：你喜欢小猪吗？为什么？

关于幼儿的阅读或生活经验：你上幼儿园迟到过吗？迟到了你会怎么做？

家长和幼儿不需要在一次阅读当中就讨论上述所有问题，可以依据具体情况选择性地讨论其中的某些问题，以能够保持幼儿的兴趣为前提，幼儿有兴趣可以多讨论一会儿，幼儿没兴趣则可以少讨论甚至不讨论。

（二）针对不同的思维过程提问

在对话式亲子阅读中，家长的提问应有利于引发幼儿的不同思维过程，如识别、概括、预测、比较、假设、评价和想象等。下面以阅读《猜猜我有多爱你》为例，家长可以提出以下类型的问题。

1. 指向识别和概括的事实型问题

故事里有谁？他们在做什么？

2. 预测型问题

你觉得接下来大兔子会怎么说他有多爱小兔子？

3. 比较型问题

大兔子和小兔子的爱有什么不同？

4. 假设型问题

假如你是小兔子，你会怎么做来表达对大兔子的爱？

5. 评价型问题

你觉得大兔子和小兔子的爱哪个更多一点？为什么？

6. 想象型问题

这个故事结束之后，大兔子和小兔子还有可能做些什么？（续编故事。）

在对话式亲子阅读中，家长的提问既要关注不同的思维指向，引导幼儿进行不同深度的思考，又要注重提问由浅至深，逐步培养幼儿在阅读中的高阶思维。针对3岁幼儿，可以多问一些指向初阶思维过程的问题，如事实型问题；针对4岁幼儿，可以多问一些指向中阶思维过程的问题，如预测型问题、比较型问题和假设型问题；针对5、6岁幼儿则可以增加指向高阶思维过程的问题，如评价型问题和想象型问题。

三、对话式亲子阅读中的反馈策略

与提问一样，反馈也是家长在亲子阅读对话互动中使用较多的一种语言形式。第二章第二节“幼儿园口语交往环境的创设”阐述了师幼互动中教师常用的十种反馈策略，即简单肯定、具体肯定、间接否定、直接否定、追问、重复、修正、提供新信息、确认理解和要求，家长在对话式亲子阅读中也可以使用这十种反馈策略。下面对这些反馈策略进行举例说明。

（一）简单肯定

母亲：苹果的种子你知道在哪里吗？

孩子：里面。

母亲：对。

母亲：种子会变成什么？
孩子：大树。
母亲：**嗯。**

（二）具体肯定

母亲：你看这是什么季节？
孩子：夏天。
母亲：为什么？
孩子：因为很热。
母亲：你是怎么看出来很热的呀？
孩子：因为这里有电风扇。
母亲：嗯，**观察得真仔细。**

（三）间接否定

母亲：你感觉他需要什么？
孩子：需要木头。
母亲：**再想想。**
母亲：这是什么？
孩子：桌子。
母亲：他需要一张桌子。

（四）直接否定

母亲：为什么需要一朵花？
孩子：想要种子就需要一朵花。
母亲：**我觉得不对。**
母亲：是因为桌子做好了，放一朵花更漂亮。

（五）追问

母亲：**桌子是用什么东西做成的？**
孩子：木头啊！
母亲：**木头是从哪里来的？**
孩子：木头是从山里面来的。
母亲：**木头是山里面的大树变成的对不对？**
孩子：对。

（六）重复

(1) 母亲重复幼儿的回答。
母亲：我们如果要做一张桌子的话需要什么？
孩子：木头。

母亲：**木头。**

母亲：那除了桌子，木头又可以做什么东西呢？

孩子：可以做扫把。

母亲：**扫把。**

母亲：还有呢？

孩子：还可以做木马。

（2）母亲重复自己说的话。

母亲：种子又是从哪里来的呢？

孩子：种子——

母亲：**种子从哪里来？**

孩子：种子——

母亲：种子是从果实里来的。

孩子：是果实里面的籽变出来的吗？

母亲：我们平时吃的那些水果的果核里面都有种子。

（七）修正

孩子：我希望大妖怪看到我神难——

母亲：**神勇。**

孩子：神勇的模样。

孩子：吃过晚饭考验我的时候到了，我抢起——

母亲：**我扛起。**

孩子：我扛起垃圾袋没有叫爸爸保护我。

（八）提供新信息

母亲：什么需要大树？

孩子：小鸟。

母亲：嗯，小鸟需要大树。**因为大树就像它的家一样对不对？**

孩子：嗯。

母亲：**所以你看这些小鸟都需要大树，夏天热了，它们需要大树成为它们的家，才能在里面更好地生活。**

（九）确认理解

孩子：然后主人就到处去贴寻猫启事。

孩子：主人很担心它。

母亲：嗯，然后呢？

孩子：没了，我的故事讲完了。

母亲：他为什么要贴寻猫启事呢？

孩子：因为他很想念小猫。

母亲：**哦，是吗？**

孩子：他想小猫回来。

母亲：**相处了这么久，小猫突然有一天消失了，他很想念小猫，对吧？**

孩子：嗯。

（十）要求

母亲：**看看啊。**

母亲：**看看上面是什么啊？**

孩子：小狗在吃骨头呢。

母亲：**看看桌子上面有什么？**

高质量的反馈应该是针对幼儿语言或动作做出的具体反馈，而不是笼统的“嗯”“好”“对”等没有明确意义的表达。当幼儿的语言表达值得表扬时，家长应该进行具体的肯定，指出哪里很棒；当幼儿的语言表达有不足之处时，家长不宜直接否定，而应通过追问、提供新信息或提出要求等方式引导幼儿继续思考、探寻答案。另外，家长也可以通过重复幼儿的语言、让幼儿澄清自己的语言以及修正幼儿的语言等反馈策略保证对话的顺利进行。

第四节　多元化亲子阅读指导

在信息化时代，由于交流方式的多样化，人们对读写能力的认识也发生了改变。基于多元读写理论的视角，学前儿童读写能力的发展是运用语言、图画、符号、文字等多元模式进行意义建构的过程。而多元化亲子阅读就是指以意义建构为核心，家长与幼儿运用语言、声音、图像、体态和空间等不同符号模式所开展的所有与阅读相关的社会文化活动。本节将具体阐述多元化亲子阅读的内涵、途径以及指导策略。

一、多元化亲子阅读的内涵

本部分将首先介绍多元读写理论，然后阐述学前儿童早期读写能力发展的多元模式意义建构过程，最后界定多元化亲子阅读的概念。

（一）多元读写理论

进入信息化时代，人们的交流不再局限于口头或书面语言，而是可以在各种各样的终端设备上通过语言、声音、图像、体态、空间等符号模式以及不同的模式组合跨时空进行。基于这种交流方式的变化，多元读写理论应运而生。

传统读写能力被简单看作个人对书面语言进行编码及解码所必须具备的一系列能力。然而，人们逐渐认识到，各种文本之间的区别并不在于用的是口头语言还是书面语言，文本因写作目的和听众的不同而不同，因此更应该将读写能力看作运用语言达到认知和交流目的的一种方式而不仅仅是书面语言模式的运用。① 阅读是读者与文本之间的互动②，需要读者将自己的阅读目的、生活经验与文本中符号表征的意义相联系，依赖于读者对符号系统及符号系统运用文化习惯的掌握。因而，阅读不仅仅是一种个人行为，更是一种文化活动，阅读所获得的不仅仅是信息，更是一种文化思维，阅读教育应该重视儿童通过阅读建构多元意义的过程。③

1994 年，由美国、英国和澳大利亚等国家的十位研究者组成的“新伦敦小组”（New London Group）对时代发展背景下的读写能力以及相应的教学方法重新进行了定义，提出了多元读写能力（Multiliteracies）这一概念。15 年后的 2009 年，“新伦敦小组”的四位参与者以及其他两位多年来一直致力于多元读写能力发展与教学研究的学者又依据这些年来的社会环境变化和多元读写能力教学的实践情况对相关理念进行了梳理与修正。他们指出，随着报纸、广播、网络等各种媒体的运用，当代社会意义的表征模式越来越多元化（Multimodal），如语言、声音、图像、体态和空间等多种符号模式常常以整合的形式出现在人们的日常生活和文化实践当中。新的阅读教育应该在传统教学的基础上增加多元读写教育，让学生学习如何阅读与创作由语言、声音、图像、体态、空间等符号模式组合而成的多元模式文本（Multimodal Texts），并学习如何运用各种各样的信息技术进行多元模式的意义建构与交流。④

---

① WELLS G，CHANG-WELLS G L. Constructing knowledge together：classrooms as centers of inquire and literacy ［M］. Portsmouth：Heinemann，1992.

② ALDERSON J C. Assessing reading ［M］. Cambridge：Cambridge University Press，2000.

③ WELLS G. Creating the conditions to encourage Literate thinking ［J］. Educational Leadership，1990，47（6）：13－17；MARTINEZ M，ROSER N，DOOLEY C. Young children's literary meaning making ［M］// HALL N，LARSON J，MARSH J. Handbook of early childhood literacy. London：SAGE Publications，2006：222－234.

④ COPE B，KALANTZIS M. “Multiliteracies”：new literacies，new learning ［J］. Pedagogies：An International Journal，2009，4（3）：164－195.

多元读写理论强调了意义建构和多元模式两个方面，为学校读写教育提供了新的目标与方法，同时也为我们理解学前儿童早期读写能力的发展提供了新的视角。

（二）早期读写能力发展的多元模式意义建构过程

Lancaster 指出多元模式（Multimodality）是年幼儿童交流不同意义的核心方式。如儿童在与大人对话时常常同时使用口头语言和体态语言（如用手指某一物体），在讲故事时常常会一边说一边表演，在涂鸦时也会一边画一边用语言解释，儿童的绘画里则常常会出现图形、数字和文字等各种符号。[①] 正如 Kress 所说，儿童建构意义“采取的策略是使用最好的、可能最有效的形式表达特定的意义”，这种最好的形式可能来自不同的模式、方法和材料，而不考虑成人习惯使用的符号运用方式或成人是否认可他们的这种表达。[②]

儿童的许多日常活动都与各种符号相关，其理解书面语言文字所需的符号表征知识在早期的视觉和口语符号表征中就已经有所发展。因而，早期读写能力发展是一个连续又整合的过程，儿童在以多元模式进行意义表征的实践中逐渐发展出对包括书面语言在内的不同符号表征系统的理解。

（三）多元化亲子阅读的概念

图画书阅读是儿童同时与图画、文字以及口头语言、体态语言等不同符号系统进行互动的最突出且常见的活动，图画、文字、口头语言和体态语言等多元的表征方式以及独立阅读、分组阅读和集体阅读等多样的探索途径，使得图画书阅读为儿童多元读写能力的实践与发展创造了大量机会。

基于多元读写理论的视角，以及学前儿童读写能力发展的多元模式意义建构特点，在学前阶段家长与幼儿开展多元化亲子阅读非常重要。多元化亲子阅读是指以意义建构为核心，家长与幼儿运用语言、声音、图像、体态和空间等不同符号模式所开展的所有与阅读相关的社会文化活动，重在引导幼儿在参与各类社会互动的过程中链接生活经验、叙事经验以及阅读经验，从而进行个性化的意义建构与交流。首先，在阅读图画书时，无论是从口语还是从图画中获取信息，幼儿都需要将口语符号或图画符号与自己的生活经验进行链接，对应现实生活中的人、事、物，从而获得更好的理解。其次，在阅读图画书时，幼儿还需要链接叙事经验，通过在日常听故事和说故事等活动中所形成的故事图式更好地理解图画书内容。另外，幼儿在对各种不同图画书进行探索的过程中逐渐积累起丰富的阅读经验，即对图画书的认识、对图文符号的认识，以及对不同故事结构与类型的认识，而这些阅读经验反过来又会在幼儿的下一次阅读中帮助他们

---

① LANCASTER L. Moving into literacy：how it all begins［M］// HALL N，LARSON J，MARSH J. Handbook of early childhood literacy［M］. London：SAGE Publications，2006：145－153.

② KRESS G. Before writing：rethinking the paths to literacy［M］. London：Routledge，1997.

进行理解。

二、多元化亲子阅读的途径

多元化亲子阅读重在引导幼儿在参与各类社会互动的过程中链接生活经验、叙事经验以及阅读经验，从而进行个性化的意义建构与交流。因而，从经验链接的维度划分，多元化亲子阅读的开展主要包括三种途径：一是融入生活，体验真实世界；二是多样表征，探索图画故事；三是拓展范围，丰富阅读材料。

（一）融入生活，体验真实世界

阅读带给幼儿的是一种间接经验，能够为幼儿创造一个想象的世界。不过，艺术来源于生活，图画书中的角色、事物、事件都来自作者对真实世界的认知与体验，即使是想象的故事，也遵从真实世界的存在逻辑。比如《迟到的理由》这本图画书，作者姚佳说故事源于自己小时候迟到的经历。再比如《西西》这本图画书，虽然文字作者萧袤说这个故事的构思来自他的一个梦，但图画作者李春苗和张彦红为了表现故事的情境而到公园、街头巷尾、幼儿园进行了大量的写生。还有《动物绝对不应该穿衣服》这本图画书，内容是作者想象出来的，但其中的豪猪、骆驼、蛇、老鼠、绵羊、猪等各种动物形象则都是来自真实世界。幼儿的生活经验会影响他们在阅读中的各种反应。如果幼儿不熟悉图画书中的人物形象或事件，对图画书的内容可能就不太感兴趣或不容易理解。反之，如果幼儿的相关生活经验丰富，则会对图画书非常感兴趣并且容易理解其内容。因此，家长可以在生活中多带幼儿进行各种生活体验，如多出去走走看看，参观动物园、植物园、博物馆，逛公园、商场、游乐场，看电影、儿童剧，听音乐会等。这样幼儿在阅读时就能够联想到生活中的相关经验，既有助于其理解图画书内容，又有助于其和家长围绕图画书内容进行深入的讨论，增强幼儿阅读的兴趣与信心。

家长也可以在阅读前后依据图画书的内容带幼儿进行有针对性的生活体验。如在阅读《妹妹的大南瓜》之前，可以带幼儿去菜市场买南瓜，回到家后煮南瓜汤和幼儿一起品尝，有条件的话还可以带幼儿到农场看看长在地里的南瓜和秧苗。那么之后和幼儿阅读这本书时，幼儿便能联想到南瓜地里的场景，回味南瓜汤的美味，从而更真切地体会到妹妹种出大南瓜的喜悦，以及全家人在一起其乐融融的美妙心情。又如家长和幼儿读过《我爱你》这本书后，不妨在生活中经常和幼儿一起说说“我爱你，小路”“我爱你，小树”“我爱你，小花”“我爱你，小草”“我爱你，我的家”“我爱你，爸爸”“我爱你，妈妈”“我爱你，宝贝”。在温暖的拥抱和真挚的表达中，家长和孩子一定能感受到浓浓的爱。

（二）多样表征，探索图画故事

家长可以引导幼儿通过说、画、演等多样的表征方式，探索图画书中的故事，积累叙事经验并形成有助于理解的故事图式。

家长可以和幼儿一起阅读图画书，把故事读给幼儿听。可以照着图画书中的文字读，也可以加入一些讲解，还可以一边读一边与幼儿讨论，其目的都是帮助幼儿在听、看、说的过程中获得有关图画书基本内容的认识，了解故事的背景、人物和情节，形成有关故事的完整印象。如果幼儿喜欢讲故事，已经和家长反复阅读了某本图画书，对其中的内容非常熟悉，并且记住了图画书中的一些情节和语言，那么幼儿就很可能愿意复述故事，反之则不然。连贯、完整地复述图画书中的故事对于学前儿童来说并不是一件容易的事情，幼儿需要理解故事发生、发展、结束的过程，需要掌握相关的词汇和语句，需要围绕中心内容、按照一定的顺序表达等，如果幼儿觉得自己做不到这些，讲不好故事，那么他就很可能不愿意复述。这个时候，家长也不必勉强幼儿，而应该想想别的办法引发幼儿的兴趣，或提供一些辅助手段以降低复述的难度、帮助幼儿进行回忆与联想。

有时候，复述故事不一定非要用口头语言说出来，也可以和幼儿一起画画故事、演演故事。有些幼儿可能不擅长说，但是喜欢画，或是喜欢用肢体语言表演，那么家长可以依据幼儿的特点，提供丰富的绘画材料、角色扮演道具，鼓励幼儿用自己喜欢和擅长的方式表达自己对图画书内容的理解。家长如果积极地参与，和幼儿合作，幼儿则会更加乐于表达。比如，成人和幼儿一起读完《小蜡笔大罢工》后，可以拿出蜡笔与幼儿一起来涂鸦。不用画得多像，也不用画得多美，想用什么颜色就用什么颜色，可以画黄色的太阳，也可以画橙色的太阳，可以画粉色的恐龙，也可以画绿色的海洋，甚至可以画黑色的彩虹……也许什么话都不用说，幼儿就能在与家长一起无所顾忌地涂鸦的过程中感受到爱与勇气，而这正是书中通过小蜡笔与邓肯之间的故事所要传达的思想。

（三）拓展范围，丰富阅读材料

开展多元化亲子阅读，家长还需为幼儿提供多样化的阅读内容与体裁，以拓展幼儿阅读的图画书主题范围和体裁范围，帮助幼儿积累更为丰富的阅读经验。

目前市场上的图画书主题范围非常广泛，可选择的余地较大，因而家长可以尽可能为幼儿提供不同主题的图画书进行阅读。家长在选择图画书主题时要考虑幼儿的年龄特点。对于较小的幼儿，更多地选择“爸爸妈妈与家”、“日常生活”以及“同伴与游戏”等主题；对于年龄较大的幼儿，则可以更多地选择“自然与认知”、“生命与环境”、“科学与探索”以及“情绪与社会”等主题。生活中，幼儿接触最多的是故事体裁的图画书。除此之外，还有儿歌、童谣、诗歌、散文等不同体裁的图画书。这些图画书有不同的文体、不同的呈现方式，在阅读各类体裁图画书的过程中，幼儿能感受到语言的多元风貌和富于变化的运用形式。比如在阅读《我们身体里的洞》这本科学知识类图画书的过程中，幼儿能够充分地感受到说明性语言与叙事性语言的不同，学习如何通过准确的词汇和简洁的语言进行表达。

三、多元化亲子阅读的指导策略

在多元化亲子阅读中，通过“融入生活，体验真实世界”、“多样表征，探索图画故事”以及“拓展范围，丰富阅读材料”等途径，幼儿不断地积累生活经验、叙事经验以及阅读经验。为了帮助幼儿融合各方面的经验进行意义建构，家长需要采用经验链接指导策略，在阅读图画书之前帮助幼儿铺垫经验、在阅读图画书时引发幼儿联想经验以及在阅读图画书之后支持幼儿拓展经验。

（一）在阅读之前铺垫经验

在阅读一本图画书之前，家长可以通过日常对话帮助幼儿获得概念，建立口语符号与真实事物和动作等之间的联系；还可通过创设丰富的阅读环境、开展亲子共读、看画展等活动为幼儿提供大量的阅读机会，积累阅读经验。有了这些经验的铺垫，幼儿在阅读图画书时就可以联系这些经验更好地理解图画书的内容。

帮助幼儿铺垫生活、叙事和阅读经验时，要考虑幼儿阅读理解所能达到的水平。以生活经验的铺垫来说，针对年龄较小的幼儿，家长可以在日常生活中向幼儿介绍事物或动作的名称，也可以通过提问的方式鼓励幼儿自己说出相应名词、动词及由其组成的简单句子，以更好地巩固口语符号和真实事物及动作之间的联系，这样在之后的阅读中他们就更容易在口语的提示下联想起图画形象所代表的真实事物及动作，加深理解。随着幼儿年龄的增长，除了说出所见事物及动作之外，家长还可以用语言描述正在发生的事情。如带幼儿去参观动物园时，家长可以给幼儿说说看到的各种动物的名称，还可以说说这些动物正在做什么，如“看，大熊猫在吃竹笋呢，它把笋皮都剥掉了只吃嫩嫩的笋尖尖”。这样幼儿在之后相关内容的阅读中不仅能联想起有关事物和动作等概念，还能把不同的事物与动作联系起来去理解更丰富的情节。以叙事经验的铺垫来说，家长一开始可以读故事给幼儿听，随着幼儿年龄的增长，可以尝试和幼儿一起玩角色扮演游戏，之后再带幼儿观看较短小有趣的儿童剧表演，最后则可以鼓励幼儿自己尝试讲故事、画故事和演故事。以阅读经验的铺垫来说，家长要为幼儿创设丰富的阅读环境，提供主题丰富和体裁不同的图画书进行阅读。

（二）在阅读过程中联想经验

在阅读一本图画书的过程中，家长要鼓励幼儿联想相关的生活、叙事和阅读经验，以更好地理解图画书的内容。由于图画对意义的表达存在不确定性，因此学前儿童对口头语言的理解先一步发展。在阅读图画书时，书中的各种图画形象有可能是写实的，与人、事、物的真实形象非常接近，幼儿较容易产生联想；也有可能是较为抽象的，或是拟人化的，与人、事、物的真实形象有较大区别，这时幼儿就不容易将图画形象与真实的人、事、物联系起来，需要成人的提示与引导。年龄较小的幼儿应以阅读写实的“认知图画书”为主，如食物图画书、动物图画书、交通工具图画书等。如果有日常生活中的经验铺垫，幼儿在阅读这类图画书时就比较容易产生联想。如果在幼儿阅读时向其出示图画所对应的实物，则能更好地帮助幼儿巩固口头语言、理解图画形象与真实形象之间的联系。年龄较大的幼儿阅读的图画书种类日渐丰富，图画风格多种多样，图画形象与真实形象也有所不同。此时，家长可以通过语言提示或角色表演等方式引导儿童联想自己的生活经验或是阅读过的图画书。

（三）在阅读之后拓展经验

在阅读一本图画书之后，家长如果能和幼儿进行一些活动以拓展与图画书内容相关的生活、叙事和阅读经验，不仅能加深幼儿的理解，更能为幼儿的下一次阅读做好经验的铺垫。比如，对于年龄较小的幼儿，家长和幼儿可以在阅读完水果认知图画书后用仿真水果玩具一起玩“吃水果”的游戏；或是在阅读完有关动物园的图画书后去动物园参观，一边看动物一边联想图画书中的动物和情节。对于年龄稍大的幼儿，家长和幼儿可以在阅读完故事图画书后一起玩角色扮演游戏，帮助幼儿想象、回顾和进一步理解故事中的角色与情节；或是运用思维导图写写画画，引导幼儿梳理、比较图画书的内容，在增进理解的同时发展思维能力；还可以在阅读完科学知识类图画书后，一起动手做做科学小实验，将阅读所获得的知识经验迁移到生活中。

实践小案例

《青蛙与男孩》亲子阅读指导①

• 读一读（本书由萧袤著，陈伟、黄小敏绘，海燕出版社出版，曾荣获第二届丰子恺优秀儿童图画书奖）

这本图画书以儿童独特的语言及视角，在幻想与现实交叠的舞台上，展现儿童的特质和童年的乐趣。图画中的角色造型和表情、构图、页与页的节奏与连续性，

① 本案例由上海市宝山区美安路幼儿园陈舒馨提供。

以及各种细节，都显示出成熟的图画叙事能力，与文字紧密结合共同传达信息。

故事中，青蛙对男孩说“我会蹲”，男孩说“我也会”；青蛙说“我会跳”，男孩说“我也会”；青蛙说“我会洗澡”，男孩说“我也会”。一番比较后，青蛙竟以为找到了失踪的王子，男孩这才发现“糟了”，连忙反过来说出无数理由证明自己不是青蛙。现实中很多幼儿都经历过类似的事情吧：先轻易地发现自己这里、这里和这里跟别人如此相似，然后又反应过来自己那里、那里和那里跟别人多么不一样。这样的过程叫作“自我认识”，发现“一样”很重要，发现“不一样”更重要。

在阅读这本书的时候，家长和幼儿不仅可以一同了解这个有趣的故事，还可以讨论“男孩和青蛙”“我和好朋友”有什么一样及不一样的地方，帮助幼儿加强自我认识。

• 说一说（阅读完图画书后，家长和幼儿可以讨论下面的问题）

1. 男孩和青蛙有哪些一样的地方？

2. 男孩和青蛙有哪些不一样的地方？

3. 你和你的好朋友有哪些一样的地方？

4. 你和你的好朋友有哪些不一样的地方？

• 画一画（家长和幼儿可以把在“说一说”中讨论的内容画在下面的思维导图里）

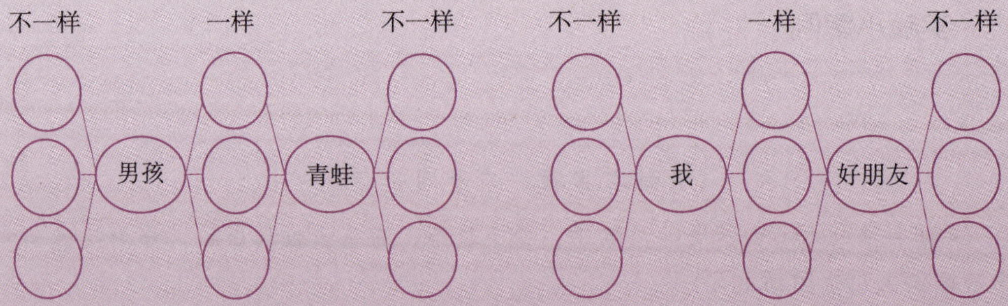

知识回顾

- 幼儿家庭亲子阅读指导
  - 亲子阅读营造良好家庭语言环境
    - 家庭语言环境的概念与构成
    - 家庭语言环境对幼儿语言与读写能力发展的影响
      - 家庭语言环境对幼儿词汇水平的影响
      - 家庭语言环境对幼儿叙事水平的影响
      - 家庭语言环境对幼儿读写能力的影响
    - 亲子阅读是创设良好家庭语言环境的重要途径
      - 亲子阅读为幼儿提供了内容丰富的语言交往机会
      - 亲子阅读为幼儿提供了与多元语言符号互动的机会
  - 拓展小知识：4~6岁幼儿阅读理解能力的发展特点及其与家庭语言环境的关系
  - 游戏式亲子阅读指导
    - 玩中有读
      - 洗澡书
      - 声响书
      - 立体书
      - 普通图画书
    - 读中有玩
      - 激发想象，营造阅读的游戏情境
      - 鼓励创造，围绕阅读内容开展游戏
    - 游戏式亲子阅读的指导策略
      - 环境支持策略
      - 追随儿童策略
  - 对话式亲子阅读指导
    - 对话式亲子阅读的原则
      - 基于兴趣愉快对话
      - 缘于关系平等对话
      - 从于经验反复对话
    - 对话式亲子阅读中的提问策略
      - 针对不同的内容提问
      - 针对不同的思维过程提问
    - 对话式亲子阅读中的反馈策略
      - 简单肯定
      - 具体肯定
      - 间接否定
      - 直接否定
      - 追问
      - 重复
      - 修正
      - 提供新信息
      - 确认理解
      - 要求
  - 多元化亲子阅读指导
    - 多元化亲子阅读的内涵
      - 多元读写理论
      - 早期读写能力发展的多元模式意义建构过程
      - 多元化亲子阅读的概念
    - 多元化亲子阅读的途径
      - 融入生活，体验真实世界
      - 多样表征，探索图画故事
      - 拓展范围，丰富阅读材料
    - 多元化亲子阅读的指导策略
      - 在阅读之前铺垫经验
      - 在阅读过程中联想经验
      - 在阅读之后拓展经验
  - 实践小案例：《青蛙与男孩》亲子阅读指导

同步练习

1. 结合生活中的案例分析亲子阅读在创设良好家庭语言环境中的重要性。

2. 在见、实习中访谈幼儿或家长，了解其家庭亲子阅读开展的情况并分析家长指导的特点。

3. 选择一本图画书设计一份亲子阅读指导方案，要求体现游戏式阅读、对话式阅读或多元化阅读的特点。

参考文献

中文：

［1］蔡毅萍．创设多种适宜环境，促进幼儿语言能力的发展［J］．学前教育研究，2009（9）：60－62.

［2］陈鹤琴．陈鹤琴全集：第2卷［M］．南京：江苏教育出版社，1989.

［3］陈杰琦．领域教学知识：促进幼儿教师专业成长的关键因素［M］//周兢．学前儿童语言学习与发展核心经验．南京：南京师范大学出版社，2014.

［4］陈锐，李林慧．绘本个别化学习：提升大班幼儿阅读理解能力的有效途径［J］．幼儿教育（教育科学），2023（1/2）：40－45.

［5］陈思．汉语儿童前书写发展研究［D］．上海：华东师范大学，2010.

［6］陈思．学前儿童前书写核心经验［M］//周兢．学前儿童语言学习与发展核心经验．南京：南京师范大学出版社，2014.

［7］陈志其，蔡迎旗．我国学前教育质量的政策变迁历程、演进逻辑与未来展望:基于教育可持续发展的视角［J］．河北师范大学学报（教育科学版），2023（4）：125－134.

［8］程秀兰，马艳，曹金金，等．家庭语言环境对3～6岁幼儿理解性词汇发展的影响［J］．教育导刊（下半月），2021（5）：76－82.

［9］方芳．幼儿教师创设宽松语言交往心理环境的策略研究［D］．哈尔滨：哈尔滨师范大学，2017.

［10］方莹，薛超，秦金亮．发展幼儿的精细动作：从素养视角看幼儿的书写入学准备［J］．幼儿教育（教育科学），2017（30）：15－18.

［11］冯瑞华．家庭文化资本视角下幼儿早期阅读习惯养成的个案研究［D］．信阳：信阳师范学院，2022.

［12］付天宇，丛婧，张重阳，等．视知觉、精细动作和视动整合能力的发展特点：对学前儿童的一项追踪研究［C］//中国心理学会．第二十二届全国心理学学术会议摘要集．北京：第二十二届全国心理学学术会议组委会，2019.

［13］高小丽．3～5岁幼儿故事叙说能力研究［D］．西安：陕西师范大学，2013.

［14］高晓妹，李晓燕．早期阅读教育活动中的教师提问［J］．幼儿教育（教育科学），2010（25）：14－15.

［15］高晓妹，刘宝根．学前儿童谈话学习的核心经验［M］//周兢．学前儿童

语言学习与发展核心经验．南京：南京师范大学出版社，2014.

[16] 高晓妹．汉语儿童图画书阅读眼动研究 [D]. 上海：华东师范大学，2009.

[17] 高月梅，张泓．幼儿心理学 [M]. 杭州：浙江教育出版社，1993.

[18] 胡艳，刘佳，赵兰，等．教师教育领域的循证实践：价值与挑战 [J]. 教师教育研究，2020，32 (6)：1－7.

[19] 江晨．基于儿童立场的幼儿园谈话活动 [J]. 早期教育，2022 (52)：23－26.

[20] 蒋雅俊．改革开放 40 年学前教育政策中的儿童观变迁 [J]. 学前教育研究，2019 (3)：12－20.

[21] 李季湄，冯晓霞．《3～6 岁儿童学习与发展指南》解读 [M]. 北京：人民教育出版社，2013.

[22] 李林慧，刘娟，汤杰英．促进职前幼儿教师语言领域教学知识发展的行动研究 [J]. 上海教育科研，2020 (12)：55－60.

[23] 李林慧，汤杰英．基于反思性实践能力培养的学前教师教育课堂转型：基于上海实践的思考 [J]. 教育发展研究，2017，37 (24)：51－56.

[24] 李林慧．学前儿童图画故事书阅读理解发展研究 [D]. 上海：华东师范大学，2011.

[25] 李林慧．学前儿童叙事性讲述的核心经验 [M] //周兢．学前儿童语言学习与发展核心经验．南京：南京师范大学出版社，2014.

[26] 李林慧．学前教师教育专业课程的临床教学模式：基于国际经验的本土设计 [J]. 上海教育科研，2020 (6)：63－69.

[27] 李宇明．儿童语言的发展 [M]. 武汉：华中师范大学出版社，1995.

[28] 梁入文．上海市郊区幼儿园流动儿童发展及家庭影响因素分析 [D]. 上海：华东师范大学，2019.

[29] 廖元锡．PCK：使教学最有效的知识 [J]. 教师教育研究，2005 (6)：37－40.

[30] 刘宝根，等．文字是幼儿图画书自主阅读中的关键信息吗？[J]. 中国特殊教育，2011 (1)：80－86.

[31] 刘宝根．学前儿童前识字的核心经验 [M] //周兢．学前儿童语言学习与发展核心经验．南京：南京师范大学出版社，2014.

[32] 刘宝根．学前儿童前阅读的核心经验 [M] //周兢．学前儿童语言学习与发展核心经验．南京：南京师范大学出版社，2014.

[33] 刘璐．基于前书写能力发展的幼儿绘画日记探究 [J]. 教育观察，2021，10 (12)：53－54，87.

[34] 吕彤彤．幼儿园语言与读写环境和幼儿词汇水平的关系研究 [D]. 南京：南京师范大学，2021.

[35] 马雨．家庭读写环境与 5～6 岁幼儿叙事能力的关系研究 [D]. 南京：南

京师范大学，2021.

［36］彭懿．图画书应该这样读［M］．南宁：接力出版社，2012.

［37］瞿萍．多途径提升小班幼儿早期阅读的质量［J］．上海托幼，2023（7/8A）：60－61.

［38］加涅．学习的条件［M］．傅统先，陆有铨，译．北京：人民教育出版社，1985.

［39］阮福金，周晖，李峰．家庭文化环境对幼儿语音意识的作用［J］．心理发展与教育，2006（1）：13－17.

［40］上海市教育委员会教学研究室．上海市幼儿园办园质量评价指南（试行稿）［M］．上海：上海教育出版社，2020.

［41］史慧中．中国儿童青少年语言发展与教育（一）：3～6岁儿童语言发展与教育［M］//朱智贤．中国儿童青少年心理发展与教育．北京：中国卓越出版公司，1990.

［42］史艳梅．借力思维导图助推中班幼儿说明性讲述能力发展的实践研究［J］．学前教育，2022（11）：40－44.

［43］舒华，李文玲，辜玉旻，等．家庭文化背景在儿童阅读发展中的作用［J］．心理科学，2002，25（2）：136－139，252.

［44］孙莺．基于儿童视角的幼儿园图书室阅读环境研究［D］．南京：南京师范大学，2019.

［45］汤杰英，王翠霞．学前儿童语言学习核心经验：幼儿园辩论活动教育实践［M］．上海：华东师范大学出版社，2023.

［46］汤杰英．学前儿童辩论学习的核心经验［M］//周兢．学前儿童语言学习与发展核心经验．南京：南京师范大学出版社，2014.

［47］汤杰英．学前教师领域教学知识研究［D］．上海：华东师范大学，2013.

［48］王道越，李林慧．4～6岁幼儿阅读理解能力的发展特点及其与家庭语言环境的关系［J］．幼儿教育（教育科学），2022（10）：30－35.

［49］王道越．融入幼儿园小教研活动的教师语言领域PCK提升教育干预研究［D］．上海：上海师范大学，2023.

［50］王津．学前儿童说明性讲述的核心经验［M］//周兢．学前儿童语言学习与发展核心经验．南京：南京师范大学出版社，2014.

［51］王盼美惠．5～6岁幼儿绘画表征特征研究［D］．南京：南京师范大学，2014.

［52］王艳玲．培养“反思性实践者”的教师教育课程［D］．上海：华东师范大学，2008.

［53］王紫荆．儿童视角下幼儿园室内公共环境创设的研究［D］．哈尔滨：哈尔滨师范大学，2022.

［54］韦积华．大班幼儿阅读理解能力、阅读态度及家庭阅读环境关系的研究［D］．上海：华东师范大学，2016.

［55］吴吉惠，王杉．无字图画书教学中促进幼儿深度学习的教师提问策略探究［J］．成都师范学院学报，2023，39（6）：36－43.

［56］吴玲．农村教师的幼儿前书写观研究［D］．重庆：西南大学，2014.

［57］吴婷婷．家庭阅读环境对5～6岁幼儿阅读理解能力的影响研究［D］．杭州：杭州师范大学，2019.

［58］吴燕．互动式分享阅读对4～6岁幼儿阅读兴趣、叙事能力的影响［D］．上海：上海师范大学，2014.

［59］徐微．流动学前儿童家庭教育问题的研究：基于25户流动家庭的访谈调查［J］．襄樊学院学报，2010，31（7）：74－78.

［60］杨丹华．3～6岁儿童前书写发展特点的研究［D］．桂林：广西师范大学，2020.

［61］杨帆，代利玲，李传江．早期儿童叙事发展研究述评［J］．东北师大学报（哲学社会科学版），2020（3）：113－121，135.

［62］杨田．高水平学前教师言语反馈特点个案研究［D］．上海：华东师范大学，2017.

［63］尹静．家庭社会经济地位对儿童语言发展的影响［J］．学前教育研究，2019（4）：15：66－80.

［64］张含雨，金依恋，汪子幸，等．幼儿园班级语言与读写环境质量评价工具研究述评［J］．幼儿教育（教育科学），2020（33）：41－47.

［65］张含雨，王凯月，苏小妹，刘宝根．我国幼儿园班级语言与读写环境质量现状及其提升建议：基于ELLCO量表的分析［J］．学前教育研究，2022（7）：43－54.

［66］张惠．家庭文化资本与幼儿语言发展水平的关系研究［D］．北京：首都师范大学，2013.

［67］张鑑如．汉语儿童叙事语言发展研究［M］//周兢，张鑑如．汉语儿童语言发展研究．北京：教育科学出版社，2009.

［68］张世姝．语言环境对3～6岁幼儿词汇水平的影响研究［D］．南京：南京师范大学，2019.

［69］张啸秋．幼儿园班级语言与读写环境质量研究［D］．上海：上海师范大学，2018.

［70］张重阳．5～6岁幼儿精细动作与前书写发展的关系研究［D］．金华：浙江师范大学，2021.

［71］赵寄石，楼必生．学前儿童语言教育［M］．北京：人民教育出版社，2003.

［72］《中国百科大辞典》编委会．中国百科大辞典［M］．北京：华夏出版社，1990.

［73］中国学前教育研究会．中华人民共和国幼儿教育重要文献汇编［C］．北京：北京师范大学出版社，1999.

［74］钟启泉．基于核心素养的课程发展：挑战与课题［J］．全球教育展望，2016，45（1）：3－25.

［75］周兢，刘宝根．汉语儿童从图像到文字的早期阅读与读写发展过程：来自早期阅读眼动及相关研究的初步证据［J］．中国特殊教育，2010（12）：64－71.

［76］周兢．学前儿童语言学习与发展核心经验［M］．南京：南京师范大学出版社，2014.

［77］周兢．幼儿园语言教育活动设计与组织［M］．北京：人民教育出版社，1996.

［78］周兢．幼儿语言教育与活动指导［M］．北京：高等教育出版社，2015.

［79］周露．城乡接合部幼儿园 5～6 岁儿童叙事能力及影响因素研究［D］．成都：四川师范大学，2018.

［80］朱曼殊．儿童语言发展研究［M］．上海：华东师范大学出版社，1986.

［81］朱小雨．上海流动学前儿童家庭语言环境现状及其对词汇发展的影响研究［D］．上海：上海师范大学，2020.

［82］朱怡然．基于绘本个别化学习活动分享环节教师的提问策略提升中班幼儿阅读理解能力的干预研究［D］．上海：上海师范大学，2022.

［83］祝士媛．学前儿童语言教育［M］．北京：北京师范大学出版社，1995.

英文：

［1］AIDERSON J C. Assessing reading［M］．Cambridge：Cambridge University Press，2000.

［2］ALLEN K E，Cowdery G E. The exceptional child［M］．5th ed. New York：Delmar，2001.

［3］ALTUN D，TANTEKIN E F，SNOW C E. A multilevel analysis of home and classroom literacy environments in relation to preschoolers' early literacy development［J］．Psychology in the Schools，2018（9）：1－23.

［4］BOYD D，GROSSMAN P，LANKFORD H，et al. Teacher preparation and student achievement［J］．Educational Evaluation and Policy Analysis，2009，31（4）：416－440.

［5］BRUNER J. Actual minds，possible worlds［M］．Cambridge：Harvard University Press，1986.

［6］CLAY M M. Emergent reading behavior.［D］．Auckland：University of Auckland，1966.

［7］CLAY M M. Reading：The patterning of complex behavior［M］．Auckland：Heinemann Educational，1972.

[8] COPE B, KALANTZIS M. "Multiliteracies": new literacies, new learning [J]. Pedagogies: An International Journal, 2009, 4 (3): 164－195.

[9] CURBY T W, BROCK L L, HAMRE B K. Teachers' emotional support consistency predicts children's achievement gains and social skills [J]. Early Education & Development, 2013, 24 (3): 292－309.

[10] DAVIN K J, TROYAN F J. The implementation of high-leverage teaching practices: from the university classroom to the field site [J]. Foreign Language Annals, 2015, 48 (1): 124－142.

[11] PEISNER-FEINBERG E S, BURCHINAL M R, CLIFFORD R M, et al. The relation of preschool child-care quality to children's cognitive and social developmental trajectories through second grade [J]. Child Development, 2001, 72 (5): 1534－1553.

[12] ENGEL S. The stories children tell: making sense of the narratives of childhood [M]. New York: W. H. Freeman and Company, 1995.

[13] FISH M, PINKERMAN B. Language skills in low-SES rural Appalachian children: normative development and individual differences, infancy to preschool [J]. Journal of Applied Developmental Psychology, 2003, 23 (5): 539－565.

[14] GROSSMAN P, HAMMERNESS K, MCDONALD M. Redefining teaching, re-imagining teacher education [J]. Teachers and Teaching: Theory and Practice, 2009, 15 (2): 273－289.

[15] GROSSMAN P, PUPIK DEAN C G. Negotiating a common language and shared understanding about core practices: the case of discussion [J]. Teaching and Teacher Education, 2019 (80): 157－166.

[16] GUO Y, JUSTICE L M, KADERAVEK J N, et al. The literacy environment of preschool classrooms: contributions to children's emergent literacy growth [J]. Journal of Research in Reading, 2012, 35 (3): 308－327.

[17] HAMRE B, HATFIELD B, PIANTA R, et al. Evidence for general and domain-specific elements of teacher-child interactions: associations with preschool children's development [J]. Child Development, 2013, 85 (3): 1257－1274.

[18] HARGREAVES D H. Teaching as a research-based profession: possibilities and prospects [EB/OL]. (2007－02－27) [2024－03－12]. https://www.sagepub.com/sites/default/files/upm-binaries/14790_Hammersley_Chapter1.pdf.

[19] HU B Y, FAN X, WU Y, et al. Teacher-child interaction quality and Chinese children's academic and cognitive development: new perspectives from piecewise growth modeling [J]. Early Childhood Research Quarterly, 2020 (51):

242 - 255.

[20] HU B Y, FAN X, WU Z, et al . Teacher-child interactions and children's cognitive and social skills in Chinese preschool classrooms [J]. Children and Youth Services Review, 2017 (79): 78 - 86.

[21] SPILT J L, KOOMEN H M, HARRISON L J. Language development in the early school years: the importance of close relationships with teachers [J]. Developmental Psychology, 2015, 51 (2): 185.

[22] KENNER C, GREGOYR E. Becoming biliterate [M] //HALL N, LARSON J, MARSH J. Handbook of early childhood literacy. London: SAGE Publications, 2006.

[23] KENNER C. Signs of difference: how children learn to write in different script system: an ESRC-funded project [D]. Manchester: Manchester Metropolitan University, 2002.

[24] KRESS G. Before writing: rethinking the paths to literacy [M]. London: Routledge, 1997.

[25] KUMAR A. Create a rich language environment in the environment of early childhood development and improve children's language expression ability [J]. Journal of Educational Research and Policies, 2022 (4): 206 - 213.

[26] LANCASTER L. Moving into literacy: how it all begins [M] //HALL N, LARSON J, MARSH J. Handbook of early childhood literacy. London : SAGE Publications, 2006.

[27] LIEBESKIND K G, PIOTROWSKI J T, LAPIERRE M A, et al. The home literacy environment: exploring how media and parent-child interactions are associated with children's language production [J]. Journal of Early Childhood Literacy, 2014, 4 (14): 482 - 509.

[28] LJUBICA M U, et al. Assessing the home literacy environment [J]. European Journal of Psychological Assessment, 2005, 21 (4): 271 - 281.

[29] MARTINEZ M, ROSER N, DOOLEY C. Young children's literary meaning making [M] //HALL N, LARSON J, MARSH J. Handbook of early childhood literacy. London: SAGE Publications, 2006.

[30] MASHBURN A J, PIANTA R C, HAMRE B K, et al. Measures of classroom quality in prekindergarten and children's development of academic, language, and social skills [J]. Child Development, 2008, 79 (3): 732 - 749.

[31] MCCABE A. Preface: structure as a way of understanding [M] //MCCABE A, PETERSON C. Developing narrative structure. New Jersey: Lawrence Erl-

baum Associates, Publishers, 1991.

[32] NATIONAL RESEARCH COUNCIL. Preventing reading difficulties in young children [M]. Washington, D. C. : National Academies Press, 1998.

[33] NIKOLAJEVA M, SCOTT C. The dynamics of picturebook communication [J]. Children's Literature in Education, 2000, 31 (4): 225 - 239.

[34] ROSKOS K, NEUMAN S B. Environment and its influences for early literacy teaching and learning [M]. //NEUMAN S B, DICKINSON D K. Handbook of Early Literacy Research. New York: The Guilford Press, 2002.

[35] SHULMAN L S. Knowledge and teaching: foundations of the new reform [J]. Harvard Educational Review, 1987, 57 (1): 1 - 22.

[36] SHULMAN L S. Those who understand: knowledge growth in teaching [J]. Educational Researcher, 1986, 15 (2): 4 - 14.

[37] SMITH M W, DICKINSON D K. Describing oral language opportunities and environments in head start and other preschool classrooms [J]. Early Childhood Research Quarterly, 1994, 9 (3): 345 - 366.

[38] SPINATH F M, PRICE T S, DALE P S, et al. The genetic and environmental origins of language disability and ability [J]. Child Development, 2004, 75 (2): 445 - 454.

[39] TAYLOR N E, BLUM I H, LOGSDON D M. The development of written language awareness: environmental aspects and program characteristics [J]. Reading Research Quarterly, 1986, 21 (2): 132 - 149.

[40] VYGOTSKY L S. Mind in society [M]. Cambridge: Harvard University Press, 1978.

[41] WELLS G. Creating the conditions to encourage literate thinking [J]. Educational Leadership, 1990, 47 (6): 13 - 17.

[42] WELLS G. The meaning makers: children learning language and using language to learn [M]. London: Hodder and Stoughton, 1987.

[43] WELLS G, CHANG-WELLS G L. Constructing knowledge together: classrooms as centers of inquire and literacy [M]. Portsmouth: Heinemann, 1992.

[44] WHITEHURST G J, FALCO F L, LONIGAN C J, et al. Accelerating language development through picture book reading [J]. Developmental Psychology, 1988, 24 (4): 552 - 559.